한국융합정책론

-융합기술과 산업융합-

한국융합정책론

-융합기술과 산업융합-

황병상 고순주 박종수

웅보출판사
www.woongbo.co.kr

머리말

1980년대부터 컴퓨터와 통신을 기반으로 한 정보혁명에 따라 정보화 시대가 시작되었고, 1990년대부터는 디지털 혁명과 더불어 기술과 학문이 융합되기 시작하면서 '융합의 시대'(The Era of Convergence)로 접어들었다. 기술, 제품·서비스, 산업, 경영 등 많은 분야에서 '융합'이 화두가 되고, 대안이 되고 있다. 융합은 거의 모든 분야에서 부가적 가치와 편익을 제공하고 있다.

세계 경제가 성장의 한계에 직면하면서 각국이 신성장동력을 찾고 있는 가운데 융합이 새로운 가치를 창출하고 지구 및 국가 차원의 다양한 문제를 해결하는 하나의 중요한 돌파구로 인식되고 있다. 이러한 배경 하에 미국은 2002년 6월에 '인간수행 능력 향상을 위한 융합기술 전략(NBIC)'보고서를 발표하여 융합기술의 중요성을 강조한 바 있으며, 2013년에는 지난 10년간의 융합 추진 성과를 돌아보고 새로운 10년 내지 그 후의 미래를 대비하기 위해 '지식, 기술 및 사회의 융합(CKTS)'전략을 발표하였다. 유럽연합과 일본, 중국 등 여러 나라가 융합을 근간으로 정책을 수립·시행하고 있다.

우리나라는 참혹한 전란의 폐허 위에서 한 세대 만에 산업화와 민주화를 함께 성취한 보기 드문 성공사례로 평가받고 있다. 그러나 지난 2000년대 이후로 IT부문을 제외하면 뚜렷한 신성장산업이 나타나지 않고 있고, 경제성장률도 하락하고 있다. 최근에는 중국의 추격이 본격화 되면서 주력 수출산업에서조차 중국에 밀리고 있는 상황이다. 우리가 직면한 이러한 상황을 타개해 나가는 데 융합이 해결책이 될 수 있다. 박근혜 정부가 추구하는 창조경제도 핵심수단의 하나가 바로 융합이다. 융합을 통해 새로운 제품·서비스 및 시장을 만들어 내는 것이 바로 창조경제이기 때문이다.

우리나라는 2007년부터 융합기술(融合技術)과 산업융합(産業融合)을 진흥하기 위한 정책 즉, 융합정책(融合政策, Convergence Policy)을 수립하여 시행하고 있다. 그러나 융합정책이 시행된 지 약 10년이 가까워오는 이 시점까지 종합적인 시각에서 이를 제대로 되돌아보고 앞으로의 발전방향을 모색할 기회를 갖지 못하였다. 10년이라는 기간은 정책의 성과와 문제점이 충분히 드러날 수 있는 시간이다. 이제 다음 10년을 준비해야 한다. 지금이 바로 융합정책의 내용과 문제점 그리고 향후 10년을 바라보는 발전방향에 대해 진지하게 고민하고 대책을 마련해야 할 때라고 판단한다.

필자들은 융합정책을 정책학적 관점에서 분석하고자 한다. 이를 통해 앞으로 우리나라가 융합의 가치를 실현해 나가는데 필요한 정책대안을 제시하려는 것이다. 분석대상기간은 2007년부터 2015년까지 9년간이다. 분석대상은 융합기술에 초점을 둔 '국가융합기술 발전 기본계획(2009~2013)' 등 4개의 국가계획과 산업융합에 초점을 둔 '산업융합촉진법' 등 3개의 법률 및 '제1차 산업융합 발전 기본계획(2013~2017)' 등 7개의 국가계획이다.

구체적으로는 우리나라의 융합정책을 정책의 핵심적인 구성요소(構成要素)인 정책기조(政策基調), 정책목표(政策目標) 및 정책수단(政策手段)으로 나누어 설명하고 분석한다. 정책수단의 경우 정책의 종류에 따라 내용이 달라지는 실질적 정책수단보다는 거의 모든 정책에 동일하게 적용되는 실행적 정책수단 즉, 집행기구(執行機構), 재정(財政), 유인(誘引) 및 설득(說得)으로 구분하여 분석한다. 이를 바탕으로 정책기조, 정책목표 및 정책수단의 향후 발전방향을 제안하고자 한다.

이러한 정책학적 관점을 토대로 이 책을 다음과 같이 구성한다.

제1장에서는 변화하는 패러다임, 한국이 직면한 상황, 문제의식 및 분석의 관점에 대해 기술한다.

제2장에서는 융합의 개념, 유형, 사례 및 문제점을 개관한다.

제3장에서는 외국의 융합정책동향을 살펴보기 위해 미국, 유럽연합(EU), 일본 및 중국의 융합 관련 정책을 검토한다.

제4장에서는 우리나라 융합 정책의 전개, 융합기술과 산업융합의 현황에 대해 개관한다.

제5장에서는 융합정책의 정책기조에 대해 현황을 분석하고 발전방향을 제시한다.

제6장에서는 융합정책의 정책목표에 대해 현황을 분석하고 발전방향을 제시한다.

제7장에서는 정책수단을 집행기구, 재정, 유인수단 및 설득수단으로 분류한 후, 각각에 대해 현황을 분석하고 발전방향을 제시한다.

제8장에서는 이 책의 결론과 함께 융합을 통한 새로운 미래를 그려본다.

우리가 융합기술과 산업융합을 추구하는 이유는 궁극적으로 선진국의 문턱에 서 있는 우리나라를 명실상부한 선진국으로 만들자는데 있다. 선진국이 되기 위해서는 경제력이나 국방력만으로는 충분하지 않다. 전통을 바탕으로 새로운 문화를 창조하는 문화력(文化力)까지 갖추어야 한다. 우리나라는 '비빔밥'으로 상징되는 융합의 전통을 가지고 있다. 한국이 융합에 기반을 둔 원천기술과 신산업을 통해 고부가가치 제품·서비스에 대한 세계 시장 점유율을 높이고, 궁극적으로 문화가 융성해 질 때 명실상부한 선진국으로 발돋움할 수 있을 것이다.

우리가 살아가는 21세기는 '융합의 시대'가 꽃을 피울 것이다. 융합은 서로 다른 것들을 섞고 결합함으로써 새로운 가치와 문화를 만들어낸다. 융합에 의한 발전은 우리가 예측하기조차 어려울 것으로 보인다. 그러한 융합의 주요한 축은 과학과 기술 그리고 산업에 있으며, 특히 업스트림(upstream)의 융합기술과 다운스트림(downstream)의 산업융합이 핵심적인 역할을 할 것으로 생각한다.

이 책이 융합정책에 대한 폭넓은 이해와 더불어 앞으로의 정부정책 수립에 유용하게 활용되어, 우리나라가 나아가야 할 '융합의 길'에 도움이 되기를 희망한다.

융합을 주제로 연구를 시작하고 집필하게 된 것은 국가과학기술연구회(NST) 석재진 박사님과의 인연(因緣)에서 비롯되었다. 연구의 모티브를 주신 석박사님께 고마움의 말씀을 드린다. 아울러 필자들의 은사이신 충남대 행정학과 강근복 교수님(제16대 한국정책학회장)께 감사드린다. 공저자인 고순주 박사님과 박종수 박사님은 책을 한 권 함께 써보자는 필자의 제의에 흔쾌히 동의하고 함께 노력해 주셨다. 오랜 친구이자 도반(道伴)으로서 공동의 결실을 이루게 된 것에 감사한다. 끝으로, 이 책을 출간해 준 웅보출판사와 참고문헌의 저자들께 감사드린다.

2016년 2월
참꽃이 피어나는 새봄을 기다리며
효제(曉齊) 황병상

CONTENT

제3장 외국의 융합정책 동향

제4장 한국 융합정책의 전개와 현황

제5장 융합 정책기조 분석 및 발전방향

제6장 융합 정책목표 분석 및 발전방향

제7장 융합 정책수단 분석 및 발전방향

제1장 융합의 시대

제1절 변화하는 패러다임

바야흐로 '융합의 시대'(The Era of Convergence)다. 기술, 제품·서비스, 산업, 경영 및 학문 등 많은 분야에서 '융합'이 화두가 되고, 대안이 되고 있다. 융합은 거의 모든 분야에서 부가적 가치와 편익을 제공하고 있다. 특히 융합을 통한 원천기술 개발은 고부가가치의 제품·서비스로 이어지고 새로운 산업을 창출할 수 있을 뿐만 아니라 사회적 문제 해결에도 기여한다. 궁극적으로는 우리나라가 선진국으로 올라서는 새로운 기회를 열어줄 수 있다. 따라서 과학기술과 산업 분야에서 융합의 중요성은 아무리 강조해도 지나치지 않다.

우리나라는 2007년부터 융합기술(融合技術, Converging Technologies)과 산업융합(産業融合, Industry Convergence)을 진흥하기 위한 정책 즉, 융합정책(融合政策, Convergence Policy)을 수립하여 시행하고 있으나, 그동안 이를 종합적으로 되돌아보고 앞으로의 발전 방향을 모색할 기회를 제대로 갖지 못했다. 우리 정부의 융합정책은 어떤 내용으로 추진되어 왔는가? 정책을 추진하는 과정에서 나타난 문제점은 무엇인가? 앞으로 이 정책을 어떤 방향으로 발전시켜 나가는 것이 바람직한가? 이러한 의문에 답함으로써 향후 우리나라가 융합의 가치를 실현해 나가는데 필요한 정책대안을 제시하는 것이 이 책을 쓰는 목적이다.

'융합의 시대' 또는 '융합시대'라는 용어는 아직 학문적으로 정립되지 않은 단계이지만 일부 학자들이 사용하고 있으며, 각종 보고서나 언론에서는 많이 쓰이고 있다. 일반적으로 '융합의 시대'는 1990년대에 시작된 것으로 본다.[1] 이 시기에 이르러 기술 분야에서 괄목할 만한 융합의 흐름

1 '융합'이라는 용어는 1960년대부터 사용되기 시작하였지만, '융합'이 하나의 거대한 물결로 자리 잡기 시작한 것은 1990년대로 볼 수 있다. 제2장에서 더 설명한다.

이 시작되었다. 정보와 통신기술의 융합으로 1992년에 PDA 같은 개인용 단말기가 등장하였고 이어서 블랙베리 등으로 대표되는 유비쿼터스 장치로 발전했다. 1993년 인터넷 상용화는 디지털 융합을 확장시켰으며, 2000년대 초부터는 '융합의 시대'가 본격화된 것으로 판단된다.

1980년에 '제3의 물결'(The Third Wave)을 발간하여 인류 문명의 발전단계를 세 개의 물결로 나누어 설명한 미래학자 엘빈 토플러(Alvin Toffler)가 2005년 9월에 방한했을 때 "한국은 IT(정보기술)와 BT(바이오기술)의 융합을 바탕으로 신산업·신시장을 창출해야 하며, 한국의 미래는 융합기술에 달려 있다"고 말한 바 있다.[2] 당시 그는 기자회견을 통해서 "미래경제 돌파구는 하나의 비즈니스 섹터나 단일한 기술이 아닌 융합(convergence)을 통해 찾아야 한다. 한국은 생명공학(BT)에서 두드러진 성과를 보이고 있으니만큼 IT와 BT의 컨버전스에 집중할 만하다"[3]라고 조언하였다. 아울러 언론과의 대담을 통해서는 "미래의 많은 진화와 진보가 융합에서 일어난다고 본다. 현재 많은 기술들이 동시다발(同時多發)로 개발되고 한편에선 융합되고 있다"고 진단하였으며,[4] "요즘은 컨버전스(융합) 시대인 만큼 그런 흐름을 얼마나 선도할 수 있느냐에 힘을 모아야 할 것으로 보인다"[5]라고 말한 바 있다.

문화부 장관을 지낸 이어령 선생은 2008년에 "21세기의 문명 현상은 다원주의 사회와 문화의 가치가 공존하는 혼혈문명 이른바 퓨전시대의 특성을 지니고 있다"고 밝혔다. 이어서 2012년에는 "지금은 하이브리드, 크로스오버, 퓨전, 컨버전스, 인터액티브 등 이종교류와 배합 그리고 이종

2 국가과학기술위원회, 2007: 7.

3 한국경제신문, 2005. 9. 6.

4 조선일보, 2005. 9. 4.

5 한국경제신문, 2006.10.11.

격투기처럼 섞이고 융합하는 통합의 시대이다"라고 말한 바 있다.[6]

미국 앨 고어(Al Gore) 전 부통령의 수석대변인을 지낸 미래학자 다니엘 핑크(Daniel H. Pink) 역시 2009년 10월 지식경제부 주최로 서울 코엑스에서 열린 융복합 국제 컨퍼런스 기조강연을 통해 "융합이란 '1 + 1'이 2가 되는 것이 아니라 3이 되는 것"이라고 강조했으며, 컨버전스 시대에 필요한 역량으로 디자인과 융합을 제시한 바 있다.[7]

미국 네브라스카주립대학교의 이상문교수와 데이비드 올슨(David L. Olson) 교수는 2010년에 〈컨버저노믹스〉를 출간하였다. 이 책은 '융합의 시대에서의 전략적 혁신'을 부제로 하고 있는데, "우리는 새로운 융합의 물결 속에 살고 있으며, 이 융합의 물결은 우리가 속한 사회, 조직 그리고 사람들이 일하는 방식을 근본적으로 변화시키고 있다. 융합혁명(Convergence Revolution)은 기존과는 다른 방법으로 새로운 가치를 창출할 수 있는 기회를 마련해 준다. 즉, 융합경제(Covergenomics) 시내가 도래한 것이다"라고 주장한다.[8] 저자들은 기술, 디지털, 지식 그리고 생물학적 인공 시스템의 융합을 포함하는 융합혁명과 이러한 융합혁명으로 촉발된 새로운 기업 환경인 융합경제를 주창하였다. 이들의 등장배경으로는 세계화, 디지털화, 인구지표, 산업구조의 변화, 규제완화와 민영화, 공정의 일반화, 새로운 가치사슬의 창출, 떠오르는 신경제, 환경문제와 지구온난화, 문화적 충돌 등의 메가트렌드를 제시하였다.

2013년에 미국 WTEC(World Technology Evaluation Center)에서 펴낸 '지식, 기술 및 사회의 융합(CKTS)'이라는 보고서는 융합을 이렇게

---

6 이어령, '혼혈 · 융합시대 열렸다'(국민일보, 2008.12. 9); 이어령, '龍은 우리에게 무엇인가 : 대륙과 해양 문화를 아우르는 융합의 상징'(월간조선, 2012년 2월호).

7 경향신문, 2009.10.23.

8 이상문 외, 2011: 263.

정리하고 있다. "'지식, 기술 및 사회의 융합'은 21세기의 진보를 위해 핵심적인 기회이다. 융합은 다음과 같이 정의된다. 즉 상호 역량, 상승작용 그리고 통합을 성취하기 위해 외견상 분명한 과학, 학문, 기술, 공동체 그리고 인간 활동의 영역 사이에서 확대되고 변화하는 상호작용이다. 그리고 그것은 부가된 가치를 창출하고 분담된 목표를 달성하기 위해 떠오르는 분야로 진출하는 과정을 통해 이루어진다. 융합은 산업혁명에 엔진이 될 만큼 우리들의 미래 지식사회에 필수적이다."[9] 아울러 "지식, 과학 그리고 기술의 융합은 많은 중요한 방식으로 인류 사회에 유익할 수 있다. 어떤 의미에서 융합은 그것이 만약 성공적으로 성취된다면 사회가 직면하는 다른 수많은 대도전을 성취하기 위한 길을 포장할 수 있는 궁극적인 대도전(ultimate grand challenge)으로 여겨질 수 있다"라고 기술하고 있다.[10]

윤은기 한국협업진흥협회장 역시 "우리는 지금 문명의 대전환기에 살고 있습니다. 융복합시대의 도래입니다. 지금 우리는 '융복합 창조의 새물결'속에 살고 있습니다"라고 설파하고 있다.[11]

융합을 강조하는 최근 추세는 19세기부터 시작된 과학의 전문화에 대한 반작용으로 볼 수 있다. 과학 각 분과의 전문화와 세분화가 심화됨에 따라 과학자들이 점점 근시안적인 시각을 갖게 된 것도 사실이다.[12] 융합이라는 개념의 태동은 분절적 · 분업적 학문으로는 현대사회의 문제를 풀기 어렵다는 인식에서 출발한다. 르네상스 이후 인류사회의 발전은 학문적 분화와 다양한 형태의 분업에 의해 이루어져 왔으나, 20세기 후반부터 이러한 학

9 Roco, M.C. et al., 2013: 1.

10 Roco, M.C. et al., 2013: 17.

11 윤은기, 2015: 57-63.

12 박민아 외, 2015: 20.

문발전에는 한계가 있음을 인식하게 되었다. 또한 환경이나 고령화 문제 등 우리가 부딪히는 문제는 과학기술 내에서의 지식뿐만 아니라 인문 사회적 지식이 융합되지 않고는 해결될 수 없는 것에 기인하고 있다.[13]

지금까지 정리한 바와 같이 시대의 패러다임이 융합으로 변하고 있고, 이미 많은 변화를 가져왔다. 패러다임(paradigm)이란 어떤 한 시대 사람들의 견해나 사고를 근본적으로 규정하고 있는 테두리로서의 인식의 체계, 또는 사물에 대한 이론적인 틀이나 체계를 의미하는 개념이다(위키백과). 우리나라가 2006년에 도달한 1인당 국민소득 2만 달러가 아직까지 그 수준에서 정체되어 있는 상황에서[14] 과거의 선진국 추격형(fast follower) 체제에서 선도형(first mover) 체제로 전환시키기 위해 필요한 것은 바로 융합에 의한 창의적 연구와 혁신적 성과 창출이다.

2013년에 출범한 박근혜 정부는 국정목표의 하나로 '창조경제'를 추구하고 있다. 창조경제란 '국민의 상상력과 창의성을 과학기술과 ICT에 접목하여 새로운 산업과 시장을 창출하고, 기존산업을 강화함으로써 좋은 일자리를 만드는 새로운 경제전략'을 의미한다.[15] 창조경제를 구현하기 위한 핵심수단의 하나는 바로 융합이다. 기술과 기술, 기술과 산업, 산업과 산업 간 융합으로 새로운 제품과 서비스 그리고 새로운 시장을 만들어 내는 것이 바로 창조경제이기 때문이다.

인류 역사에서 과학과 기술은 문명의 발전방향을 바꾸어 왔다. 이스라엘 히브리대(The Hebrew University of Jerusalem)의 유발 하라리(Yuval Harari) 교수는 2015년 2월에 출간한 〈Sapiens : a brief history

13 이광호 외, 2015: 29.

14 LG경제연구원은 '2015년 하반기 경제전망, 연간 경제성장률 2%중반으로 둔화' 보고서를 통해 2015년 1인당 GDP는 2만 7,600달러를 기록할 것으로 전망했다(2015. 7.27).

15 관계부처합동, 2013a: 3.

of humankind〉에서 인류역사의 경로를 결정지은 세 가지로 인지혁명, 농업혁명, 과학혁명을 꼽았으며, 그 중에서도 과학혁명을 가장 중시했다. 지구 탄생 이래 자연 선택의 법칙이 지배해 왔지만, 이제 과학은 자연 선택(natural selection)을 지적 설계(intellectual design)로 대체하려고 하기 때문이다. 유전 공학과 나노 기술, 인공지능의 도움에 힘입어 이제 과학자들은 사이보그(유기체와 비유기체를 결합한 존재)를 개발하거나 완전히 비유기적인 존재를 고안해 낼 수도 있다. 과학혁명은 인류 역사뿐만 아니라 생물학 자체와 우주의 생명 경로 자체까지 바꿀 수 있는 것이다.

미국의 경제학자 폴 로머(Paul M. Romer) 교수가 1986년에 발표한 논문을 통해 발전하기 시작한 내생적 성장이론(endogenous growth theory)은 경제성장의 핵심이 되는 기술, 지식, 창의적 아이디어가 경제계 외부에서 결정되어 주어지는 것이 아니라, 경제주체의 이윤동기에 의해 경제내부에서 만들어져 생산활동에 투입되면서 경제성장의 엔진이 된다고 본다.[16] 즉, 내생적으로 발생하는 기술진보가 장기적인 경제성장으로 연결된다는 이론이다.

OECD 보고서에 따르면, 1995~2013년 동안 국내총생산(GDP) 성장에 기여한 다요소생산성(Multifactor Productivity, MFP)은 〈표 1-1〉과 같이 한국 2.92, 아일랜드 1.55, 미국 1.11, 영국 0.84, 프랑스 0.68, 일본 0.57로, 한국이 조사대상 20개국 중 가장 높다.[17] 여기서 다요소생산성은 노동과 자본을 제외한 요인에 의한 생산성을 의미한다. 즉, 기술, 경영체제, 법·제도 등이 포함되는 기술혁신이 GDP 성장에 가장 많이 기여하는 나라가 한국이라는 것이다. 따라서 우리나라는 융합기술과 산업융합에 의한 새로운 가치 창출이 GDP 성장에 기여할 가능성이 아주 높다.

---

16 이선, '이선교수의 창조경제 특강'(매일경제, 2014. 4.18).

17 OECD, 2015: 28-31.

〈표 1-1〉 요소별 GDP 기여 지표(1995~2013)

구분	노동 투입	ICT 자본	비(非) ICT 자본	다요소생산성
일본	-0.49	0.36	0.30	0.57
프랑스	0.24	0.29	0.40	0.68
영국	0.51	0.27	0.40	0.84
미국	0.42	0.44	0.42	1.11
아일랜드	1.14	0.27	1.01	1.55
한국	-0.19	0.30	1.21	2.92

* 출처 : OECD, 2015: 29에서 요약작성

물론 한국 사회에서 융합이 강조되고 보편화되는 가운데 '융합을 위한 융합'과 같은 부작용도 없지 않다. 아울러 우리 사회의 융합담론과 그에 따른 융합시도들을 보면, 인위적 융합의 실현 가능성에 대해 지나칠 정도로 낙관적이며 매우 막연하고 모호한 기대에 근거하고 있다. 기초과학과 같은 기저 역량이 성장하기를 기다리지 못하는 조급증도 한 몫 한다. 그럼에도 불구하고 지향점으로서의 융합의 위치가 여전히 공고한 까닭은 그만큼 새로운 것의 가능성에 대한 열망이 절박하다는 뜻일 것이다. 융합에 관한 논의의 빈약함에서 비롯된 여러 문제와 실천상의 어려움에도 불구하고, 융합은 우리 사회가 채용해야 하는 중요한 전략이자 지식의 진보를 위해 학문 커뮤니티가 지향해야 하는 주요 덕목이다.[18]

우리가 살아가는 21세기는 '융합의 시대'가 꽃을 피울 것으로 기대된다. 융합은 서로 다른 것들을 섞고 결합함으로써 새로운 가치와 문화를 만들어낸다. 융합에 의한 발전은 우리가 예측하기조차 어려울 것으로 보인다. 그러한 융합의 주요한 축은 과학과 기술 그리고 산업에 있으며, 특히 업스트림(upstream)의 융합기술과 다운스트림(downstream)의 산업융합이 핵심적인 역할을 할 것으로 생각한다.

---

18 홍성욱, 2012: 27-40.

제2절 한국이 직면한 상황

우리나라는 서양보다 약 150년 늦게 산업혁명을 시작했고, 일제강점기와 6.25 전쟁에 따른 폐허 위에 오늘의 눈부신 발전상을 이루어냈다. 노벨 경제학상 수상자인 로버트 루카스(Robert Emerson Lucas, Jr) 시카고대 교수가 한국의 성장을 기적이라 했듯이, 대한민국의 현대사는 산업화와 민주화를 함께 이루어낸 세계에서 보기 드문 성공사례이다. 2012년 6월 우리나라는 세계에서 일곱 번째로 '20-50 클럽'(1인당 소득 2만 달러-인구 5,000만 명)에 올랐다.

한국은 수출실적 면에서도 괄목할 만한 증가세를 보여 왔다. 박정희 대통령이 수출입국(輸出立國)을 선언한 이래 1964년에 1억 달러, 1977년에 100억 달러를 돌파했다. 1995년에 1,000억 달러를 돌파한 후 2012년에 5,000억 달러에 이르렀다. 우리나라보다 수출 5,000억 달러를 먼저 돌파한 나라는 7개국밖에 없다. 아울러 한국은 2011년에 수출·수입을 합한 무역액 1조 달러를 세계 9번째로 달성하였다.[19]

이러한 성과는 정부의 연구개발 투자가 중요한 역할을 했기 때문이다. 우리 정부가 과학기술에 투자를 시작한 것은 이승만 대통령의 1950년대 후반부터이다. 1956년부터 미국의 원조를 이용하여 원자력 전문가를 양성하기 시작했고, 1959년에는 원자력연구소를 설립하였으며, 1962년에는 '트리가 마크-2'(TRIGA MARK II) 원자로가 가동되어 원자력분야의 기초연구를 시작하였다. 박정희 대통령은 1962년 제1차 경제개발 5개년 계획과 동시에 기술진흥 5개년 계획을 수립하였고 이로부터 과학입국(科學立國)에 착수하였다. 1966년에 한국과학기술연구원(KIST)을 설립하

19 황병상, 2013: 494-495.

였고, 1967년 1월에는 과학기술진흥법이 국회를 통과했으며, 동년 4월에 과학기술처를 설립했다. 1973년에는 대덕연구단지 설립계획을 만들었다.

정부의 연구개발투자가 대폭 늘어난 1980년대에는 D램 메모리 반도체와 국산전전자교환기(TDX) 개발에 성공하고, 휴대폰 상용화 기술 등을 통해 정보통신강국의 초석을 마련하였다. 1990년대에는 코드분할다중접속(CDMA) 기술 상용화와 더불어 한국 표준형 원전 설계기술과 우리별 인공위성, 국산 제1호 신약 '선플라' 개발 등으로 지평을 넓혀 왔다.

우리나라는 국내총생산(GDP) 대비 연구개발비의 비중으로는 2010년부터 세계 1위이며, 2013년 기준으로 총 541억 64백만 달러, GDP의 4.15%를 투자했다. 투자 규모로는 미국, 일본, 중국, 독일, 프랑스에 이어 492억 25백만 달러로 세계 6위(2012년 기준)이다. 정부 예산이 직접 투입되는 국가 연구개발사업 규모도 2015년에 18조 9,000억 원에 이르고 있다. 2005년의 5조 8,772억 원에 비해 10년 만에 총액기준으로 약 3.2배가 늘어난 것이다.

그러나 세계 최고수준의 연구개발 투자비율에도 불구하고 질적인 성과는 아직 뚜렷하게 나타나지 않고 있다. 우리나라에서는 지난 2000년대 이후로 IT부문을 제외하면 뚜렷한 신성장산업이 나타나지 않고 있다. 더욱이 2000년대 이후 투자 확대를 이끌던 IT부문에서도 성장세가 정체되는 등 투자 증가세가 둔화되는 추세이다.[20]

위기의 징후는 무엇보다 미시적인 기업의 성과와 거시적인 경제성장률의 하락을 통해 단적으로 드러나고 있다. 미시적으로는 우리나라 기업들의 수익성이 지속적으로 악화되고 있다. 한국은행의 통계에 의하면, 1960년대에 10%를 넘던 기업의 영업이익률이 1970년대 8%대, 1980~1990

20 아주경제, 2015. 7.14.

년대 7%대로 하락하였다가, 2000년대 들어 6%대, 그리고 최근들어 5% 이하를 거쳐 거의 수익을 내지 못하는 수준으로까지 지속적으로 하락하고 있다. 전문연구기관들의 분석에 의하면, 거시적인 잠재성장률도 대체로 1970년대와 1980년대에 9%를 웃돌았으나, 1990년대 6%대로 하락한 이후, IMF 외환위기를 거치면서 2000년대 중반까지 4%대 초반에 머무르다가 2008년 글로벌 금융위기를 거치며 다시 3%대로 하락하는 것으로 평가되고 있다. 이처럼 기업의 영업이익률과 거시적인 잠재성장률이 1980~90년대부터 지금까지 '추세적'으로 낮아지고 있는 것이다.[21]

세계경제포럼(World Economic Forum)이 발표한 '2014~2015 세계경쟁력 보고서'에 따르면, 우리나라는 2014년 국가경쟁력이 144개국 중 26위로 전년대비 1단계 하락하였다. 이 보고서는 3대 분야의 12개 부문으로 구성되어 있으며, 기술 수용성(Technological Readiness) 부문과 혁신(Innovation) 부문 등 2개 부문이 과학기술과 관련되어 있다.[22] 기술 수용성 부문은 2013년 22위에서 2014년 25위로 하락하였고, 혁신 부문은 17위로 동일하다. 세부 지표를 살펴보면, 기업의 신기술 흡수 적극성(28위), FDI와 기술이전(73위), 산학 연구협력 정도(26위), 지식재산권 보호(68위) 등에서 개선할 점이 아직 많다.

미래창조과학부와 한국과학기술기획평가원(KISTEP)은 한국 · 미국 · 유럽연합(EU) · 일본 · 중국 등 5개국의 기술력을 평가한 결과인 '2014년도 기술수준평가'를 발표했다.[23] 이에 따르면, 한국은 10대 분야 중 전자 ·

---

21 서울대학교 공과대학, 2015: 25-27.

22 기술 수용성은 기존의 기술을 흡수 · 활용하는 기업의 능력을 측정하고, 혁신은 새로운 기술을 창출하는 능력을 평가한다(한국과학기술기획평가원, 2015: 27-28).

23 기술수준평가는 정부가 집중적으로 투자하고 있는 10대 분야, 120개 기술을 대상으로 2년마다 실시된다. 이 보고서는 논문과 특허의 질적 분석과 전문가 3,939명의 델파이 조사 등을 거쳐 집계된 것이다.

정보·통신, 의료, 바이오, 기계·제조·공정, 에너지·자원 등 9개 분야에서 미국·EU·일본에 뒤진 4위였다. 항공우주 분야는 중국에도 크게 뒤처져 평가 대상 5개국 중 최하위였다. 우리나라의 전체 기술 수준은 세계 최고인 미국을 100%로 놓았을 때 78.4% 수준에 그쳤다. 현재의 미국 기술력을 우리나라가 따라잡기 위해서는 4.4년이 필요한 것으로 조사됐다. 직전 조사인 2012년과 비교하면 74개 기술은 선진국과의 격차가 좁혀졌지만 45개 기술은 오히려 격차가 벌어졌다. 특히 중국은 2012년 13개 기술에서 한국을 앞섰지만 이번 조사에서는 18개로 늘었다. 한국과 중국의 전반적인 기술 격차는 2010년 조사 당시 2.5년에서 2012년 1.9년으로 단축된 데 이어, 이번에는 1.4년까지 좁혀졌다.[24]

2015년 1월에 현대경제연구원이 발표한 보고서는 "중국은 2008년 이후 전 분야에서 한국과의 기술격차를 줄이고 있으며, 2012년 현재 총 85개 중점기술 가운데 15.3%인 13개 분야는 이미 한국을 추월했다"고 지적하였다.[25]

최근에는 중국이 해양플랜트, 자동차산업, 가전, 휴대폰 등 거의 전 산업 영역에서 전 세계에서 최초의 모델을 제시하는 경우가 많아지고 있다.[26] 또한 일부 주력 수출산업에서도 중국에 밀리고 있는 상황이다. 주력 수출품 중 자동차, 조선해양, 석유화학, 정유, 철강 등의 세계시장 점유율은 이미 중국에 역전당했다.[27] 세계 수출 1위 품목은 한국이 2002년 65개에서 2011년 61개로 줄어든 반면에, 중국은 2002년 787개에서 2011년 1,431개로 급증하는 등 신흥국의 추격이 가속화되고 있다.[28] 최근 국내 소비자

24 미래창조과학부 보도자료, 2015. 5. 4.

25 현대경제연구원, 2015: 10.

26 서울대학교 공과대학, 2015: 48.

27 매일경제, 2015. 5. 5.

28 미래창조과학부, 2015: 9.

들 사이에는 이른바 '대륙의 실수'라고 불리는 중국산 가전제품들이 큰 인기를 끌고 있다.[29]

불룸버그는 시가총액(주식가격의 총합) 기준으로 매일 전 세계 500대 기업 순위를 매긴다. 전 세계 500위 안에 한국기업은 2014년 7월에 6개였다가 2014년 12월에는 4개, 2015년 7월에는 삼성전자(42위)와 한국전력(464위)만 남아있는 상태다. 우리나라 수출위주의 제조업 대기업들이 세계 경기 악화, 엔화 약세 등의 이유로 수출이 부진해지면서 기업가치가 낮아진 결과이다.[30]

2015년 6월 매사추세츠공과대학(MIT)이 발간하는 과학기술 전문 잡지인 〈MIT 테크놀로지 리뷰〉가 기술과 비즈니스 모델 측면에서의 혁신성을 기준으로 선정한 '2015년 스마트 업체 50'에서 중국의 샤오미(Xiaomi)는 2위, 알리바바(Alibaba)는 4위에 올랐다. 애플(Apple)은 16위였고, 네이버가 일본에서 법인으로 설립한 라인(Line)이 37위에 포함되었다. 2014년에 4위였던 삼성전자와 46위였던 LG전자는 2015년에는 순위에 들지 못했다.[31]

연구개발을 통한 기업의 경쟁력 강화와 구조조정 등 기업 체질 변화가 필요한 때이다. 기술과 기술 간, 기술과 산업 간, 그리고 산업과 산업 간의 융합이 새로운 돌파구 마련의 키워드가 될 수 있다.

---

29 '대륙의 실수'라는 표현은 '중국산답지 않게 성능이 괜찮다'는 뜻으로 생겨난 말이다. 2009년 중국 사운드매직의 이어폰 'PL30'이 국내에서 인기를 끌기 시작했고, 샤오미의 스마트폰 보조배터리를 계기로 국내 소비자의 눈에 들게 된 것이다. 체중계, 공기청정기 등 고사양의 제품들도 인기를 얻게 됐다. 액션캠, 빔 프로젝터, 드론 등의 제품도 중국산이 강세다. 2014년 중국 하이얼(海尔)의 세계 냉장고 시장 점유율은 15%대를 기록했다. 삼성전자의 점유율 17.5%보다 낮지만 LG전자의 9.9%보다 높은 수준이다(중앙선데이, 2015. 7.19).

30 조선일보, 2015. 7.22.

31 http://www.technologyreview.com/lists/companies/2015/ 참조.

제3절 문제의식과 분석의 관점

미국 정부가 2002년에 융합기술과 관련하여 '인간수행능력 향상을 위한 NBIC 융합기술 전략'을 처음으로 세운 이후, 우리나라는 2007년에 융합기술 발전에 대한 기본방침을 수립하였으며 2011년에는 산업융합에 관한 법률을 제정하였다. 박근혜 정부에서는 ICT를 기반으로 한 융합을 통해 창조경제를 실현하고자 미래창조과학부와 산업통상자원부를 중심으로 범부처 차원의 노력을 경주하고 있다. 융합에 관한 정책을 추진하는데 정부차원의 공적인 논의와 법제화 및 시범사업 추진 등의 측면에서는 우리나라가 세계 어느 나라보다 활발한 것으로 생각한다.

그러나 우리나라의 융합관련 정책 추진은 ① 융합에 대한 명확한 개념 정립과 기술–제품·서비스–산업을 포괄하는 국가 차원의 로드맵이 약하고, ② 요소기술 중심의 R&D에 치중하다 보니 미래 원천기술의 확보와 신기술의 사업화가 모두 미흡하며, ③ 대기업이나 중소기업의 능동적 투자와 참여가 부족하고, ④ 개인이나 개별기업을 넘어서는 기업생태계의 조성이 지연되고 있으며, ⑤ 신정부 출범 이후에는 융합과 창조경제의 연계가 명확하지 못해서 가용 자원이 효과적으로 활용되지 못하는 등의 문제점이 드러나고 있다.[32]

이와 함께 융합기술과 산업융합을 진흥하기 위한 정책 즉, 융합정책의 목표나 지향점이 불분명하거나, 융합을 정책이나 사업의 목적 달성을 위한 수단으로 활용하는 것이 아니라 융합 자체를 목적으로 하는 '융합을 위한 융합'의 부작용도 일부 나타나고 있다. 또한 융합정책을 추진하는 주요 두 축인 미래창조과학부와 산업통상자원부 간의 정책 협조와 연계시스템

32 유장렬, 대덕넷, 2014.10.14.

은 충분한가에 대한 질문과 함께 주로 톱다운(Top-down) 방식으로 추진되는 융합정책의 한계점은 없는지에 대한 반성이 필요하다. 또한 많은 공공연구기관과 대학의 조직이나 학과명에 융합이 남발되는 것에 비해 제대로 연구와 교육이 이루어지고 있는가하는 의구심이 드는 것도 사실이다. 아울러 융합관련 정책과 사업의 성과에 대한 조바심으로 인해 잘못된 방향으로 가는 것은 아닌가하는 우려가 생기는 것 또한 사실이다.

이상과 같은 문제의식을 바탕으로 필자들은 융합기술과 산업융합에 관한 지금까지의 정부정책을 정책학적 관점에서 분석하여 앞으로의 발전방향을 제시하고자 한다.

필자들은 '융합기술과 산업융합을 진흥하기 위한 정부의 정책'을 '융합정책(融合政策)'으로 정의한다. 분석대상기간은 2007년부터 2015년까지 9년간이다. 우리나라가 2007년에 융합에 대한 정부정책을 처음 세운 후 각 정부를 거치면서 발전시켜왔기 때문이다. 약 10년에 가까워지는 이 시점에서 융합정책을 중간 점검하는 것은 매우 의미 있는 시도이다. 이는 융합의 시대가 본격화되고 융합이 확산일로에 있는 현 시점에서 국가 정책적 관점에서 유의미한 시사점을 얻고, 향후 10년을 바라보는 새로운 발전방안을 모색해 볼 수 있기 때문이다.

분석대상으로는 〈표 1-2〉에서 보는 바와 같이 먼저 융합기술에 초점을 두고 있는 '국가융합기술 발전 기본방침', '국가융합기술 발전 기본계획(2009~2013)', 'NBIC 국가융합기술지도' 및 '창조경제 실현을 위한 융합기술 발전전략' 등 4개의 국가계획을 분석대상으로 한다. 아울러 산업융합에 초점을 두고 있는 '나노융합산업 발전전략', 'IT융합 확산전략', '제1차 산업융합 발전 기본계획(2013~2017)', 'IT융합 확산전략(2013~2017)'[33],'나노융합 확산전략', '농식품 ICT 융복합 확산 대책' 및

---

33 'IT융합 확산전략'은 2015년 7월에 과학기술분야 중장기계획 정비 과정에서 폐지되어 'ICT R&D 중장기전략'으로 일원화되었다(전자신문, 2015. 7.27).

'정보통신 진흥 및 융합 활성화 기본계획' 등 7개의 계획과 '산업융합촉진법', '정보통신 진흥 및 융합 활성화 등에 관한 특별법' 및 '농촌융복합산업 육성 및 지원에 관한 법률' 등 3개의 법률을 분석대상으로 한다. 물론 이 법률에 따른 시행령과 시행규칙도 분석의 대상에 포함된다.

〈표 1-2〉 융합기술과 산업융합을 위한 국가계획 및 법률

구분	분석대상	분석대상	수립/제정시기	대상기간/시행시기
융합기술	국가계획	국가융합기술 발전 기본방침	2007. 4.	-
		국가융합기술 발전 기본계획(2009~2013)	2008.11.	2009~2013
		NBIC 국가융합기술지도	2010. 9.	2010~2020
		창조경제 실현을 위한 융합기술 발전전략	2014. 2.	2014~2018
산업융합	국가계획	나노융합산업 발전전략	2009. 3.	2009~2013
		IT융합 확산전략	2010. 7.	2010~2015
		제1차 산업융합 발전 기본계획(2013~2017)	2012. 8.	2013~2017
		IT융합 확산전략(2013~2017)	2012. 9.	2013~2017
		나노융합 확산전략	2012.12.	2013~2020
		농식품 ICT 융복합 확산대책	2013. 8.	2013~2017
		정보통신 진흥 및 융합 활성화 기본계획	2014. 5.	2014~2016
	법률	산업융합촉진법	2011. 4.	2011~
		정보통신 진흥 및 융합 활성화 등에 관한 특별법*	2013. 8.	2014~
		농촌융복합산업 육성 및 지원에 관한 법률	2014. 6.	2015~

주 *) 이 법은 융합기술에 대한 내용을 포함하고 있지만 산업융합에 초점을 두고 있기 때문에 산업융합을 위한 법률로 분류하였다.

필자들은 우리나라의 융합정책을 정책의 핵심적인 구성요소(構成要素)인 정책기조(政策基調), 정책목표(政策目標) 및 정책수단(政策手段)으로 나누어 설명하고 분석한다. 정책수단(政策手段)은 다시 집행기구(執行機構), 재정(財政), 유인(誘引) 및 설득(說得)으로 구분한다. 이를 바탕으로 정책기조, 정책목표 및 정책수단의 향후 발전방향을 제안하고자 한다.

정책기조를 고찰하는 이유는 융합정책이 시대 흐름에 부응하여 국가차

원에서 시도되는 정책으로서 그 바탕이 되는 기본이념이 중요하기 때문이다. 정책기조(policy paradigm)란 '정책의 방향, 내용, 성격, 과정 등을 규정해 주는 사고정향, 이념, 철학, 사상 등 정책의 기초적·논리적 전제로서의 기본적 준거가치'이다.[34]

정책목표는 '정책(활동)을 통하여 달성하고자 하는 바람직한 상태(정책이 추구하는 바람직한 미래상), 얻고자 하는 결과'를 말한다. 이러한 정책목표는 본질상 미래 지향성과 방향성을 가지고 있다. 즉, 정책목표는 시간적으로 보아 미래에 실현하고자 하는 바람직한 상태이며, 어떤 방향으로의 변화 또는 행동화를 지향하는 것이다. 정책목표의 기능 또는 역할은 크게 두 가지로 나눌 수 있다. 첫째는 정책목표가 달성될 때 실현되는 것으로 구체적 내용에 따라 환경의 개선, 물가안정, 사회적 형평의 달성 등 사회를 바람직한 방향으로 변화시키는 역할이다. 둘째는 정책과정에서 이루어지는 것으로 정책활동의 기준 또는 지침으로서의 기능이다.[35]

정책수단은 문자 그대로 정책목표 달성을 위한 수단으로서 실질적 정책수단과 실행적 정책수단으로 대별할 수 있다. 실행적 정책수단에는 첫째, 순응확보수단, 둘째 집행기구, 집행요원, 자금, 공권력 등이 있다.[36] 이 책에서는 정책의 종류에 따라 내용이 달라지는 실질적 정책수단보다는 거의 모든 정책에 동일하게 적용되는 실행적 정책수단에 의해 분류하여 고찰하고자 한다. 즉, 융합정책의 특성을 고려하여 정책수단을 집행기구(執行機構), 재정(財政), 유인(誘引) 및 설득(說得)으로 구분하여 분석한다.

---

34 박정택, 1995: 79.

35 강근복, 2000: 86-87.

36 정정길 외, 2003: 64-68.

제2장 융합이란 무엇인가?

제1절 융합의 개념

1. 융합의 현상

융합에 대한 언어적 표현이 다르고 개념이 통일되어 있지 않을 지라도 그 정신은 이미 시대의 흐름으로 자리매김하고 있다. 과학기술이나 산업 그리고 학문에서뿐만 아니라 각종 예술분야나 철학, 스포츠, 심지어 요리에 이르기까지 융합을 얘기하고 새로운 가치창출의 개념적 용어로 널리 사용되어지고 있다. 실질적으로 세계 정치, 경제, 사회 및 문화와 예술 분야의 패러다임은 융합이라는 키워드를 통해 재조명되고 있는 것이다.

현내 사회가 과거와 달리 복잡화되면서 어느 한 분야의 지식만으로는 해결할 수 없는 문제나 현상들을 다른 분야의 지식이나 경험을 통해 해결하기 위해서 융합이 널리 활용되고 있다. 이처럼 융합이 사회적 문제의 해결과 기술혁신의 한계를 극복할 수 있는 효과적인 방법으로 인식되기 시작하면서 융합 또는 융합기술에 대한 인식이 보편화되고 있는 것이다.

융합은 특정한 방법, 형태가 아니라 기술과 산업, 학문 그리고 사회 전반에 걸쳐 보편적으로 나타나고 있는 현상이다. 특히 IT는 이러한 융합을 가속화 하는데 기반기술로 자리매김하고 있다. 예를 들면, 스마트카, 전기차, 드론과 같은 IT를 기반으로 한 자동차 산업에서의 융합, IT와 의학 및 기계산업이 결합된 첨단 로봇 의료기기의 등장, 전통 선박산업에 IT 기술을 융합한 해양플랜트 산업이나 크루즈 산업, IT기술을 기반으로 한 사물인터넷(IoT), 클라우드 컴퓨팅, 증강현실, 원격진료 서비스의 등장, u-City와 같은 IT기술과 건설 산업의 융합, 견마로봇과 같은 IT와 국방산업의 융합, 원격 영상진료 등과 같은 IT와 의료 및 u-헬스 산업의 융합 등이 활발하게 이루어지고 있다. 사회과학 분야에서도 빅데이터를 이용한 사회현상 분석 및 문제해결을 위해 첨단 정보기술이 필수적이며, 고고학 분야에서도 연대를 파악하기 위하여 역사학과 지질학이 공동으로 연구하고 있다. 또한 문헌정보학 등과 같이 기존 서지학(書誌學, Bibliography)과 IT 기술을 결합한 새로운 학문분야도 지속적으로 나타나고 있다. 대부분의 학문분야, 특히 과학기술과 산업분야에 있어서는 융합이 아닌 경우가 오히려 드물다고 할 것이다.

최근 융합에 대한 이러한 다양한 논의가 정부, 기업, 학계와 연구계 등을 중심으로 관심의 대상이 되고 다양한 영역에서 확산되고 있으나, 국내·외를 막론하고 융합에 대한 명확하면서도 객관화된 정의는 아직까지 없는 상태이다. 이는 융합의 의미 자체가 시대에 따라, 또는 국가나 지역, 문화권 별로 다르게 사용되고 있는데다가 기존의 독립적으로 발전되어 온 지식이나 학문 분야와 산업에서 융합에 대해 조금씩 다른 해석과 의미 부여를 하고 있기 때문이다.

2. 융합에 대한 초기 논의들

융합에 대한 초기 언급은 1960년대에 나단 로젠버그(Nathan Rosenberg)(1963)가 융합을 “다양한 산업이 각자의 기술적 문제를 해결해 나가는 과정에서 일어나는 공동 기술혁신 활동”이라고 정의한데서 찾아볼 수 있다. 그는 1840~1910년 동안 발생한 영국의 공작기계 기술혁신 역사를 분석한 결과 기계가공 기술의 혁신 과정에서 흥미 있는 융합 현상을 발견하고, 융합 현상이 산업 구조 변화에 중요한 요인이 된다고 주장하

였다.[1]

기술적 측면의 융합은 1979년 MIT의 니콜라스 네그로폰테(Nicholas Negroponte) 교수가 방송, 컴퓨터, 출판 등의 융합을 '미디어 컨버전스'로 명명한 후 개념적으로만 사용되어 오다가, 2000년 초 가전회사들이 출시한 복합 제품(예, VTR+DVD 콤보)이 크게 히트함으로써 소비자들도 구체적으로 인식하기 시작하였다. 한편, 일본에서 기술융합(technology fusion)이라는 용어를 처음 사용한 것은 1991년 후미오 코다마 (Fumio Kodama)라는 학자였다.[2] 그는 기술혁신에는 두 가지 형태가 있는데 하나는 기존 기술의 돌파(breakthrough)이고 다른 하나는 여러 기술의 돌파가 동시에 일어나면서 융합(fusion)하는 것이라고 하면서 융합형 기술혁신이 점점 더 많은 비중을 차지한다고 주장하였다. 그는 기계기술과 전자기술의 융합으로부터 생성된 많은 메카트로닉스(mechatronics) 제품으로부터 이와 같은 인식을 갖게 되었다.[3]

융합의 개념이 좀 더 구체화된 것은 미국 통신법 개정이 이루어진 1996

---

1 당시 기술자들은 기계를 사용하여 금속을 정밀한 형태의 기구로 만들기 위하여 터닝, 밀링, 보링, 평면가공, 연삭, 다듬질 등 가공기술을 응용하고 있었다. 기술자들은 가공작업을 하면서 금속의 특성으로 인해 마력 부족, 연속가공시 피드백 곤란, 마찰열 등 공통적인 문제에 직면하였다. 이런 기술 문제들은 무기를 제작하는 공장이나 섬유공장, 자전거 공장 등 금속을 다루는 거의 모든 공장에서 공통적으로 나타났다. Rosenberg는 다양한 산업의 공장들이 이러한 기술 문제를 해결해 나가는 과정에서 일어난 공동 기술혁신 현상을 기술융합(Technological Convergence)이라고 하면서, 기술융합 현상이 산업의 구조 변화에 중요한 요인이 되었다고 주장하였다(이공래, 2004: 2-3).

2 일본의 후미오 코다마(Fumio Kodama)는 자국 기업의 기술 혁신 패턴을 관찰하여 다음과 같은 패턴이 등장하고 있음에 주목하였다. 첫째, 그동안의 생산 개념 중심의 제조는 지식 창조 중심으로 전환될 것이고, 둘째, 산업지배적인 설계 우위를 중심으로 한 R&D 경쟁은 산업간 경쟁으로 확산된다는 점이다. 셋째, 제품 개발은 공급자/기술 중심으로부터 고객 니즈에 기초한 수요자 중심으로 이행하고, 넷째, 기술 혁신도 무에서 유를 창조하는 듯한 현상타파적 기술 혁신으로부터 기존 기술간 그리고 기존 기술과 새로운 기술의 융합(Technology Fusion)의 형태로 전환될 것이라는 점이다(Wall Street Journal, 1998. 4. 8).

3 정명애 외, 2010: 35.

년에 와서이다. 이 시기의 융합은 음성 중심의 전통적인 통신영역과 CATV를 중심으로 한 방송영역이 인터넷이라는 뉴미디어에 경쟁적으로 주목하면서 촉발되었다. 당시 융합의 추세가 인터넷의 급속한 발전과 함께 대대적인 산업구조 개편으로 이어지리라는 전망이 지배적이어서 미국은 통신법 개정 논의를 통해 전근대적인 규제정책의 틀을 미래지향적으로 전환하고자 융합에 대한 개념논쟁 및 규제절차나 규제기구의 개편에 대한 규제경제학적 논쟁이 매우 활발히 이루어졌다.[4]

산업부문에서 최초로 융합이란 단어를 사용한 기관은 세계은행(World Bank)이다. 세계은행의 Bond & Smith(1997)는 "디지털 정보혁명에 의해 가격은 급격히 떨어지고, 컴퓨팅의 파워는 기하급수적으로 늘어나면서 과거 아날로그적인 통신, IT, 미디어 산업이 '0'과 '1'이라는 비트(bit) 산업으로 융합되어, 그 결과 음성(voice), 이미지(image), 비디오(video), 컴퓨터데이터가 바이너리(binary) 형태로 융합되고 있다"고 정의하고, 이러한 융합을 통해 정보 인프라 산업[5]이 수직적 산업에서 수평적 산업으로 전환될 것이라고 주장했다.

1997년 유럽위원회(European Commission, EC)는 통신, 미디어 및 IT 섹터의 컨버전스 관련 보고서에서 융합에 대해 "다양한 네트워킹 플랫폼이 비슷한 서비스를 제공할 수 있도록 하는 능력, 또는 전화, TV, 컴퓨터 등과 같은 다양한 디바이스가 함께 등장하는 것"이라고 서술하고 있다.[6]

Davis 등(1998)은 21세기 기업의 새로운 핵심역량으로 '블러(Blur)=디지털화(Intangibles) × 연결화(Connectivity) × 스피드(Speed)'를 제

---

4 디지털융합연구원, 2005: 86.

5 우리나라가 진행해온 인터넷, 유·무선, 방송망의 융합 개념인 BcN(Broadband Convergence Network)이 대표적인 인프라융합의 예이다.

6 화상전화(HSDPA)나 IPTV가 대표적인 융합서비스의 예이다(김도산 외, 2009: 423-424).

안하면서, 애플(Apple)사의 iPad 제품에 iTunes라는 웹 콘텐츠가 서비스되고, 노키아의 휴대폰에 Club Nokia[7]라는 서비스가 융합되며, GM의 자동차에 웹으로 서비스하는 OnStar[8]가 제공되는 것처럼 제품과 서비스가 융합되어 동시에 고객에게 제공되어야 함(No Product without Service, No Service without Product)을 강조했다.[9]

노키아(Nokia)의 Neuvo(1999)는 기업 브리핑 자료에서 디지털 융합을 네 가지로 요약하고 있는데, ① 과거의 더욱 많은 디바이스들이 점점 작아져 아주 값싼 하나의 칩 요소기술로 진화되고 있고, ② 서로 다른 이종 간 디바이스들이 상호 연결되어 새롭고 다양한 멀티 기능의 디바이스가 출현하고 있으며, ③ 디바이스와 어플리케이션들이 융합되어 퍼스널 툴을 형성하고, ④ 디지털 컨버전스를 야기하는 주요 동력 요인은 바로 인간 기술(human technology)이라고 적고 있다.[10]

이러한 융합에 대한 초기 논의들은 일반화되거나 정형화된 것이라기보다는 디지털화의 진전에 따른 새로운 문제해결을 위한 혁신적 현상을 표현하는 데 융합의 개념들을 사용한 것이다.

이질적인 분야를 접목하여 창조적·혁신적 아이디어를 창출해내는 기업 경영방식을 메디치 효과(Medici Effect)라 한다. 이는 서로 관련이 없을 것 같은 이종 간의 다양한 분야가 서로 교류, 융합하여 독창적인 아이디어나 뛰어난 생산성을 나타내고 새로운 시너지를 창출할 수 있다는 경영이론이다. 이는 15세기 중세 이탈리아 피렌체의 메디치 가문이 문화예

---

7 http://www.clubnokia.com 참조.

8 https://www.onstar.com/us/en/get-onstar/equipped-vehicles.html 참조.

9 김도산 외, 2009: 425-426.

10 휴대폰에 MP3가 융합되고 카메라가 융합되며 게임이 융합되는 것이 그 대표적인 사례이다(김도산 외, 2009: 426-427).

술가, 철학자, 과학자, 상인 등 여러 다양한 분야의 전문가들을 후원하자 자연스럽게 모여 생긴 이들 이질적 집단 간의 교류를 통해 서로의 역량이 융합되면서 생긴 시너지가 르네상스 시대를 맞게 하였다는 데서 유래된 말이다. 결국 융합이라는 용어가 최근에 많이 회자되고 있어도 그 본래의 의미는 르네상스시대로 거슬러 올라간다고 볼 수 있다.

3. 융합과 유사한 용어

최근 '여러 가지 이질적인 개체들이 결합되어 새로운 가치를 만들어 낸다'는 의미의 유사 용어들이 융합과 혼용되는 경우가 많음에 따라 융합 자체의 의미가 불명확해지는 측면이 있다. 예를 들면, 한자어인 결합(結合), 복합(複合), 통합(統合), 화합(和合), 융화(融和) 등이, 또 외래어인 퓨전(fusion), 하이브리드(hybrid), 매쉬업(mash-up), 크로스오버(cross-over), 패키지(package) 등이 융합과 구분 없이 사용되고 있어서 혼란이 초래되거나 초점이 흐려지는 경우가 있다. 참고로, 퓨전은 구체적 생산요소인 기능, 자원, 공정 등을 창의적, 고객 지향적으로 결합하는 것으로, 하이브리드는 두 가지 종(種)의 장점을 모아서 새로운 종을 만드는 것을, 매쉬업은 주로 인터넷 응용에서 여러 가지 미디어나 서비스를 하나로 재구성하는 것을, 크로스오버는 장르를 뛰어 넘는 결합을, 패키지는 독특한 개성을 가진 것들을 물리적으로 결합하는 것을 의미한다.[11]

융합과 유사한 개념으로 많이 회자되는 용어 중에 통섭(統攝)이 있다. 통섭(consilience)은 미국의 사회생물학자인 하바드대 에드워드 윌슨(Edward Wilson, 1929~) 교수의 저서인 〈Consilience〉를 그의 제자

11 김덕현, 2014: 36.

인 이화여대 최재천 교수가 번역한 책의 제목으로 사용되면서 주목받게 된 용어이다. Consilience는 영국의 과학사학자인 윌리엄 휴얼(William Whewell, 1794~1866)이 처음으로 사용한 용어로, 서로 다른 현상으로부터 얻어진 결론들이 일치하거나 일관성을 보이는 상태를 가리킨다. 즉, 통섭은 상호연관성이 없는 것처럼 보이는 지식이 실제로는 주어진 문제에 대한 공통된 이해나 해법을 갖고 있음을 의미한다. 통섭은 다양한 학문, 지식, 기술들이 이질성을 포용하고 수용하는 가운데 소통을 통해 결합하는 것으로 설명할 수 있다.[12]

아울러, 융합기술, 기술융합, 산업융합, 융합산업, 융합연구, 융합경영, 융합경제 등 융합과 관련한 다양하고 유사한 용어들이 명확한 구분 없이 혼재되어 사용되는 경우도 많다. 융합기술과 산업융합에 대해서는 별도로 살펴보겠지만, 융합기술과 혼용되어 사용되어지는 용어가 '기술융합'이다. 일반적으로 정보통신기술융합(ICT융합), 녹색기술융합, 환경기술융합 등 특정한 기술을 강조하여 융합기술을 말할 때 종종 사용되어지고 있다. 또한 산업융합과 혼재되어 사용되어지는 용어가 '융합산업'이다. 융합산업도 ICT융합산업, 모바일융합산업, 3D융합산업, IoT융합산업, 나노융합산업, 핵융합산업 등 특정 기술이나 특정 산업을 강조할 때 종종 사용되어 진다.

융합연구는 일반적으로 두 학문분야 이상의 공동연구, 교류 등의 연구 활동을 의미하며, 복수학제 연구(Multidisciplinary), 학제간 연구(Interdisciplinary) 등으로 표현된다. 융합연구는 학제연구 그 자체를 의미하며, 융합기술은 학제연구의 결과물로 도출된 기술을 의미할 때가 많다.[13]

융합경영은 주로 경영학분야에서 사용되어지는 사례가 많으며, 국

12 김덕현, 2014: 41.

13 한국과학기술기획평가원, 2008: 4.

제경영론에서는 본사의 경영방식과 현지의 경영방식을 결합시킨 혼합경영 또는 융합경영 등을 의미하는 용어로 하이브리드 경영(hybrid management)이라는 용어를 사용하기도 한다. 김덕현(2014: 226)은 융합경영을 "융합 원리의 적용 또는 여러 가지 신기술 즉, IT(정보기술), BT(바이오기술), NT(나노기술), CT(문화콘텐츠기술), HT(의료기술), RT(로봇기술), ET(에너지·환경기술) 등의 기술융합, 그리고 제품융합, 서비스융합, 산업(간)융합 등을 통해 고객 및 기업의 가치를 혁신하기 위한 전략과 이를 효과적으로 실행하기 위한 기업 경영체제"라 정의하고 있다. 국내 대학의 경우 융합경영학과를 운영하는 학교도 있다.[14]

4. 융합에 대한 다양한 정의

앞에서 살펴본 바와 같이 융합의 의미와 용어 자체가 시대와 국가 또는 지역, 학문분야에 따라 다양하게 정의되어 사용되고 있다. 융합의 의미 자체가 서로 다른 맥락의 개념이나 사물이 결합되어 산술적인 합 이상의 시너지 효과를 나타내는 경우를 지칭한다고 하지만, 그 자체로서 어떤 영역이라기보다는 타 분야 학문, 기기, 서비스 등에 스며들어 독특한 영역을 구현하는 현상으로 이해되고 있다. 그러나 현재까지 고유의 범위나 정의가 명확하게 정립되어 있지 않은 상태이다.

본서가 융합기술과 산업융합 관련 정부정책에 대한 분석과 발전방향 제언을 목적으로 하기 때문에 우선 융합에 대한 사전적 정의와 시대적 변천과정, 융합기술과 산업융합의 의미와 정의를 살펴본 후, 본서에서는 융합, 융합기술 및 산업융합을 어떻게 바라보는지에 대해 개념정의를 하고자 한다.

---

14 대표적으로 고려사이버대학교(융합경영학과), 세종사이버대학교(융합경영학과), 연세대학교(융합기술경영학과) 등이 있다.

1) 융합의 사전적 정의

일반적으로 영어권의 컨버전스(convergence) 또는 퓨전(fusion)으로 사용되는 용어를 우리나라에서는 대체로 '융합'으로 사용하고 있다.

우선 한글 용어인 융합(融合)에 대한 사전적 의미에 대해 국립국어원에서는 "다른 종류의 것이 녹아서 서로 구별이 없게 하나로 합하여지거나 그렇게 만듦. 또는 그런 일"로 정의하고 있다. 유사어로는 '합체', 또는 '융화'가 있고, 반대어로는 '불화'가 있다. 비슷한 용어로 사용되는 수렴(收斂)은 물리학 측면에서 광선, 유체, 전류 따위가 한 점에 모이는 일, 생물학 측면에서는 동식물의 계통이 다른 군(群)이 같은 환경에 적응한 결과, 닮은 형질을 나타내며 진화하는 일로 정의하고 있다. [15]

외국에서 융합은 퓨전 또는 컨버전스로 사용된다. 퓨전은 사전적으로는 "둘 또는 그 이상의 독특한 개체가 결합되어 새로운 개체를 만들어 내는 것"을 의미하며 해부학, 생물학, 경영, 컴퓨터, 오락, 법률, 정치, 스포츠 등 광범위한 분야에서 활용되고 있다. 컨버전스는 "서로 다른 곳에서 출발한 여러 개체가 한 곳으로 자연스럽게 모이는 현상 또는 의도적으로 모으는 과정"을 뜻하는 용어이다. 컨버전스는 기술, 컴퓨팅, 통신, 경제학, 사회학, 자연과학, 수학, 문학, 음악 등 다양한 영역에서 사용된다. 예를 들면, 수학에서는 특정 개체의 값이 하나의 값에 모이는 것 즉, 수렴(收斂)을, 통신에서는 하나의 사업자가 여러 서비스를 통합해서 제공하는 것을, 기술에서는 독특한 특성을 갖고 있던 기술들이 공통점을 가진 하나의 기술로 진화되는 것을 각각 의미한다. 사전적 의미에서 컨버전스 즉, 수렴의 반대어는 다이버전스(divergence) 즉, 발산(發散)이다.[16]

컨버전스(convergence)의 어원은 후기 라틴어인 'convergere'라는 동

15 http://krdic.naver.com/detail.nhn?docid=29939800; 김영석, 2007: 20.

16 김덕현, 2014: 31.

사에서 유래한 것이며, '함께(together)'라는 뜻의 'con'과 '어떤 방향 또는 상태로 향하다(bend) 또는 기울어지다(incline)'라는 뜻인 'vergere'가 합쳐진 명사이다.[17]

Merriam-Webster 사전에서는 'converge' 의미를 "① 어느 한 점이나 다른 점으로 다 같이 향하고 움직이는 것(to tend or move toward one point or one another : come together) ② 어떤 공동의 이익이나 초점에 다 같이 참여하고 통합하는 것(to come together and unit in a common interest or focus) ③ 수많은 수단들의 각 한계에 접근하여 궁극적으로 그 한계를 없애고 각 수단들의 기능을 증가시키는 것(to approach a limit as the number of terms increases without limit)"으로 정의하고 있다.[18]

이러한 사전적 의미를 확장하여 "④ 그 전에는 별개였던 제품들의 기능을 다 같이 통합하여 디지털 기술을 실현하는 것(Unification of functions-the coming together previously distinct products that employ digital technologies) ⑤ 모든 것이 연결되어 연결의 경제나 디지털 경제를 이룩하는 것(Everything to be connected such as connected/ digital economy) ⑥ 그렇게 됨으로써 시장이나 산업의 경계가 사라지는 것(Dissolving the boundaries such as boundaryless markets/industries) ⑦ 그러므로 언제 어디서나 누구나 사용하는 유비쿼터스 환경을 실현하는 융합기술(Ubiquitous usage by converged technologies)"로 표현하기도 한다.[19]

정보통신용어사전에서는 융합(convergence, 融合)을 방송과 통신의

---

17 김도산 외, 2009: 421.

18 http://www.merriam-webster.com/dictionary/converge 참조.

19 김도산 외, 2009: 421-422; 서동혁 외, 2007: 42.

통합으로 표현하고 있으며, 융합 현상은 흔히 '망(network)의 융합', '서비스(service)의 융합', '기업(corporate)의 융합' 등 세 분야에서 나타난다고 보고 있다. '망의 융합'은 방송은 통신망을, 통신은 방송망을 통하여 제공되는 현상으로 자원의 공유, 망의 경쟁, 망 통합 효과가 있다. '서비스의 융합'은 방송이 통신처럼 불특정 다수가 아닌 특정인을 대상으로 양방향 서비스를 제공하며, 통신은 다수의 수신자에게 일방향성 서비스나 영상 서비스를 제공하는 것으로, 양자의 서비스가 혼재된 현상이다. '기업의 융합'은 방송 사업자와 통신 사업자가 연합, 합병 등에 의하여 다른 분야로 진출하는 것으로, 유선 방송(CATV) 사업자가 통신 사업에 진출하거나 통신 사업자를 합병하여 두 사업을 겸하거나, 방송 주파수의 여분의 대역을 통신 사업자에게 임대하여 간접적으로 통신 서비스를 제공하는 것 등을 말한다.[20]

2) 융합의 시대적 흐름

우선, 1990년대 논의되었던 융합은 주로 디지털화에 따른 IT분야 기능 통합을 중심으로 논의되었는데, ITU(1996)는 융합(convergence)을 "기존 인프라를 통해 새로운 서비스를 제공하는 것, 새로운 형태의 인프라를 개발하는 것, 새로운 능력을 제공하기 위해 기존 서비스와 기술들을 향상시키는 것으로 이전에 별개의 분리된 상태에 있던 기술, 시장 혹은 정치적으로 정의된 산업구조들을 통합하는 기술, 시장, 혹은 법·규제적 능력"으로 정의하였다.[21]

2000년대에 들어서면서 융합은 방송통신융합, 유비쿼터스 등 기술 및

---

20 http://terms.naver.com/entry.nhn?docId=863936&cid=42346&categoryId=42346 참조.

21 정명애 외, 2010: 36.

산업 패러다임의 변화를 이끌었다.

차원용(2001)은 디지털 기술은 모든 제품과 서비스를 디지털화시켜 그 저장량이 무한대로 수렴하지만, 서로 연결되고 공유되어, 어떤 기기(디바이스)에서나, 누구나, 언제나, 어디에서나 획득·가공할 수 있는데, 이를 디지털 혁명이라고 설명한다. 또한 디지털 혁명은 그 저장량이 무한대이지만, 비용은 '0'으로 떨어지고, 비트(bits)로 인해 크기가 작아지며, 결국 인터넷으로 연결되어 가속화 되는데, 이러한 복합적인 융합 현상을 '디지털 컨버징'(digital converging)이라고 정의하고 있다.[22]

OECD(2003)는 융합(convergence)에 대해 "상이한 네트워크 플랫폼을 통해 동일한 음성, 영상, 데이터 등을 전달할 수 있고, 상이한 가전기기들이 동일한 구성의 서비스를 제공할 수 있는 것"을 의미하며, 기존의 서비스와는 다른 새로운 서비스를 제공하게 된다고 하였다. 이러한 맥락에서 IT중심의 융합기술에 대한 정의는 이종 및 동종의 다양한 기술들의 결합까지를 포괄하는 폭넓은 개념으로 신기술간 또는 기존 산업·학문 간의 상승적인 결합을 통해 새로운 창조적 가치를 창출함으로써 미래 경제와 사회 문화의 변화를 주도하는 기술 또는 현상으로 정의하고 있다.[23]

이기원(2003)은 디지털 컨버전스를 가속화시키는 주요 요인으로 글로벌화, 디지털화, 비규제화에 스마트한 고객(smart customer)을 새로이

---

22 이때 컨버징이란 과거가 무시되거나 모두 사라지고 오로지 미래만을 지향하는 개념이 아니라 과거와 현재와 미래가 모두 융합되며, 서로 연결된다는 뜻이다. 따라서 다 같이 미래의 어느 한 지점(현재까지는 디지털, 인터넷, 생명공학, 나노공학, 우주공학)으로 향하지만 이 의미는 과거와도 연결 된다는 것을 의미한다. 아날로그 VTR과 디지털 DVD가 융합된 콤보(Combo), 아날로그 냉장고에 인터넷이 융합된 인터넷 냉장고, 아날로그 에어컨에 디지털 디스플레이가 융합된 디지털 에어컨, 그리고 아날로그 자동차에 정보통신이 융합된 텔레매틱스(Telematics) 등장이 그 대표적인 예라고 할 수 있다(김도산 외, 2009: 427).

23 정명애 외, 2010: 36.

추가하고, 컴퓨터, 커뮤니케이션, 전자제품, 콘텐츠·엔터테인먼트가 융합되는 디지털 컨버전스 모델을 제시하고 있다.[24]

Lind(2004)는 융합을 "산업간 경계와 시장에 대한 진입장벽이 낮아짐에 따라 여러 시장이 하나로 합쳐지는 것(a confluence and merging of hitherto separated markets, removing entry barriers across the market and industry boundaries)"이라고 정의하고 있다.

현창희(2008)는 "서로 다른 기술이나 산업 분야가 효율과 성능 개선 등을 목적으로 결합됨으로써 (과거에는) 존재하지 않았던 새로운 기능이나 서비스를 창출하는 현상"으로 정의하고 있으며, 최재천(2009-블로그)은 통합(統合)은 둘 이상을 하나로 모아서 다스림 즉, 물리적 합침, 융합(融合)은 "둘 이상이 녹아서 하나로 되는 것 즉, 화학적 합침", 통섭(統攝)은 "둘이 합쳐서 새로운 주체가 탄생하는 과정 즉, 생물학적 합침"으로 구분하고 있다.[25]

김도산 외(2009)는 융합이란 "디지털화, 비규제화, 글로벌화, 스마트 고객화라는 네 가지 변화요인으로 인해, 동종(수평적) 또는 이종(수직적)의 산업과 산업간, 기술과 기술간, 기기와 기기간, 제품과 제품간, 콘텐츠와 콘텐츠간, 서비스와 서비스간의 융합 현상을 의미하며, 그 전개 방향은 인간(고객) 중심적 문제에 대한 솔루션 및 서비스를 제공하는 것"으로 정의하고 있다. 그는 융합기술에 대해 "미래 인간중심적인 문제인 경제·사회적 이슈 해결을 위해 다양한 학제 및 이종 기술간의 결합을 통해 확보되는 솔루션 및 서비스 혁신 기술"로 정의하고 있다.[26]

지식경제부 주관으로 2009년 11월에 개최된 '제1회 융·복합 국제 컨

24 이기원, 2003: 8-9.

25 김덕현, 2014: 35.

26 김도산 외, 2009: 427-428.

퍼런스'에 대한 보도자료에서는 "융합(convergence)이란 기존 산업의 기술, 제품·서비스를 재조합하여 새로운 가치와 시장을 창출하는 활동"으로 규정하고 있다.[27]

3) 융합기술의 정의

기술적인 측면에서 융합에 대한 정의들이 많이 도출되었는데, 네이버 지식백과사전에서는 융합기술에 대해 "2개 분야 이상의 과학기술이나 학문분야를 결합, 시너지 효과를 극대화하는 것으로 나노기술(NT), 바이오기술(BT), 정보기술(IT) 등 신기술 간 또는 이들과 타 분야와의 상승적 결합 등이 이에 해당된다"고 정의하고 있다.[28]

미국 과학재단의 2002년 NBIC(Converging Technologies for Improving Human Performance)전략과 EU의 2004년 CTEKS(Converging Technologies for the European Knowledge Society) 보고서는 융합에 대한 정부의 정의를 내포하고 있다. 미국 과학재단의 경우 융합기술을 "인간의 수행능력을 향상시킬 수 있는 NT(Nano Technology), BT(Bio Technology), IT(Information Technology), CS(Cognitive Science)의 4가지 첨단기술 간에 이루어지는 상승적 결합"이라고 정의하고 있다. 융합기술의 가능성과 미래를 전망한 EU의 CTEKS 보고서는 융합을 "유럽사회가 중장기적으로 해결해야 할 공통의 목표 달성을 위해 서로에게 가능성을 열어주는 기술 및 지식체계"로 정의하고 있다.

---

27 지식경제부 보도자료(2009.11.23: 20), '급성장 블루오션 융합 신시장을 선점하라' 참조.

28 http://terms.naver.com/entry.nhn?docId=2066899&cid=42107&categoryId=42107; 참고로 정보통신기술융합, 녹색기술융합, 환경기술융합 등 '기술융합'이라는 용어를 사용하기도 한다.

우리나라 정부는 미국과 EU의 융합정책 추진에 자극을 받아 2007년에 처음으로 융합기술에 대한 범부처 차원의 발전전략 가이드라인을 제시하는 '기본방침'을 수립하고, 이에 근거해 2008년 융합기술에 대한 '기본계획'을 수립하였다.

2007년 '국가융합기술 발전 기본방침'에서는 융합기술에 대해 "NT, BT, IT 등의 첨단 신기술간 상승적 결합을 통해 미래 사회 및 국가 공통의 목표 달성을 위한 과학기술적 한계를 극복함으로써 경제와 사회의 변화를 주도하는 기술"이라 정의하였다. ET, ST, CT는 그 자체만으로도 타 기술분야와의 융합성이 강하다고 판단하여 IT, NT, BT 등과 같이 융합에 의해 탄생·활용되는 기술분야에 한하여 융합기술의 범주에 포함하였으며, CS(인지과학)까지 명시적으로 포함하는 선진국과는 차별화된 특징을 가지고 있다.

2008년 '국가융합기술 발전 기본계획(2009~2013)'에서는 융합을 단순히 기술과 기술의 결합으로만 한정지었던 기존의 개념과 달리 융합기술의 다학제적 특성과 기술발전의 트렌드를 반영하여 융합에 대해 신축적으로 정의하였다. 가장 두드러지는 특징은 NT, BT, IT로 한정지었던 기술간의 융합 범주에서 벗어나 융합의 범위를 기술과 학문, 기술과 산업과의 결합까지 포함한다는 것이다. 여기서 융합기술을 "NT, BT, IT 등의 신기술간 또는 이들과 기존 산업·학문 간의 상승적인 결합을 통해 새로운 창조적 가치를 창출함으로써 미래 경제와 사회·문화의 변화를 주도하는 기술"로 새롭게 정의하였다. 이러한 정의는 이종 기술을 융합하는 현상들이 다양한 형태로 발전하면서 신기술을 창출하고 궁극적으로는 새로운 제품 및 서비스 시장을 창출하며, 미래사회의 경제·사회적 다양한 수요를 충족시킨다는데 기반을 두고 있다.

2012년에 한국과학기술연구원(KIST)에 설립된 융합연구정책센터는 기존 연구들에서의 정의를 바탕으로 융합기술을 "서로 이질적인 분야의 단위 학문·기술들이 결합하여 기존 단위 학문·기술의 한계성을 극복하거나 새로운 학문·기술 분야, 개념, 패러다임 창출과 같은 상승적 결합을 유도하는 기술, 또는 국가 규모의 거대 물적·인적 자원 및 제도·인프라에 의해서 추진되는 거대과학 기술"로 정의함으로써 과거 NT, BT, IT 등으로 대표되던 융합기술의 범위를 크게 확대하고 있다.

2014년 '창조경제 실현을 위한 융합기술 발전전략'에서는 기존 융합 R&D의 부족한 점을 보완하고 창조경제 실현을 위해 새로운 융합기술 R&D를 규정하여, "기존의 NT, BT, IT와 더불어 CS, 기술간의 융합, NBIC 기술과 기존 산업·학문간 융합을 통해 창출되는 새로운 기술"을 융합기술로 정의하였다. 범용성이 강한 핵심 요소기술을 초기단계부터 융합하여 인간의 능력을 향상시키고 보다 풍요로운 삶을 제공하는데 목적을 두고 있다. 또한 융합의 범위를 기술에만 국한하는 것이 아니라 '인문학적 지식을 바탕으로 인간관점(감정, 행동 등)을 반영한 창의적 융합기술'을 인문·기술의 융합 R&D라 정의하며 융합의 범위를 인문분야까지 확대하였다.

융합기술은 초기 NT, BT, IT, CS 등으로 대표되었으나, 최근에는 종적으로 세부 기술뿐만 아니라 횡적으로 다양한 기술과 더불어, 산업과의 융합, 학문 간의 융합, 공학과 인문·사회과학 간의 융합 등으로 발전하고 있다. 또한 국가 간의 융합기술 선점 경쟁, 경제위기를 극복하고 다양한 사회문제를 해결하는 등 변화하는 환경에 대응해 융합이 국가 및 사회를 혁신하기 위한 중요한 수단으로 인식되면서 융합기술에 대한 관심은 더욱 고조되고 있다.

4) 산업융합의 정의

산업융합에 대한 정의는 특정 산업의 특성과 융합하고자 하는 타산업, 기술 또는 학문분야의 특성에 따라 다양하게 정의할 수 있을 것이다. 네이버 지식백과 사전에서는 산업융합에 대해 "특정 산업의 발전이 자체적으로 발전하는 데 한계를 인식해 다른 산업분야에서 통용되고 있는 지식, 기술, 서비스를 기존 산업에 접목하는 것을 뜻한다"고 정의하고 있다.[29]

산업융합촉진법은 기본적으로 산업발전법 체제를 유지하되, 융합트렌드를 반영하여 주력산업의 지속적인 경쟁력을 확보하기 위해 2011년에 제정되었다. 이에 따라 국가융합기술발전 기본계획과는 별개로 산업융합 촉진을 위한 범부처 차원의 중장기 정책로드맵으로서 '제1차 산업융합 발전 기본계획(2013~2017)'이 수립·추진되고 있다. 산업융합촉진법과 제1차 산업융합발전 기본계획에서 말하는 산업융합이란 "산업간, 기술과 산업간, 기술 간의 창의적 결합과 복합화를 통해 기존산업을 혁신하거나 새로운 사회적·시장적 가치가 있는 산업을 창출하는 활동"이다. 이와 같이 산업융합은 이종, 나종 신업 간의 제품 및 서비스가 상호 결합하여 기존에 없었던 새로운 제품·서비스를 제공하는 것으로, 기술발달, 시대적·사회적 환경 등에 따라 지속 확장될 개념으로 소개하고 있다.

5. 융합에 대한 본서의 정의

융합이라는 용어 사용이 시대적 대세임에도 불구하고 앞에서 살펴 본 것처럼, 시대 또는 국가나 지역, 문화적 속성에 따라, 언어를 사용하는 다양한 인종적·언어적 개념들 차이로 인해 융합에 대한 명확하고 객관화 된 정의를 내리기는 쉽지 않다. 그렇다고 해서 융합에 대한 통일된 정의를 내리지 않고 정책을 분석한다면 논리를 전개하는 것도 쉽지 않을 뿐만 아니라 그 내용을 이해하는 데도 혼란이 예상된다. 융합을 보다 객관적인 용어

29 http://terms.naver.com/entry.nhn?docId=20347&cid=43659&categoryId=43659 참조.

로 사용하기 위해서는 보다 좁고 명확한 정의가 필요하다. 융합 관련 정책 참여자뿐만 아니라 이해관계자들의 공감, 설득, 참여, 협력을 꾀하기 위해서는 융합에 대한 명확한 정의가 선행되어야 하기 때문이다.

앞에서 살펴본 바와 같이 우리나라 정부에서는 융합기술에 대해 '국가융합기술 발전 기본방침'에서 융합기술을 "미래 경제·사회적 이슈해결을 위해 다양한 학제 및 이종기술 간의 결합을 통해 확보되는 기술"로 정의하였으나, '국가융합기술 발전 기본계획(2009~2013)'에서는 "NT, BT, IT 등의 신기술간 또는 이들과 기존 산업·학문 간의 상승적인 결합을 통해 새로운 창조적 가치를 창출함으로써 미래 경제와 사회·문화의 변화를 주도하는 기술"로 정의하고 있다. 또한 2014년 '창조경제 실현을 위한 융합기술 발전전략'에서는 "나노(NT)·바이오(BT)·정보통신(IT)·인지과학(CS) 기술간의 융합, NBIC 기술과 기존 산업·학문 간 융합을 통해 창출되는 새로운 기술"로 정의 하고 있다. 2012년 '제1차 산업융합 발전 기본계획(2013~2017)'에서는 산업융합을 "산업간, 기술과 산업간, 기술간의 창의적 결합과 복합화를 통해 기존산업을 혁신하거나 새로운 사회적·시장적 가치가 있는 산업을 창출하는 활동"으로 정의하였다.

융합 또는 융합기술의 등장은 결국 사회의 복잡한 문제해결을 위해 다른 영역의 기술과 산업 및 학문 등을 응용한 가치창출로 미래의 보다 나은 삶을 지향하고자 하는 시대의 요구라고 본다.

이러한 맥락에서 본서에서는 '국가융합기술 발전 기본방침'과 '국가융합기술 발전 기본계획(2009~2013)' 및 '제1차 산업융합 발전 기본계획(2013~2017)'에서의 정의를 응용하여 개념정의를 하고자 한다. 이 책이 중점을 두고 있는 부분을 감안하여 '융합'이란 "경제·사회적 문제 해결과 산업혁신을 위한 다양한 기술 · 산업 · 학문 간의 상승적 결합"으로 정의한다. 아울러 '융합기술'은 "기술간 또는 신기술과 기존·산업 학문 간의 상승적인 결합을 통해 새로운 가치를 창출함으로써 미래 경제와 사회·문화의 변화를 주도하는 기술"로, '산업융합'은 "산업간, 기술과 산업간, 기술간의 창의적 결합과 복합화를 통해 기존산업을 혁신하거나 새로운 산업을 창출함으로써 미래 경제와 산업의 변화를 주도하는 활동"으로 정의하고자 한다.

그러나 융합기술과 산업융합을 별도로 정의했다고 해서 두 개념을 명확하게 구분할 수 있는 것은 아니다. 융합기술에 대한 정책과 산업융합에 대한 정책은 서로 밀접하게 연결되어 있기 때문이다.

제2절 융합의 유형

1. 다양한 견해

시대와 상황에 따라 다양한 정의를 내포하고 있는 융합의 개념 또는 현상들을 종합하여 유형화 하기란 쉬운 일이 아니다. 융합의 유형은 목적에 따라 또는 활용 가치에 따라 매우 다양할 수 있기 때문이다.

Lind(2005)는 2개 개체가 갖고 있던 특성들이 ① 원래의 모습이 남아 있으면서 하나로 합쳐지거나(즉, A+B=A∪B), ② 특성들 중 일부만 합쳐져서 새로운 개체로 만들어지거나(즉, A+B=A∩B), ③ 원래의 모습이 사라진 새로운 개체로 만들어지는 것(즉, A+B=C) 등 세 가지 유형으로 분류하고 있다.[30]

디지털융합연구원(2005: 88-90)에서는 디지털 컨버전스를 구성하

30 김덕현, 2014: 34-35.

는 기술요소, 경영요소, 시장요소를 하나의 아키텍처로 구조화하고, 〈표 2-1〉에서 보는 바와 같이 융합의 유형을 기술 컨버전스, 제품 컨버전스, 공정 컨버전스, 비즈니스 컨버전스 및 정책 컨버전스로 유형화하고 있다.

〈표 2-1〉 계층구조 모형과 컨버전스 유형

계층	주체(subject)	추구하는 가치목표	컨버전스 유형
4	정책 (policy)	사회적, 이념적 가치 (social and nation value)	정책 컨버전스 (policy convergence)
3	비즈니스 (business)	비즈니스 성과 (business performance)	비즈니스 컨버전스 (business convergence)
2	공정 (process)	비용-효과성 (cost-effectiveness)	공정 컨버전스 (process convergence)
	제품 (product)	소비자 욕구 (customer needs/value)	제품 컨버전스 (product convergence)
1	기술 (technology)	기능요구 (functionality)	기술 컨버전스 (technology convergence)

* 출처 : 디지털융합연구원, 2005: 90.

하태정(2006: 2-3)은 산업 및 기술융합 흐름이 산업내, 산업간, 기술간 등 크게 3가지 방향으로 빠르게 전개되고 있다고 보고 융합의 3가지 유형을 제시하고 있다. 첫 번째 유형은 대개는 '디지털 컨버전스'란 개념으로 통용되고 있는 산업 내 융합이다. 산업 내 융합은 디지털 기술을 매개로 컴퓨터, 가전, 통신 등의 여러 가지 기기들이 서로 유사한 기능을 가지면서 통합되는 현상을 의미한다. 현재는 컴퓨터, 통신, 방송 관련 기기 및 기능이 복합화하는 단계에서 기기, 기능, 서비스 등이 융합화하는 추세로 융합이 진행 중이다. 대표적인 사례로 DVD 콤보(DVD+VCR), 복합기(팩스+프린터+복사기), 복합형 캠코더(캠코더+디지털 카메라+MP3), MP3폰, 캠코더폰 등을 들고 있다. 두 번째 유형인 산업간 융합은 IT의 활용 범위가 보다 확대되고 타 산업 분야 기술과의 접목이 활발해지면서 산업간 경계가 무너지고 산업지도 재편 및 이종산업 간 경쟁이 격화되는 현상을 말한다. IT와 금융의 융합에 따른 핀테크(인터넷 및 모바일 금융), 방송과의 융합에 따른 오디오·비디오 서비스, 자동차와의 융합에 따른 스마트카, 건설과의 융합을 통한 u-Building 등을 그 대표적인 사례로 들고 있다. 세 번째 융합 전개방향은 기술간 융합이다. 여기서 기술간 융합이란 서로 다른 기술 요소들이 결합되어 개별 요소들의 특성이 상실되고 새로운 특성을 갖는 기술과 제품이 탄생되는 현상으로 정의된다. 기술간 융합은 개별 요소 기술의 속성이 상실된다는 점에서 기술의 통합(integration of technology)과 구별되기도 한다. 기술간 융합의 대표적인 사례들로는 생체정보처리(IT+BT), 지능형 극미세전자기계시스템(IT+BT+재료), 메카트로닉스(IT+기계), 생체 친화성 재료기술(IT+재료) 등을 들고 있다.

2009년 11월에 개최된 '제1회 융복합 국제 컨퍼런스'에서는 융합의 유형을 기술간의 결합인지, 제품·서비스의 결합인지, 가치의 단순한 부가인지, 새로운 가치의 창출인지에 따라 4가지 유형으로 구분하고 있다.[31] 첫 번째 유형은 기술진화형 융합으로 두 개 이상 기술이 융합하여 기존 기술 분야에 적용된 경우로서 유비쿼터스 컴퓨팅, LED TV, 터치폰, 디지털카메라, e-Book 등이 사례이다. 두 번째 유형은 돌파기술형 융합으로 두 개 이상 기술이 융합하여 기존기술의 한계를 극복하는 경우로서 AMOLED폰, 생체보안기술, DNA칩, 굿바이 키보드 등이 사례이다. 세 번째 유형은 시장고도화형 융합으로 두 개 이상 제품·서비스가 융합하여 기존시장을 확장하는 경우로서 스마트폰, 스팀청소기, 전동칫솔, 크루즈선 등이 사례이다. 네 번째 유형은 신시장창출형 융합으로 두 개 이상 제품·서비스가 융합하여 신시장을 창출하는 경우로서 U-헬스, 전기자동차, 의료용 수술로봇, 스크린 골프 등이 사례이다.

---

31 지식경제부 보도자료 (2009.11.12: 21), '급성장 블루오션 융합 신시장을 선점하라'.

지식경제부가 2011년 11월에 발표한 '대한민국 산업·기술 비전 2020'에서는 융합의 유형을 신기술간 융합, 기존 제품과 신기술간 융합, 신기술과 서비스간 융합, 제품과 서비스간 융합으로 구분하고 있다.[32] 신기술간 융합은 BT, IT, NT, CT 분야 등 첨단 신기술간 융합을 통해 확보되는 혁신 기술과 제품간의 융합으로 나노기술을 이용하여 생체신호를 측정하거나 조절하는 생체신호 측정 제품, BMI(Brain Machine Interface)[33], 생물정보학(Bioinformatics)[34], 가상현실[35] 등이 사례이다. 기존 제품과 신기술간 융합은 신기술을 기존 제품 또는 전통산업에 융합하여 기존 제품의 부가가치를 증가시키는 경우로서 자동차와 IT기술이 융합된 주행상황 인지 스마트자동차, 선박과 IT기술이 융합된 디지털 선박[36], 의류와 NT 및 IT기술이 융합된 스마트 의류[37] 등이 사례이다. 신기술과 서비스간 융합은 IT, BT, NT 등의 신기술을 서비스 산업과 융합하여 고부가 혹은 신규 가치 창출을 도모하는 경우로서 IT기술과 의료서비스가 융합된 U-헬스 케어 또는 스마트 케어, 로봇기술과 의료서비스가 융합된 수술용 로봇, IT기술과 물류·유통서비스가 융합된 지능형물류 등이 사례이다. 제품과

---

32 지식경제부, 2011: 4-6.

33 BT, IT, CT 기술이 융합된 사례로 생각을 컴퓨터에 내재하여 다양한 신체 및 뇌신경장애 극복 등의 경우와 같이 뇌와 기계(컴퓨터 등)의 연결을 통한 인간 의지 발현 기술로서 인간과 기계의 상호작용을 활용한 삶과 건강의 향상을 도모한다.

34 BT와 IT 기술 간의 융합 사례로 인간 혹은 지구상 모든 생명체의 게놈 정보를 분석하고 그 생물학적 의미를 밝힌다.

35 CT와 IT 기술의 융합 사례로 비행 교육 시뮬레이션, 스크린 골프처럼 특정한 상황 혹은 사람을 가상으로 만들어서, 그것을 사용하는 사람이 마치 실제 상황과 상호작용을 하는 것처럼 인식한다.

36 선박의 설계, 건조, 운항, 유지보수에 관련한 시설 및 기자재를 IT화하고, 이를 바탕으로 조선소의 생산성 향상 및 선박의 성능을 향상시킨다.

37 일반 직물의 질감과 촉감을 유지하면서 첨단 디지털 기능(예: MP3플레이어, LED 등)이 부가된 새로운 개념의 옷으로 특수 소재나 컴퓨터칩 등을 사용해 전기신호나 데이터를 교환하거나 외부 디지털 기기와 연결해 다양한 기능을 수행한다.

서비스간 융합은 기존의 제품 및 서비스 영역들이 기술의 발전이나 소비자 요구로 인해 제품간, 서비스간, 제품 및 서비스간 융합으로 새로운 부가가치를 창출하는 경우로서 휴대폰과 서비스가 융합된 스마트폰, TV와 서비스가 융합된 인터넷TV 또는 IPTV(Internet Protocol Television), 서비스와 서비스가 융합된 의료관광 등이 사례이다.

김덕현(2014: 45-51; 61-78)은 융합기술의 유형을 기반기술에 따라 IT기반, BT기반, NT기반, 그리고 CS기반기술로, 특정 산업·영역 또는 사회적 과제 해결 목적에 따라 ET, ST, CT, 의료기술(HT: Health or Human Tech.), 로봇기술(RT: Robot Tech.), 녹색기술(GT: Green Tech.) 등의 복합기술(Composite Tech.)로 분류한다. 그는 또 융합을 투입-공정-산출(IPO: Input-Process-Output) 시스템으로 규정하면서 융합의 실체(manifestation)는 ① 투입요소(input)에 따라 기술융합, 제품융합, 학문·지식융합, 서비스융합, 조직융합, 산업융합으로, ② 공정(process) 즉, 결합방식에 따라 복합, 컨버전스, 하이브리드로, ③ 산출물(output)에 따라 융합기술, 융합제품, 융합서비스, 융합학문/지식, 융합조직, 융합 비즈니스, 융합산업 등으로 구분하고 있다.

우리나라 정부의 경우 〈그림 2-1〉에서 보는 바와 같이 '국가융합기술 발전 기본계획(2009~2013)'에서 기술융합의 유형을 신기술과 기존 학문간의 융합, 신기술간의 융합, 신기술과 기존 산업과의 융합 등 세 개로 나누고, 유형①의 신기술과 기존 학문(인문, 사회, 예술·문화 등) 간의 융합은 융합형 콘텐츠 및 지식서비스 기술, 뇌·인지과학 연구 등을, 유형② 신기술간의 융합은 나노바이오 소재, IT 나노소자 기술 등을, 유형③ 신기술과 기존 산업과의 융합은 지능형 자동차 기술, 미래첨단도시 건설기술 등을 포함시키고 있다.

〈그림 2-1〉 융합기술의 유형

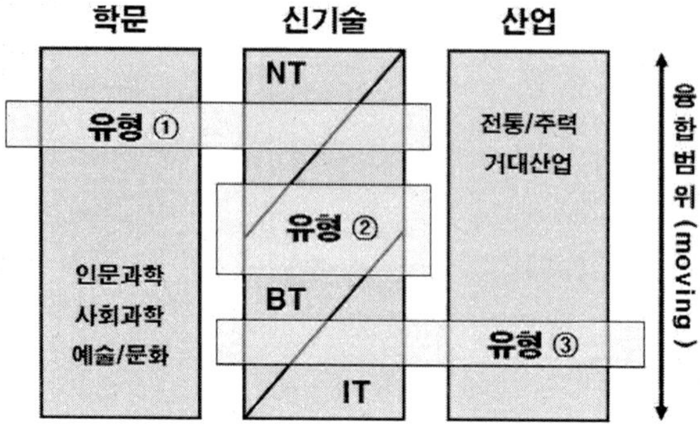

* 출처 : 관계부처합동, 2008: 8.

아울러 〈그림 2-2〉와 같이 활용목적에 따라 원천기술창조형, 신산업창출형과 산업고도화형 등 3개 분야로 유형화하였다. ① 원천기술창조형은 이종 신기술 또는 신기술과 학문이 결합하여 새로운 기술을 창조하거나 융합기술을 촉진하는 유형으로 미래유망 파이오니어사업, 신기술 융합형 원천기술개발사업 등을 포함하고 있고, ② 신산업창출형은 경제·사회·문화적 수요에 따른 신산업·서비스 구현을 위해 이종 신기술과 제품·서비스가 결합하는 유형으로 휴머노이드 로봇, u-실버융합, 차세대 융합형콘텐츠 등을 포함하고 있으며, ③ 산업고도화형은 신기술과 기존·전통산업이 결합하여 현재의 시장수요를 충족시킬 수 있는 산업 및 서비스를 고도화하는 유형으로 미래형 자동차, u-시티 등을 포함하고 있다.

〈그림 2-2〉 활용목적별 분류

* 출처 : 관계부처합동, 2008: 9.

2. 본서에서의 융합의 유형

본서에서는 앞에서 정의한 '융합이란 경제·사회적 문제해결과 산업혁신을 위한 다양한 기술 · 산업 · 학문 간의 상승적 결합'이라는 개념을 토대로 학제간 융합, 기술간 융합, 산업간(서비스포함) 융합으로 대별해 보고자 한다. 이를 도식화하면 〈그림 2-3〉과 같다.

〈그림 2-3〉 융합의 유형

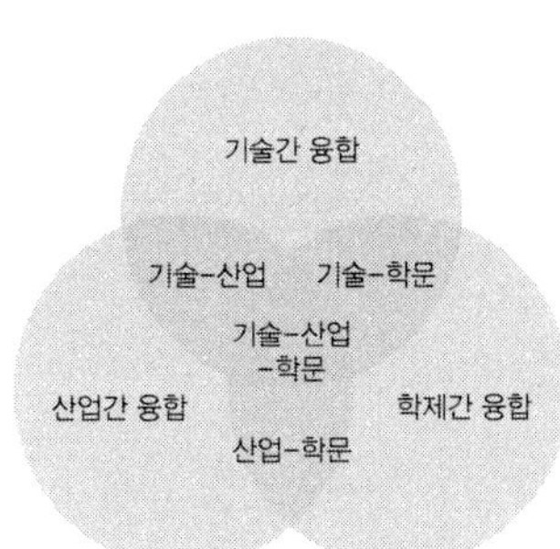

이러한 세 개의 유형들이 각자 독립적으로 융합을 이루기도 하지만 필요에 따라 기술과 산업간, 기술과 학문간, 또는 산업과 학문간 융합의 영역이 겹쳐지기도 하고, 더 나아가 기술과 산업과 학문이 동시에 융합되는 현상도 나타날 수 있을 것이다. 예를 들면, 새로운 기술의 개발이 새로운 학문영역을 만들어 내고 새로운 산업을 창출할 수 있을 것이다. 여기서는 대표적으로 학제간 융합, 기술간 융합 및 산업간 융합에 대해 설명하고자 한다.

1) 학제간 융합

융합이라는 단어가 학문과 연관되어 학제적(inter-disciplinary)이란 단어와 결합해 학제간 융합연구와 같은 명칭으로 사용되기 시작한 것은 2000년대 들어와서부터이다. 미국 과학아카데미(National Academies)에서는 미국, 일본, 유럽 등의 다양한 연구기관에서의 학제간 융합연구의 경향을 반영하여 몇 가지 형태를 분류하면서 '학제간 연구(IDR, Inter-Disciplinary Research)'란 "두 개 혹은 그 이상의 학문 분야와 학문 주체로부터 정보와 데이터, 기술, 도구, 관점, 개념 그리고 이론들을 통합하여 단일 학문분야의 범위에서는 해결할 수 없는 문제를 해결하거나 기초적인 이해를 제공하는 팀 또는 개인에 의한 연구형태를 지칭한다"고 정의하고 있다.[38]

〈그림 2-4〉와 같이 '복수학제 또는 다학제적(multi-disciplinary) 연구'란 각각의 분야에서 연구를 하면서 개별적으로 기여하는 2개 이상 학문의 공동 참여 연구를 의미한다. 그러나 학제간(Inter-Disciplinary : 융합학문) 연구는 단일학문 분야로는 풀 수 없는 문제의 해결을 위해 2개 이상의 학문으로부터 나오는 정보, 기술, 도구, 관점, 이론 등을 결합하여

---

38 권만우, 2011: 10.

수행하는 연구를 의미한다. 예를 들면, 시스템생물학(Systems Biology), 연결체학(Connectomics), 생체모방학(Biomimetics), 생물전자학(Bioelectronics) 등이 좋은 사례이다.[39]

〈그림 2-4〉 복수학제와 학제간 연구 비교

분류	공통점	차이점	
복수학제 연구	문제해결을 위해 개별 학문(기술) 분야 A, B가 사용	A A B B	문제가 해결된 후에 개별학문(기술)분야 A, B에 변화 없음
학제간 연구		A C B	문제해결 과정에서 새로운 학문(기술) 분야 C가 탄생

* 출처 : 김도산 외, 2009: 429.

2) 기술간 융합

기술복합화란 개별 요소기술들의 물리적인 결합으로 기존 산업의 한계를 극복해나가는 과정에서 일어나는 공동 기술혁신 현상인 연속적 혁신(Continuous Innovation, CI)을 의미한다(Rogers, 1962). 예를 들면, 반도체 소자가 점점 작아지면서 나타나는 반도체 산업의 한계인 불확정성 원리, 터널링 효과[40]나 단채널 효과[41]를 극복하기 위해 기존의 실리콘(Si) 물질에 게르마늄(Ge)이나 갈륨(Ga) 또는 아사나이드(As) 등의 다른

39 김도산 외, 2009: 429.

40 Tunneling Effect : 전자들은 전압을 가하지 않아도 마음대로 채널을 통해 지나가는 현상.

41 Short Channel Effect : 트랜지스터의 게이트 길이가 너무 작아 소스와 드레인이 너무 근접함에 따라 소자의 특성이 나빠지는 현상.

물질을 물리적으로 결합시켜 무어의 법칙[42]을 연장시키는 경우이다. 그러나 기술간 융합이란 화학적 결합으로 인해 개별 요소 기술들의 특성이 상실되면서 전혀 새로운 특성을 갖는 혁신적 기술이 창출되는 현상인 불연속적 혁신(Discontinuous Innovation, DI)을 의미한다. 예를 들면, 기존의 실리콘 반도체 물질에 데이터가 아닌 세포나 유전자를 코팅하여 생물학적 또는 화학적으로 질병을 진단하는 바이오칩(Biochip) 기술을 발견하는 경우이다.[43]

융합기술은 기존의 지식을 토대로 신선한 시각과 상상력을 통해 새로운 가치를 창출하는 것으로써 학제간 연구를 통해 도출되며, '기술복합화'보다는 '기술융합화'에 의해 자발적으로 발생될 수 있는 것이 특징이다.[44] 〈표2-2〉에서 보는 바와 같이 기술복합화는 개별 요소기술들의 물리적 결합으로 기존산업의 한계를 극복해나가는 과정에서 일어나는 공동 기술혁신 현상인 반면, 기술융합화는 화학적 결합으로 인해 개별 요소기술들의 특성이 상실되면서 새로운 특성을 갖는 혁신적 기술이 창출되는 현상이다. 즉, 기술복합화는 A+B=B′ 혹은 A+B=AB인데 반해 기술융합화는 A+B=C인 것이다.

조영준(2010: 4)은 융합기술의 발전단계에 대해 과거 ICT 기술들 간의 융합의 폭이 많지 않던 때에는 PC, PDA, MP3, 방송, 통신 등 개별 기술 영역의 독립성이 많이 보장되어 있었지만, 현재에 와서는 스마트폰, 휴대형 PC 등 기술·기기간 융합뿐만 아니라 IPTV 등 서비스간의 융합이 활발하게 이루어지고 있으며, 이러한 추세로 미래에는 수술용 의료 로봇 등 IT, BT

---

42 Moore's Law : 컴퓨팅의 능력은 18개월 마다 두 배로 증가하지만, 비용은 증가하지 않는다는 법칙.

43 김도산 외, 2009: 431.

44 조영준, 2010: 4.

및 NT 등의 경계가 모호해지는 단계까지 이를 것이라고 예측하고 있다.

〈표 2-2〉 기술복합화와 기술융합화

기술복합화	기술융합화
산업관점	기술관점
기존제품/서비스의 고도화	신기술 개발
A+B=B' 혹은 A+B=AB	A+B=C
향상성	혁신성, 독창성
기존시장의 유지 및 확대	새로운 시장형성
개선기술(Improving Tech.)	태동기술(Emerging Tech.)

* 출처 : 조영준, 2010: 4.

3) 산업간 융합

산업간 융합이란 2종 이상의 산업에서 활동하고 있는 단위기업(business unit)들이 융합기술 기반의 상품을 개발, 판매함으로써 시장과 고객의 니즈에 부응하기 위해 기업생태계를 재구성하는 것이다. 예를 들면, 크루즈선박은 전통 제조업인 조선업에 각종 레이더나 조종 장치 같은 정보통신 기자재 제조업, 내장재 산업, 그리고 여행과 관광 서비스업 등이 결합된 미래 신산업의 한 형태라 할 수 있다. 특히 무인자동차 산업의 등장이나 선박통신기술(SAN, Ship Area Network)과 같이 IT산업을 기반으로 한 타 산업들과의 융합은 IT기술을 기반으로 한 산업발전의 좋은 사례들을 만들어 내고 있다.

제3절 융합의 사례

기술과 산업 및 학문 발전의 필연적 결과로 우후죽순처럼 발생되고 있는 많은 융합의 사례들을 다 열거할 수는 없을 것이다. 본 절에서는 앞에서 분류한 융합의 유형별 사례들 중 학제간 융합사례, 기술간 융합사례 및 산업간 융합사례를 살펴보도록 하겠다.

1. 학제간 융합 사례

미국 하버드 의대는 2004년에 마크 커시너(Marc Kirschner) 학과장이 융합학문인 시스템생물학과를 신설했다. 수학, 물리학, 화학, 생물학, 분자학, 기계공학, 컴퓨터과학 등 다양한 분야를 전공한 젊은 연구자들이 이 학과 박사과정에 참여하며 통합적인 연구를 진행하고 있다. 미국 MIT공대는 니콜라스 네그로폰테(Nicholas Negroponte) 교수가 1980년에 창안하고 1985년에 오픈한 예술과 공학을 융합한 미디어랩(Media Lab)을 운영해 오고 있으며, 이후 컴퓨터과학·인공지능 랩(CSAIL) 및 뇌·인지과학(BSC)으로 확대되면서, 이를 통해 기업에 제공한 융합기술과 분사된 벤처기업은 이루 다 거론할 수 없을 만큼 많다.[45] 우리나라 대학들도 2009년부터 시작된 세계적 수준의 연구중심대학(World Class University, WCU) 프로젝트를 추진하면서 대학원 과정을 중심으로 융합학과가 많이 신설되었다.

서울대 공대의 미디어아트공학(음악+미술+공학), 나노바이오공학(화학+재료공학+기계공학+의학), 에너지환경공학(에너지자원공학+기계공

45 김도산 외, 2009: 429-430.

학+건설환경공학), 금융공학(수학+경영학+산업공학) 등과, 자연대의 재료물성학(재료공학+고체물리학), 금융수학(수학+경영학+경제학), 나노바이오학(물리학+화학+생물학) 등이 신설되었고, 그 외 인지신경과학(심리학+생명공학+의학) 등 서울대뿐만 아니라 타 대학에서도 단과대별 융합학과의 신설이 대세가 되고 있다.[46] 물론 학과 신설이 학제간 융합으로 바로 연결되지는 않을 것이나 학과 신설이 학제간 융합의 본격적인 계기로 작용할 것으로 보인다.

2003년에 설립된 융합기술 분야의 이공계 전문인력 양성기관인 과학기술연합대학원대학교(UST)는 다학제적 커리큘럼 중심 교육과 국내·외 현장교육을 통해 산업 및 연구 현장에서 즉시 활용 가능한 창의적 고급 과학기술인력을 양성하는 도제식 교육기관이다. UST는 과학기술분야 정부출연연구기관에 교육기능을 부여하여 31개 출연(연)의 풍부한 연구인력, 첨단시설 및 장비를 활용한 교육을 진행하고 있으며, 신생융합기술 전공을 개설하여 운영하고 있다.[47]

2. 기술간 융합 사례

기술(technology)이란 어떤 목적을 달성하기 위해 인간이 만들어 낸 여러 가지 수단과 지식으로 구성된 체계를 가리킨다. 인류 역사 이래 등장한 불, 농기구, 토기, 철기, 인쇄, 화약, 증기기관, 전기, 전파 등의 기술은 인류 문명을 발전시킨 핵심 원동력이었다. 1940년대 중반에 등장한 컴퓨터와 1970년대 이후 크게 발전한 컴퓨터 통신, 인터넷, 무선·이동 통신,

46 김도산 외, 2009: 430.

47 http://www.ust.ac.kr 참조.

멀티미디어 등 IT는 개인, 기업, 정부 등 경제주체들이 시간적, 공간적 거리를 초월할 수 있게 함으로써 보다 효율적, 효과적으로 활동할 수 있는 기반을 제공했다. 유전자지도(게놈)를 포함한 바이오기술(BT), 초미세 수준의 소재, 기기, 공정 관련 나노기술(NT), 뇌영상 기법이나 뇌기능 진단을 포함한 인지과학(CS) 등은 인류가 당면하고 있는 건강과 의료, 에너지, 자원 고갈 등의 문제를 해결함은 물론, 미래 인류의 삶이 보다 풍요롭고 안전하게 지속될 수 있는 실마리를 제공해 주고 있다. 2001년에 미국 과학재단이 주관한 워크숍에서 왈라스(W.A. Wallace)는 융합기술의 시너지를 "인지과학자가 문제의 해법을 생각해(think) 내면(CS), 나노 기술자가 필요한 물질이나 공정을 만들어(build) 내고(NT), 바이오 기술자는 생명체에 적용(implement)하며(BT), 정보 기술자가 실행과정을 모니터링하고 제어하는(monitoring and control) 역할(IT)을 담당한다"는 식으로 NBIC를 설명한 바 있다.[48]

융합기술은 국가나 기업이 전략적으로 선택한 기술개발이나 제품개발의 대상에 따라 그 범위가 달라질 수 있다. 실제로 융합기술에 대한 정의는 범위 측면에서 국가별로 차이가 있다. 미국은 NBIC 즉, 나노-바이오-정보기술과 인지과학이 결합된 기술을, EU는 NBIC 외에도 인문학, 사회학 등이 결합된 신기술을 융합기술로 정의하고 있다. NT는 원자나 분자 수준에서 물질을 조작해서 전혀 새로운 성질과 기능을 가진 물질을 합성, 조립하는 기술을, BT는 생명을 가진 유기체 즉, 사람을 포함한 동물, 식물과 그 파생물의 생산과 변형 내지 조작방법에 대한 기술을 가리킨다. IT는 컴퓨터 기반의 정보시스템을 설계, 개발, 구현, 지원하기 위한 기술이며, CS는 인간의 마음과 뇌에서 정보가 표현, 전달, 변환되어 구체적인 행동

48 김덕현, 2014: 61-69.

으로 나타나는 것을 구명하고 재현하기 위한 학제적 연구를 가리킨다.

본서에서 기술간 융합에 대한 수많은 사례들을 다 열거할 수는 없어서 2014년에 정부가 수립한 '창조경제 실현을 위한 융합기술 발전전략'에 포함된 15대 국가전략 융합기술 중 빅데이터 기술과 지능형 로봇 기술, 그리고 최근 재난·재해 예방 및 예측·대응 기술을 위해 부각되고 있는 사물인터넷(IoT) 기술에 대한 사례만 살펴보도록 하겠다.

1) 빅데이터

빅데이터란 과거 아날로그 환경에서 생성되던 데이터에 비하면 그 규모가 방대하고, 생성 주기도 짧고, 형태도 수치 데이터뿐만 아니라 문자와 영상 데이터를 포함하는 대규모 데이터를 말한다. 빅데이터 환경은 과거에 비해 데이터의 양이 폭증했다는 점과 함께 데이터의 종류도 다양해져 사람들의 행동은 물론 위치정보와 SNS(Social Networking Service)를 통해 생각과 의견까지 분석하고 예측할 수 있다. 디지털 경제의 확산으로 우리 주변에는 규모를 가늠할 수 없을 정도로 많은 정보와 데이터가 생산되는 '빅데이터(Big Data)' 환경이 도래하고 있다.

빅데이터는 모바일, 클라우드와 함께 새로운 시대를 여는 기술이며, 1960년대 전후로 시작된 백오피스 중심의 컴퓨팅 인프라가 1980년대 전후 PC의 등장으로 클라이언트-서버 컴퓨팅으로 진화하였으며, 1990년대 인터넷과 전자상거래 시대를 거쳐, 2000년대 소셜 네트워크 서비스와 모바일, 클라우드와 함께 빅데이터 및 분석의 시대로 들어섰다고 보고 있다(〈그림 2-5〉 참조).[49]

49 정보통신산업진흥원, 2014: 11.

〈그림 2-5〉 빅데이터 시대로의 진입

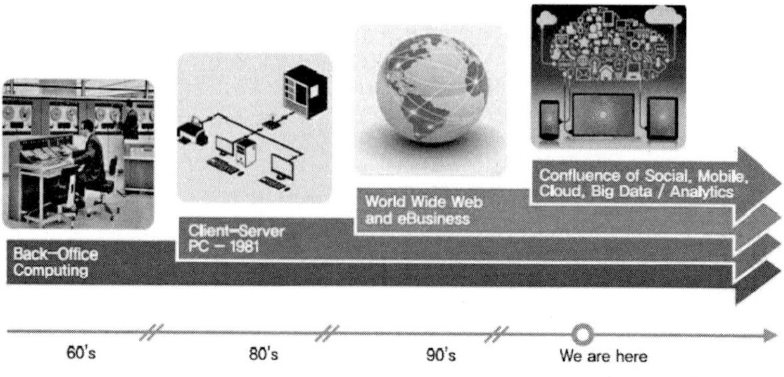

* 출처 : 정보통신산업진흥원, 2014: 12.

PC와 인터넷, 모바일 기기 이용이 생활화되면서 사람들이 도처에 남긴 발자국(데이터)은 기하급수적으로 증가하고 있다.[50] 사용자가 직접 제작하는 UCC를 비롯한 동영상 콘텐츠, 휴대전화와 SNS에서 생성되는 문자 등은 데이터의 증가 속도뿐만 아니라, 형태와 질에서도 기존과 다른 양상을 보이고 있다. 특히 블로그나 SNS에서 유통되는 텍스트 정보는 내용을 통해 글을 쓴 사람의 성향뿐만 아니라, 소통하는 상대방의 연결 관계까지도 분석이 가능하다. 게다가 사진이나 동영상 콘텐츠를 PC를 통해 이용하는 것은 이미 일반화되었고 방송 프로그램도 TV수상기를 통하지 않고 PC나 스마트폰으로 보는 세상이다.

빅데이터 기술이란 규모, 다양성, 속도, 신뢰성 측면에서 전통적인 기

50 데이터의 양에 대해 전문가들은 전 세계적으로 2020년에는 35 제타(1021)바이트로 증가할 것으로 예측하고 있으며, 이는 10년 사이에 44배나 증가함을 의미한다. 데이터의 생성 및 통합 속도는 점점 더 가속화되어 실시간 의사결정을 요구하는 비즈니스 환경으로 이동하고 있으며 전통적인 방법으로는 분석하기 어려운 비구조적데이터가 전체 데이터의 80%를 차지하고 있다(정보통신산업진흥원, 2014: 11-13).

술과 방법으로는 다루기 어려운 데이터를 효과적이고 비용효율적으로 처리, 분석, 표현하는 과정을 통해 사용자에게 새로운 통찰력을 제공함으로써 비즈니스 가치를 창출하기 위한 기술로 정의되고 있다.[51] 빅데이터의 특징은 3V로 요약하는 것이 일반적이다. 즉 데이터의 양(Volume), 데이터 생성 속도(Velocity), 형태의 다양성(Variety)을 의미한다. 최근에는 가치(Value)나 복잡성(Complexity)을 덧붙이기도 한다.[52]

빅데이터 환경의 특징에 대해 정용찬(2012)은 〈표 2-3〉과 같이 빅데이터 환경이 되면 기존의 정형화된 수치중심의 데이터는 비정형의 다양한(문자, 영상, 위치) 데이터 환경으로 바뀌고, 고가의 저장장치인 하드웨어는 클라우드 컴퓨팅 등의 비용효율적인 장비 활용이 가능하도록 환경이 구축될 것이며, 기존의 관계형 데이터베이스 기반의 소프트웨어는 오픈소스 형태의 무료 소프트웨이 환경으로 변한다고 설명하고 있다.

이처럼 다양하고 방대한 규모의 데이터는 미래 경쟁력의 우위를 좌우하는 중요한 자원으로 활용될 수 있다는 점에서 주목받고 있다. 대규모 데이터를 분석해서 의미 있는 정보를 찾아내는 시도는 예전에도 존재했다. 그러나 현재의 빅데이터 환경은 과거와 비교해 데이터의 양은 물론 질과 다양성 측면에서 패러다임의 전환을 의미한다. 이런 관점에서 빅데이터는 산업혁명 시기의 석탄처럼 IT와 스마트혁명 시기에 혁신과 경쟁력 강화, 생산성 향상을 위한 중요한 원천으로 간주되고 있다. 데이터의 규모가 중요하다는 것을 확인시킨 사례로는 구글의 자동번역 시스템이 있다. 구글은 수천만 권

---

51 IBM은 3V에 추가하여 신뢰성(Veracity)을 빅데이터의 또 다른 중요한 특징으로 정의하고 있다. 이는 높은 데이터 품질을 유지하는 것은 빅데이터의 중요한 요구사항이며 어려운 과제지만, 최상의 데이터 정제 기법을 사용해도 날씨, 소셜 데이터, 센서 데이터 같은 일부 데이터의 본질적인 불확실성은 제거할 수 없기 때문에 빅데이터의 불확실성을 인식하고 대비해야 한다는 것이다(정보통신산업진흥원, 2014: 11-13).

52 네이버 지식백과 '빅데이터 정의' 참조 (http://terms.naver.com/entry.nhn?docId=1691554&cid=42171&categoryId=42183).

의 도서 정보와 유엔과 유럽의회, 웹 사이트의 자료를 활용해 64개 언어 간 자동번역 시스템 개발에 성공했다. IBM도 캐나다 의회의 문서를 활용해 영어·불어 자동번역 시스템 개발을 시도했으나 실패한 경험이 있다. 이는 기술의 차이보다는 사용 데이터의 규모 차이에 의한 결과로 평가 한다.

〈표 2-3〉 빅데이터 환경의 특징

구분	기 존	빅데이터 환경
데이터	- 정형화된 수치자료 중심	- 비정형의 다양한 데이터 - 문자 데이터(SMS, 검색어) - 영상 데이터(CCTV, 동영상) - 위치 데이터
하드웨어	- 고가의 저장장치 - 데이터베이스 - 데이터웨어하우스 (Data-warehouse)	- 클라우드 컴퓨팅 등 비용효율적인 장비 활용 가능
소프트웨어/분석방법	- 관계형 데이터베이스(RDBMS) - 통계패키지(SAS, SPSS) - 데이터 마이닝(data mining) - Machine learning, knowledge discovery	- 오픈소스 형태의 무료 소프트웨어 - Hadoop[53], NoSQL - 오픈 소스 통계솔루션(R) - 텍스트 마이닝(text mining) - 온라인 버즈 분석(opinion mining) - 감성 분석(sentiment analysis)

* 출처 : 정용찬, 2012: 4.

2) 지능형 로봇

지능형 로봇은 사람처럼 지능을 갖고, 사물을 인지하고 자율적으로 주어진 일을 완료하는 로봇을 말한다. 이 로봇에 필요한 기술은 인간의 머리에 해당되는 인공지능기술, 사람의 팔다리에 해당되어 힘을 쓰고, 걷고, 짐을 들고 하는 데에 필요한 액추에이터 및 기구기술, 전기적 제어 및 계측을 하는 제어계측기술, 전체적인 지능을 담당하는 소프트웨어 등의

53 하둡(Hadoop)은 대용량의 데이터 처리를 위해 개발된 오픈소스 소프트웨어이다. 하둡은 야후(Yahoo)의 재정지원으로 2006년부터 개발되었으며, 현재는 아파치(Apache) 재단이 개발을 주도하고 있다(http://terms.naver.com/entry.nhn?docId=1691554&cid=42171&categoryId=42183 참조).

기술, 외부와 유·무선으로 데이터 통신을 하는 IT기술 등이 융합된 결과이다. 최근에는 통신, 소프트웨어, 로봇, 이동 및 인공지능 기술이 발전하면서, 고정된 위치에서 작업을 하던 초기의 제조용 로봇작업이 확대되어, 사람처럼 움직이고, 비행을 하며, 듣고, 보고, 느끼는 지능 기술을 갖추기 시작하면서 의료, 교육, 가사, 국방, 방범, 교통 등 다양한 분야에서 사용되는 로봇으로 확대 발전하고 있다.

로봇은 1980년대부터 공장자동화에 이용되면서 산업화하기 시작되었고, 1980년대 말부터는 제조 산업용 로봇이 전체 로봇시장의 대부분을 차지하였으며, 1990년대부터는 인간을 닮은 휴머노이드 로봇, 즉 지능을 갖는 로봇의 개발에 관심을 갖기 시작하였다. 2000년대에는 일본, 한국 주도하의 지능형 서비스로봇과 네트워크 기반의 지능형 로봇이 대형국책과제로 개발되면서 급속하게 기술이 발전되었고, 국제적으로도 로봇 표준화가 활발히 논의되면서 세계적으로 많은 기업이 관심을 갖게 되었다. 의료용 수술로봇, 물건을 나르는 드론 및 물류용 로봇, 지뢰제거용 로봇과 같은 국방로봇, 지능형 산업로봇, 자율주행 로봇, 청소용 로봇 등 로봇기술의 활용도는 넓어지고 있는 추세이다.[54]

지능형 로봇의 특징은 자율성이 얼마나 많은가에 따라 사업의 성공률이 높아진다. 자율성은 인공지능 기술에 기반을 두고 있으며, 사람의 지능 수준으로 구현되기에는 아직 해결되지 못한 무수히 많은 돌파(breakthrough)기술들이 개발되어야 한다. 이러한 환경 하에서도, 최근 MS사에 의하여 3D 인식기술에 의한 지능기술이 한 단계 더 상승되었고, 무인자동차, 드론, 의료 로봇 등의 실용화 수준이 높아지면서 상용화 가능성이 커지고 있다.

---

54 정연구 외, 2015: 43-44.

3) 사물인터넷(IoT : Internet of Things)

나노공학과 생명공학, 정보기술, 인지과학 등을 융합한 미래의 인터넷 혁명을 주도할 사물인터넷(IoT) 시대가 도래하고 있다. 사물인터넷은 사물에 센스를 부착해 실시간으로 데이터를 인터넷으로 주고받는 기술이나 환경을 일컫는다. 사물인터넷에 대한 개념은 2005년 ITU가 보고서를 발간하면서 최초로 주목받았다. 이 보고서에서 IoT는 식별자와 센싱 및 무선 네트워크, 임베디드 시스템, 나노공학 분야의 기술 발전을 통해 감각뿐만 아니라 지능적인 형태로 세계의 객체를 연결하는 것으로 보고 포괄적이고 전체론적인 접근을 하고 있다. 1990년대의 WWW, 2000년대의 모바일인터넷 시대에 이어 이젠 가장 파괴적인 제3세대 인터넷 혁명인 '사물인터넷' 시대를 향해 나아가고 있다.[55]

최근 구글이 내놓은 스마트 안경 '구글글래스'나 나이키의 건강관리용 스마트 팔찌 '퓨얼밴드'가 대표적 사례이다. 이처럼 사물인터넷은 이미 우리 곁에 성큼 다가와 있다. NFC(Near Field Communication)를 활용한 가전제품도 사물인터넷이 구현된 사례로 꼽힌다. NFC칩이 탑재된 세탁기에 스마트폰을 갖다 대면 세탁기 동작 상태나 오작동 여부를 확인하고 맞춤형 세탁코스로 세탁을 할 수 있다. 냉장고는 사람이 굳이 확인하지 않아도 실시간으로 온도를 점검하고 제품 진단과 절전 관리도 해낸다. 사물인터넷에선 모든 물리적 센서, 즉 온도, 습도, 열, 가스, 조도, 초음파 센서부터 원격감지, SAR(Synthetic Aperture Radar), 레이더, 위치, 모션, 영상센서 등 유형 사물과 주위 환경으로부터 정보를 바탕으로 사물 간 대화가 이뤄진다.

센싱 기술은 사물끼리 통신할 수 있는 통로 역할을 한다. 정보를 수

---

55 하원규 외, 2011: 70-71.

집·처리·관리하고 정보가 서비스로 구현되기 위한 환경을 지원한다. 이를 위한 기술로는 근거리 통신기술(WPAN, WLAN 등), 이동통신기술(3G, 4G 등)과 유선통신기술(이더넷, BcN 등) 같은 유·무선 통신 및 네트워크 인프라 기술 등이 활용된다.

미국은 이미 이 같은 기반 시설을 꾸려 적극적으로 사물인터넷을 활용하고 있다. 월트디즈니 놀이공원은 미키마우스 인형의 눈과 코, 팔, 배 곳곳에 적외선 센서와 스피커를 탑재해 놀이공원 정보를 수집한다. 이 인형은 실시간으로 디즈니랜드 정보 데이터를 습득해 관람객에게 정보를 알려준다. 어떤 놀이기구 줄이 가장 짧은지, 지금 방문객 위치가 어디인지, 오늘 날씨는 어떤지 같은 정보를 그때그때 상황에 맞춰 알려주는 식이다. MIT는 기숙사 화장실과 세탁실에 센서를 설치하고 인터넷에 연결했다. 학생들은 이들이 주고받는 정보를 통해 어떤 화장실이 지금 비어 있는지, 어떤 세탁기와 건조기가 사용 중인지를 실시간 파악할 수 있다. 샌프란시스코는 네트워크 업체 시스코와 손잡고 사물인터넷을 도입해 쓰레기 이동 경로를 추적했다. 쓰레기에 센서를 부착해 쓰레기가 어디로 이동하고, 어떻게 사라지는지를 추적, 관리하고 있다.[56]

미연에 사고를 예방하는 차원에서 자동차에도 사물인터넷 기술을 적용하고 있으며, 가전제품, 전자기기뿐만 아니라 헬스케어, 원격검침, 스마트홈, 스마트카 등 다양한 분야에서 사물인터넷 기술이 활용되고 있다. 특히 심장박동 모니터링 기계는 사물인터넷의 대표적인 예로, 부정맥을 앓고 있는 환자가 기계를 부착하고 작동시키면 심전도 검사 결과가 자동으로 기록돼 중앙관제센터로 보내진다. 중앙관제센터는 검사 결과를 전문가에게 전송해 임상보고서를 작성하고 이 보고서를 통해 환자와

56 http://navercast.naver.com/contents.nhn?rid=122&contents_id=40446.

적합한 의료진과 연결된다.

우리나라도 재난과 재해를 미리 예측하고 대응하기 위해 사물인터넷 기술을 활용하는 사례가 시도되고 있다. 싱크홀과 지하매설물 붕괴사고 같은 사고를 사전에 예방하고 대응하기 위한 UGS(Under Ground Safety)융합연구가[57] 대표적인 사례인데, 이는 지하철 주변의 지하매설물에 대해 사물인터넷(IoT)을 통해 상시로 모니터링하고 이상 징후를 다각도로 분석·예측해 사고를 미연에 방지하기 위한 것이다.

4) 기타 기술간 융합 사례들

그 외에도 IT, BT, NT 및 CS를 기반기술로 한 융합사례들을 살펴보면 다음과 같다.[58]

IT에 NT가 보강되는 식의 융합을 통해 나노 정보저장(예: 테라급 초고밀도 저장매체), 나노 정보전송(예: 나노 광통신 소자), 나노 정보처리(예: 양자컴퓨터, 나노전지), 나노 정보표시(예: 평면 디스플레이) 등 새로운 응용 영역이 발전하고 있다. 반대로, NT에 IT가 보강되는 식의 융합은 예를 들면, 나노 물질이나 소재에 대한 시뮬레이션, 나노기술 종합정보시스템 등에 활용되고 있다. 여러 가지 기능을 가진 나노센서들이 IT에 의해 통합될 경우, 방대한 양의 데이터 수집, 처리, 통신이 가능해지고, 탄소나노튜브나 그래핀 같은 소재와 결합될 경우, 화상회의, 가상현실, 무인 차량·전투기 등이 고도화될 것이다.

---

57 한국전자통신연구원(ETRI)이 주관하고 한국건설기술연구원, 한국철도기술연구원, 한국지질자원연구원 등이 참여하는 실용화형 융합연구단사업으로서 지하공간의 지질환경, 지하수 분포와 변화, 도시철도 구조물과 주변 지반 변화, 주변 상·하수도 관로 상태 변화 등의 복합 감시 데이터를 분석해 지하공간의 이상 징후를 사전에 감지·예측·대응하는 사물인터넷(IoT) 기반 지하공간 그리드 시스템을 개발하는 것이 주요 목표다.

58 김덕현(2014)의 70쪽에서 75쪽의 내용 중 주요 사례들을 발췌한 것이다.

BT에 NT가 보강되는 식의 융합은 세포나 분자 수준(100nm 이하)에서 생체시스템에 대한 조작, 유전자의 구조 및 기능 분석과 치료, 단백질 합성·분석, 줄기세포 배양 및 장기·조직의 복제, 바이오 물질의 대사(예: 약물 전달) 등을 가능하게 한다. 한편, NT에 BT가 보강되는 식의 융합은 바이오 물질의 구조·원리를 응용해서 새로운 나노 소재를 제조하는 데 활용된다.

NT-BT 융합기술, 즉 나노바이오 기술은 주로 의료생명 분야에 적용할 것을 목표로 한다. 대표적 NT-BT 응용 제품·서비스로 나노바이오 칩·센서(예: DNA칩, 랩온어칩), 나노바이오소재(예: 생체모방 나노소재), 나노생물학(예: 생체나노머신) 등을 들 수 있다. DNA칩은 다수의 DNA를 고밀도로 기판에 붙여 놓고 필요한 유전자(예: 특정 단백질을 만드는 유전자)를 검색할 때 활용된다. 랩온어칩(Lap-on-a-chip)은 하나의 칩에 시료(예: 혈액)를 넣어주면 이의 분리, 정제, 증폭 등 전 과정의 처리와 분석이 가능한 초미세 기기를 가리킨다. 그 외에도 NT-BT 융합기술은 신의약품, 합성피부, 인공장기, 오염제거용 소재, 고성능 배터리, 경량 우주선, 극소형 로봇, 초소형 정찰기 등의 개발에 활용된다.

BT-IT 융합기술을 적용한 대표적 융합제품으로 바이오 칩과 바이오 컴퓨터를 꼽을 수 있다. 바이오 칩은 생체 분자를 소형 박막에 고밀도로 부착해서 칩 형태로 제작한 것으로 질병 진단과 신약 개발 도구로 활용된다. 바이오 컴퓨터는 종래의 실리콘 반도체 소재가 아닌, 단백질이나 효소 같은 유기물 소자로 만들어진 고성능 컴퓨터를 가리킨다. BT-IT 융합기술은 그 외에도 의약(신약 발견 및 임상실험), 의료(질병 연구 및 관리, 진단·재활치료), 농업(병충해 내성 또는 유전자 변형 작물) 등에 적용될 수 있다.

NT, BT, IT 등이 모두 결합된 NT-BT-IT 융합기술은 '나노 수준의 물질 제어를 바탕으로 BT, IT를 완전히 새로운 형태의 기술로 발현시키고, 이들 간의 상호작용 과정에서 파생되는 기술변화가 궁극적으로 사회·문화

패러다임까지 변화시킬 수 있는 첨단, 신생 기술'이다. NT-BT-IT 융합기술을 적용한 대표적 제품·서비스로 나노바이오 칩·센서, 나노바이오 소재 등을 꼽을 수 있다. 이들은 NT의 초미세화, BT의 친인간화, 그리고 IT의 정보화 내지 시스템화 등이 반영된 결과이다. NT-BT-IT 융합기술은 인체탐사 로봇, 식물공장, 공해물질제거장치 등의 개발에도 적용될 수 있다.

IT와 CS의 융합을 통해 정보처리의 지능화, 고도화, 인간화 등이 가능해 지고 각종 디지털 기기의 사용성(usability) 향상, 멀티미디어 기반 인지형 학습, 감성공학, 인공지능 로봇 등이 발달할 것이다. BT와 CS의 융합을 통해 뇌영상 기법, 신경약물학 등이 발전하고 근전도(EMG: Electromyography), 근적외선 영상(fNIR: functional Near Infra-Red Imaging), 감성제품, 인공지능 제품 등이 발달할 것이다. NT는 CS와 직접 연결되기 보다는 IT나 BT를 통해 연결되어 뇌기능 진단, 신경회로망, 신경보철 인공물, 나노바이오 지능형 컴퓨터 등에 적용될 것이다. 사회과학과 CS의 융합은 교육, 경제, 광고, 행정, 법, 정치, 교통, 문화관광 등에 적용되어 새로운 제도나 정책 설계, 사회문제의 이해와 대안 도출 등에 기여하게 될 것이다. CS와 NT-BT-IT 기술의 융합은 인간의 뇌, 마음, 몸 등에 생기는 육체적 질병이나 장애, 정신적 질환 등을 치료하거나 예방하는 데 큰 기여를 하게 될 것이다.

3. 산업간 융합 사례

2012년 발표된 '제1차 산업융합발전 기본계획(2013~2017)'에 따르면, 산업간 융합은 기존 산업의 혁신 및 고도화를 촉진할 뿐만 아니라 친환경, 건강증진, 편리, 인간 중심 등 개인의 삶의 질을 향상시키는 새로운 가치 창출도 가능한 것으로 보았다. 〈표 2-4〉에서 보는 바와 같이 산업간 융합을 통한 기존 산업의 혁신 사례로는 제품과 제품이 결합된 유형, 제품과 서비스가 결합된 유형, 서비스와 서비스가 결합된 유형 등 3가지로 분류하여 소개하고 있다.

〈표 2-4〉 산업간 융합의 기존 산업혁신 사례

유 형	예 시	가치 창출
제품+제품	자동차+IT+컨텐츠 ⇒ 스마트 카	감성·편의성 증대
제품+서비스	디지털컨텐츠+서비스 ⇒ e-Book	전자도서 컨텐츠 활용
서비스+서비스	방송(IPTV)+통신(인터넷)+유·무선전화 ⇒ 방송통신 융합	단일망으로 방송, 통신, 유·무선전화를 통합·이용

* 출처 : 관계부처합동, 2012a: 5.

본서에서는 산업간 융합의 대표적인 융합사례로 제품과 제품이 융합된 스마트 자동차, 제품과 서비스가 융합된 e-Book, 서비스와 서비스가 융합된 방송통신 융합 사례를 살펴보고, 아울러 최근에 산업간 융합의 사례로 회자되고 있는 핀테크에 대해 살펴보도록 하겠다.

1) 스마트 자동차

전통적인 자동차 산업에 IT기술이 접목되면서 산업의 구분이 모호해 질 정도로 자동차 시장이 급변하고 있다. 자동차에 IT 기술을 도입한 것은 자동차 배기가스로 인한 환경오염을 최소화 하고, 연비 향상을 위해 세계 최초로 독일 보쉬사가 전자식연료분사기(Fuel Injector)를 개발하여 직접 실린더에 연료를 분사하는 방식을 통해 전자식 엔진제어를 최초로 구현한 데서 시작하였다. 그 후 독일의 콘티넨탈, 일본 전장, 미국 델파이 등과 같은 자동차 부품 전문기업들은 브레이크, 조향장치 등 기계식부품에 전자기술을 접목하여 ABS(Anti Braking System), EPS(Electronic Power

Steering) 등과 같은 진일보된 전장부품을 본격적으로 신차에 적용하였다. 2000년 이후에는 GM이 신개념의 텔레매틱스[59] 서비스 OnStar를 선보이며 유사한 관련 서비스 기술도입이 확산되어 시장이 급팽창 하였다.[60]

이와 같이 기존 자동차 산업과 첨단IT 산업이 융합된 신산업으로 각광받고 있는 분야가 스마트 자동차의 개발이다. 이는 첨단IT 신기술을 기반으로 자동차의 센서 및 전자장치가 지능적, 유기적으로 상호작용하여 운전자의 안전 및 편의성을 증대시켜 최적의 운전환경을 제공하는 지능형 자동차의 고부가가치를 창출하는 산업이기 때문이다(〈그림 2-6〉 참조).

〈그림 2-6〉 스마트자동차의 개념도

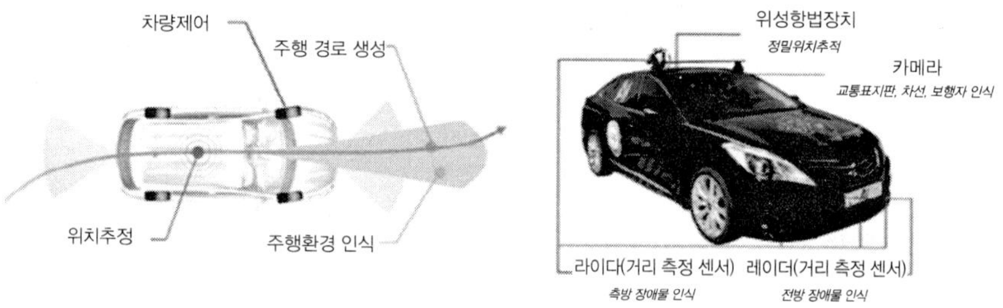

* 출처 : 인터넷 한양뉴스, 2014.10.17.

자동차와 IT산업의 융합 패러다임은 차량 전자화(Electric Car), 지능화(Driver Assist) 기술, 친환경 기술 등의 기술 개발로 추진될 것이 예상되어 이에 대한 기술 개발이 절실하다. 이에 따라 이런 기술들이 자동차를 생산하는 각국의 기업들의 최대 관심기술로 자리매김하고 있다. 전자식 제어시

59 자동차 텔레매틱스는 이동통신기술과 위치추적기술을 자동차에 접목하여 내비게이션 역할과 차량사고나 도난감지, 운전경로 안내, 교통 및 생활정보, 게임 등을 운전자에게 실시간으로 제공하는 서비스이다.

60 강석철, 2015: 2-3.

스템, 충돌예방, 차선검지, 보행자 인식, 자율주행, 자동 발렛주차, 회전다이얼의 통합스위치, 친환경 경로안내, 환경모니터링 등의 기술을 자동차에 접목함으로써 안전하고 쾌적한 자동차 환경을 만드는 데 노력하고 있다.

스마트 자동차 산업은 IT 기술을 활용하여 안전과 편의를 극대화함과 동시에 하이브리드자동차나 전기차, 수소연료차 등을 개발하여 배기가스 절감 및 연료 효율화 기술 등을 활용하여 친환경성을 높인 친환경 그린 자동차 산업으로 진화하고 있다. 테슬러(Teslamotors)의 창업주 엘런 머스크(Elon Musk)는 정보서비스업체 집스2(Zips2)를 창업하여 컴팩(Compaq)에 매각한 후 모바일결재 서비스인 페이팔(PayPal)을 창업한 사람이다. 그는 이전 경험과 전혀 다른 전기자동차 벤처회사인 테슬러를 창업하여 자동차 산업의 큰 반향을 일으켰다. 최근에는 세계적인 IT 기업인 구글이나 애플 등 전통적인 자동차 산업이 아닌 IT산업 분야에서 자동차 산업을 꿈꾸고 있는 기업들이 늘어나고 있다.

2) 전자책(e-Book)

디지털 컨텐츠 산업과 서비스 산업의 대표적인 융합 사례인 전자책(e-Book)은 종이 대신 디지털 파일로 글을 읽는 차세대 서적이다. 기존의 종이책 대신 인터넷의 표준 언어인 HTML과 XML을 응용해 만든 디지털화된 책을 자신의 PC나 전용단말기에서 뷰어(viewer)를 이용해 습득하는 것으로 최첨단 정보통신기술이 낳은 디지털콘텐츠 서비스의 한 형태이다. e-Book은 출판사 입장에서 볼 때 제작비와 유통비를 절약할 수 있고, 재고에 대한 부담이 적으며, 소비자들은 절품된 책도 언제든지 구할 수 있다는 장점이 있다. 또한 책의 손상 위험이 적고, 책 내용에 대한 신속한 개정 및 추가도 용이하다.

최초의 전자책 단말기는 1998년 10월 말 실리콘밸리 팰로 앨토(Palo

Alto) 소재의 벤처기업 누보미디어가 선보인 '로켓 e북(Rocket eBook)'이다. 지난 2000년 3월에는 미국작가 스티븐 킹(Stephen King)이 자신의 소설 '라이딩 더 불렛(Riding the Bullet)'을 e-Book 형태로 인터넷에 발표해 이틀 만에 40만 명 이상의 인터넷 이용자들이 다운받는 등 인기를 누렸다. 하지만 인터넷 판매 이틀 만에 해킹을 당해 허술한 보안 문제가 제기되기도 했다. e-Book 사업은 스마트폰 보급에 발맞춰 성장 속도를 올리고 있다. 최근에는 아이패드, 갤럭시탭 등의 태블릿 PC 및 스마트 폰 등 스마트 기기들의 출현으로 전자서적을 서비스하는 사례가 늘고 있어 e-Book이 더욱 활성화 될 전망이다.[61]

3) 방송통신 융합

'방송통신 융합'이란 디지털 기술발달로 인해 대두되는 새로운 미디어 환경으로, 통신과 방송의 구분이 사라지는 것을 말한다. 즉, TV나 라디오로만 볼 수 있던 방송 콘텐츠를 휴대전화나 개인휴대단말기, 차량용 TV로도 받아볼 수 있게 되고, 또한 일방적으로 받기만 하는 방송과 달리 방송을 보는 도중에도 정보검색이나 전자우편(e-mail)을 사용하는 등 쌍방향 통신이 가능해지는 것이다. 이것은 세 가지 융합 현상으로 나눌 수 있다. 첫째로 '망의 융합'(convergence of network)이다. 이는 방송망과 통신망의 구분이 점차 불명확해지는 것을 말한다. 즉, 방송이 방송망뿐 아니라 통신망을 통하여도 전송되며 또 통신도 통신망뿐만 아니라 방송망을 통하여도 행하여지는 현상을 말하는 것이다. CATV망을 이용한 통신서비스, FM주파수대역을 이용한 무선호출서비스, 통신위성을 이용한 위성방송 등을 그 예로 들 수 있다. 둘째는 '서비스의 융합'(convergence of

61 http://terms.naver.com/entry.nhn?docId=71853&cid=43667&categoryId=43667 참조.

service provision)이다. 이것은 방송과 통신 서비스의 구분이 불분명해지는 경계영역적 서비스가 출현하는 현상이다. 방송에서는 불특정 다수가 아닌 특정인에 대한 수신을 목적으로 하거나 양방향성의 서비스를 내보내며, 통신 분야에서는 다수의 수신자에게 일방향성 서비스나 영상 서비스를 제공한다. 이는 양자의 서비스가 혼재된 현상이다. 셋째로 '기업의 융합'(convergence of corporate organizations)인데, 이것은 방송 사업자와 통신 사업자가 연합하거나 합병하여 다른 분야에 진출하는 것이다. 여기에는 방송 사업자가 통신 사업에 진출하거나 통신 사업자를 합병하여 사업을 겸하는 것과 방송 주파수의 여분 대역을 통신 사업자에게 임대하여 간접적인 방식으로 통신 서비스를 제공하는 것 등이 있다.

이와 같은 '방송통신 융합'의 예로는 데이터방송(Data Broadcasting), 디지털멀티미디어방송(Digital Multimedia Broadcasting, DMB), 디지털미디어센터(Digital Media Center, DMC) 등이 있으며, 인터넷의 발달로 등장한 인터넷방송이나 주문형 비디오(VOD) 서비스 등도 그 예로 볼 수 있다. 데이터방송은 그래픽, 문서, 소프트웨어 등의 멀티미디어 데이터를 방송매체를 이용하여 전송하는 것이다. DMB는 기존에 디지털오디오방송(Digital Audio Broadcasting, DAB)으로 불리던 것으로, 초기의 DAB가 이동형 디지털라디오 서비스는 물론 양방향 동영상과 데이터서비스를 포괄하는 통신-방송 융합서비스로 발전하면서 명칭이 변경된 것이다. 이동 또는 고정된 장소에서 이동 단말기를 통해 CD 수준의 음질과 데이터 또는 영상 서비스를 제공하는 방송으로, 전송 수단에 따라 지상파 DMB와 위성DMB로 구분된다. DMC는 통신설비, 방송제작 및 송출장비, 부가서비스 시스템을 하나의 센터에 공동으로 구축하여 디지털 케이블 방송 및 멀티미디어 서비스를 제공하는 것이다.[62]

---

62 http://terms.naver.com/entry.nhn?docId=68384&cid=43667&categoryId=43667 참조.

4) 핀테크

산업간 융합의 대표적인 사례는 최근에 화두가 되고 있는 IT 산업과 금융산업의 융합인 핀테크 산업이다, 핀테크(FINTECH)는 FINancial(금융)과 TECHnique(기술)의 합성어로, 금융과 IT 기술의 결합을 통해 새롭게 등장한 산업 및 서비스분야를 통칭하는 용어이다. 2008년 글로벌 금융위기 이후 전 세계적으로 핀테크가 급속히 발전했는데, 이는 경제 위기 상황에서 발 빠른 대응을 하지 못한 기존 금융권에 대한 소비자의 불신과 더불어 IT 기술의 급속한 발달로 기존 금융이 담당하던 서비스를 새로운 플랫폼이 대체하게 된 점을 원인으로 들 수 있다.[63]

핀테크 시장은 전통 금융 강국인 영국과 유럽, 금융과 투자의 중심지 미국, IT 기술이 발달한 중국 등을 중심으로 발달하고 있는 반면, 국내 핀테크 산업은 우리나라의 IT 기술이 세계 최고 수준임에도 불구하고, 높은 규제 장벽 탓에 핀테크의 발달은 아직 초보 단계에 머물러 있다. 핀테크 산업은 화폐, 결제, 투자 등 기존 금융이 담당하던 서비스와 IT 기술이 결합하여 기존 금융이 시도하지 못한 신규 부가가치를 만들어 내는 성과를 보이고 있다.

5) 기타 산업간 융합 사례들

그 외에도 환경에너지 산업, 우주항공 산업, 문화콘텐츠 산업, 의료 및 로봇 산업의 산업간 융합사례들을 살펴보면 다음과 같다.[64]

지구온난화, 오존층 파괴, 폐기물, 생물다양성 감소, 해양오염 등 문제에 대처해서 지구환경 보존 내지 지속 가능한 발전을 실현하기 위한 환경에너지 산업간 융합이 활발하게 이루어지고 있다. 연료전지, 2차 전지, 수

---

63 박대현, 2014: 5.

64 김덕현(2014)의 75쪽에서 78쪽의 내용 중 주요 사례들을 발췌한 것이다.

소에너지, 열병합발전, 에너지 소재, 에너지 절약·분리 공정, 바이오·풍력·조력·태양열·태양광 에너지, 고신뢰성 전력 등 에너지 분야에 적용되며, 아울러 환경분야인 대기오염물질 저감·제거, 수질·수자원 관리, 폐기물 저감·재활용, 환경친화 소재·제품·공정, 생태계·토양·지하수 복원, 해양오염 평가·저감, 재해예측, 기상조건 등에 적용된다.

우주항공산업의 경우 IT, 메카트로닉스, 신소재, BINT[65], CS 등이 융복합 결과이다. 우주항공산업을 통해 이미 위치정보 획득 및 정밀지도 제작, 내비게이션, 원격진료 등이 가능해졌으며 향후 우주자원의 채광, 미세중력을 이용한 연구·생산, 우주태양광 발전, 우주 엘리베이터 등이 실현될 것이고, 곤충모방무인기, 개인용 항공기(Personal Air Vehicle, PAV), 신비차(flying car) 같은 제품이 등장할 것이며, 위성영상정보 활용, 위성물류·재난관리, 우주 태양광 발전 등의 서비스가 개발될 것이다.

문화콘텐츠 산업 분야의 경우 예술, 문화 등 학문분야의 대중화와 실감성을 높이기 위해 기존의 기반기술을 이용한 문화콘텐츠 기술들이 사용된다. 오감 체험형 게임·영상, 혼합현실(Mixed Reality, MR)이 적용된 디지털 콘텐츠, 가상현실(Virtual Reality, VR), 증강현실(Augmented Reality, AR), 몰입형 가시화, 체감형 상호작용 인터페이스, 네트워크 가상현실, 만국어 번역, u-러닝, 지능형 정보검색, 게임엔진·콘솔·시나리오, 디지로그 형태의 공연·전시 등이 사례이다.

의료산업의 융합은 의학이라는 학문에 인간존엄 및 생명연장이라는 꿈을 실현하기 위해 다양한 서비스산업과 기술들이 접목되어 사용되고 있다. 요소기술의 집합체로서 의료영상저장전송시스템(Picture Archiving and Communication System, PACS), 전자의료기록(Electronic

65 BINT는 BT, IT, NT가 융합된 기술을 말한다.

Health Record, EHR), u-헬스케어 등 IT 기반의 요소기술을 응용하거나, 바이오 인포매틱스, 바이오 소자, 생체정보 인터페이스, 생체인증 등 BT 기반의 요소기술들을 응용하여 사용된다. 그 외에도 통합의학 즉, 인체정보(physiome)를 활용한 질병의 원인 분석·예측, 개인별 맞춤 진료·치료기술, 가상인체모델링(Virtual Physiological Human, VPH) 기술 등의 사례가 있다.

로봇산업의 경우 기계산업과 전자산업의 기반 위에 IT, BT, NT, CS 등 다양한 기술의 융합을 통해 발전된 것이다. 로봇의 지능은 2010년대에 도마뱀, 2020년대에 생쥐, 2030년대에 원숭이, 2040년대에는 사람 수준으로 발전될 것으로 전망되고 있다. 로봇의 지능적 행동은 사람의 오감에 해당하는 여러 가지 센서(예: 카메라, 음성, 위치, 압력, 회전, 경사, 관성 등 인식 센서), 상황 판단이나 이동경로 결정 등을 위한 임베디드SW, 인공지능 등의 기술을 이용해서 구현된다.

로봇산업은 센서기술(카메라, 자이로, 화상·음성, 압력, 터치), 통신기술(무선통신, 센서간 통신), 구동기술(모터·기어 기구, 유압·공압·수압 기구, 인공근육), 재료기술(형상기억합금, 카본소재, 인공피부), 배터리 기술(연료전지, 리튬이온배터리, 태양전지) 및 SW 기술(임베디드SW, 인공지능) 등 요소기술의 집합체이다. 로봇은 용도 측면에서는 산업용, 가정용, 엔터테인먼트용, 의료·재활용, 군사용, 우주·해저 탐사용 등으로 구분할 수 있는데, 산업용 로봇은 용접, 페인팅, 조립 등을 담당하며, 가정용 로봇은 가사 도우미, 청소, 교육 등에, 군사용 로봇은 전투 자동화, 무인수송, 정찰 등에 사용된다. 미래에는 동물(예: 뱀, 거미, 지네) 모방 로봇, 에너지생성로봇, 나노로봇, 이족보행(자동차)로봇, 생각으로 움직이는 로봇, 정서로봇 등이 등장할 것이다.

그 외에도 대표적인 산업융합 사례의 제품들로는 크루즈선, 바이오-나노 면역치료제, 기능성 휴대폰(당뇨폰, 효도폰, 감성폰 등), 스팀 청소기, 듀오백 의자, 기능성 음료, 전기면도기, 전동 칫솔, 의과용 수술로봇, 그린 에코 빌딩, 은나노 섬유, 자동항법장치, 전기자동차, 타이어 압력 감지기, 도시광산, 드릴쉽, 연료전지, 스마트 그리드, 홈 오토메이션, 무인정찰기, 휴대형 관광안내 단말기, 스마트 폰, 스마트 의류, 감성 조명, 기능성 신발, 4D 영상관, 전자악기, MC스퀘어, 전자담배 등이 있다.

제4절 융합의 문제점

융합의 궁극적 목적은 경제적 · 사회적 문제를 해결한다는 지향점을 가지고 있다. 융합기술 또는 산업융합을 통해 새로운 시장이 창출되고 새로운 일자리가 마련되며 보다 나은 삶이 될 것이라는 기대가 하나씩 실현되고 있다. 또한 인류의 숙원이라 할 수 있는 건강하고 즐겁고 안전하며 보람 있는 삶의 실현, 고령화 대응, 에너지와 수자원의 부족과 환경오염에의 대응 등을 위한 획기적 수단을 확보해 나갈 수 있다. 이처럼 융합의 순기능적인 측면이 많음에도 불구하고 융합의 오·남용이나 융합 자체의 성격으로 인해 나타날 수 있는 문제점들도 있다.

첫째, 전통성의 파괴이다. 즉, 융합의 시대를 맞아 기존의 가치 있는 문화나 전통이 희석되어 점점 사라지는 문제점들이 생길 수 있다. 퓨전음악, 퓨전음식, 퓨전의상 등의 융합사례들은 민족 고유의 문화나 식생활의 변화를 초래하여 결국 전통성이 파괴되는 현상이 발생할 수 있는 것이다.

둘째, 안전성의 위협이다. 인간은 누구나 보호받고 사생활을 침해당하지 않을 권리가 있다. 하지만 사물인터넷의 등장이나 빅데이터 시대의 도래는 주변의 모든 정보와 데이터들이 수집 · 저장 · 가공 되어져서 개인의 사생활 보호가 침해당하는 우려가 많아질 수 있다. 또한 생명기술의 발전 등을 통해 인간복제 등 인간 존엄성의 문제가 나타날 수 있다.

셋째, 일자리 창출의 문제이다. 이미 경험한 것과 같이 과학과 기술의 발전으로 새로운 일자리가 창출되기도 하지만 많은 일자리가 사라지기도 한다. 로봇기술이나 로봇산업의 발전 등을 통해 관련 일자리가 생길수도 있지만 기계화·자동화로 일자리가 줄어들 염려도 있다. 의료용 수술 로봇의 등장은 의사들의 일자리를 위협할 수도 있는 것이다.

넷째, 시의 적절한 법·제도 개선의 문제이다. 기술의 발전과 융합의 속도는 하루가 다르게 변화하고 있지만 법과 제도가 뒷받침 되지 않으면 융합의 목적을 달성하기 어려울 수 있다. 핀테크 기술이나 의료와 관련된 융합기술 등과 같이 이미 기술적으로 개발되고 상용화를 갈망하고 있지만 법·제도가 뒷받침되지 않아 실용화 되지 못하는 사례가 많아지고 있다. 이러한 융합에 따른 문제점들을 해결하는데 필요한 인문과학이나 사회과학적 접근의 중요성을 인식하고 관련 법·제도 개선 등의 노력이 필요하다.

다섯째, 다이버전스(divergence) 효과의 간과 문제이다. 융합을 너무 강조하다보면 그 반대 개념인 다이버전스 즉, 발산(發散)을 간과하는 우를 범할 수 있다. 모바일 기기의 영역이 다양화되는 현상을 모바일 다이버전스라고 하듯이, IT기기간의 융복합화로 인해 융복합화 대상이 되는 기기의 소멸이 예상됐지만 결과적으로 다이버전스도 동시에 진행되면서 다이버전스화된 기기는 그 기기 자체로 기기 고유의 성능을 더욱 극대화시키면서 새로운 모습으로 자리매김하고 있기 때문이다.

여섯째, 전문성에 대한 홀대 문제이다. 융합은 전문적인 기술이나 산업 영역이 협업하고 상호작용을 통해 시너지를 크게 할 수 있음에도 불구하고 이를 너무 강조하다 보면 기존 전문성의 영역을 홀대하는 우를 범할 수 있다. “하나의 분야를 제대로 잘하는 것도 너무 힘들기 때문에, 2개 이상의 분야를 다 잘해서 경계를 넘나든다는 것은 환상이다”라고 융합에 대해 비판하는 목소리에 귀를 귀울이고 개별 연구자 차원에서 어떻게 다양한 지식의 융합과 전문성을 동시에 확보할 것인가에 대해 고민해야 할 것이다. 전문성과 융합은 수렴과 발산의 연쇄 속에서 서로가 서로를 만들어 내는 원천이기 때문이다.[66]

---

66 홍성욱, 2012: 8-12.

제3장 외국의 융합정책 동향

디지털화와 네트워크화가 진행되면서 정보와 지식의 공유가 증가하는 가운데, 기술과 시장에 있어서는 'Winner takes all'[1] 현상이 깊어지고 있다. 이로 인해 기술주도권을 둘러싼 각 국가의 경쟁도 심화되면서 더 고도화된 기술, 더 새로운 기술을 먼저 개발하기 위한 정책도 다양하게 전개되고 있다.

한편 산업혁명 이후 고도성장을 지속해 오던 세계 경제가 성장의 한계에 직면하면서 새로운 성장동력을 찾고 있는 가운데, 에너지·환경·재난·사회적 격차 등 지구적으로 나타나는 문제해결을 위한 새로운 방법론에 대한 관심도 고조되어 왔다.

이런 가운데 융합이 이러한 상황을 극복할 수 있는 하나의 중요한 돌파구로 인식되기 시작하면서 기술간 융합이나 융합을 통한 새로운 학문·산업·서비스의 등장에 대한 가능성을 높이려는 시도들이 다양하게 전개되고 있다.

본 장에서는 주요 국가에서 추진한 융합을 진흥하기 위한 정책을 살펴보고, 그 속에서 발견할 수 있는 특성을 정책기조, 정책목표 및 정책수단 측면에서 분석해 보고자 한다. 외국의 융합정책을 소개한 자료들을 보면, 융합의 기반이 되는 기술 분야인 NT, BT, IT 등의 개별 기술 분야 또는 IT 기술 분야 중에서도 빅데이터 분석, 클라우드 컴퓨팅 등에 대한 개별 정책을 포함하여 설명하는 경우도 있으나, 본 장에서는 이러한 기술들을 활용하여 융합(converging 또는 convergence)을 추구하기 위해 만들어진 정책에 한정하여 분석한다. 또한 융합정책 중에서도 NT, BT, IT 등 기술간 또는 학문간 융합을 위한 정책이 있는가 하면, IT를 산업 및 서비스 등 각 분야에 활용하고자 하는 융합정책도 있다. 따라서 본 장에서는 이를 구분하여 기술간 융합과 IT융합으로 구분하여 살펴본다.[2]

---

1 "승자독식"이라는 의미로 1등만 살아남는 현상을 말한다. 특히 IT분야에서 두드러지게 나타나고 있다.

2 최근에 수립되는 각 국가의 융합정책은 기술간 융합뿐만 아니라 IT융합 정책을 모두 포괄하는 경향을 보이고 있다. 따라서 본서에서의 이러한 구분은 단지 융합정책을 좀 더 쉽게 이해하기 위한 편의적인 차원에서의 구분이라는 점을 이해하기 바란다.

제1절 미국

미국의 융합 정책은 기술 간의 융합을 통한 인간 수행능력 향상을 목적으로 하는 정책, 그리고 IT 기술을 기반으로 융합을 통해 국가적·사회적 혁신을 이루고자 하는 정책으로 구분할 수 있다.[3]

기술 간의 융합을 위한 정책으로는 '인간수행 능력 향상을 위한 융합기술 전략'(Converging Technologies for Improving Human Performance : Nanotechnology, Biotechnology, Information Technology and Cognitive Science, NBIC)(2002)과 '지식, 기술 및 사회의 융합'(Convergence of Knowledge, Technology, and Society: Beyond Convergence of Nano-Bio-Info-Cognitive Technologies, CKTS)(2013)이 있다.

IT융합 관련 정책은 국가 혁신전략과 연계한 '국가혁신'(Innovate America)(2004), '신뉴딜정책'(New New Deal)(2008), '국가혁신전략'(Strategy for America Innovation)(2009, 2011)등을 통해 살펴볼 수 있다.

1. 기술간 융합 정책

2002년 6월 국립과학재단(National Science Foundation, NSF)이 주도하고 상무성(Department of Commerce, DOC)이 후원하여 수립된

3 그러나 많은 자료에서 미국의 융합 정책에 개별 기술에 대한 정책을 다수 포함하고 있는 경우가 많다. 이들 개별 기술에 대한 정책 중에는 '국가나노기술 이니셔티브'(National Nanotechnology Initiative, NNI) (2001), '빅데이터 R&D 이니셔티브'(National Big Data R&D Initiative, BDI) (2012), '브레인 이니셔티브'(Brain Research through Advising Innovative Neurotechnologies, BRAIN) (2013) 등이 대표적이다.

'인간수행 능력 향상을 위한 융합기술 전략(NBIC)'보고서는 융합기술의 중요성을 강조하면서 주목받기 시작하였다.[4]

이 보고서는 융합기술(convergent technologies)을 "4개 주요 과학기술 분야인 NBIC(Nano-Bio-Info-Cogno)[5]의 상승적 결합(synergistic combination)"으로 보고 4개 영역이 급속하게 진화하고 있다고 보았다.

이 보고서에서 기술의 융합을 통해 분석하고자 하는 핵심 이슈는 다음과 같다.

① 과학의 통합, 기술의 융합이 시사하는 바는 무엇인가?

② 과학적 지식과 현재의 기술은 어떻게 진화하며, 이로 인해 무엇이 달라지는가?

③ 어떤 환상적인 아이디어가 인간의 편익 증진을 위한 연구를 이끌어갈 수 있는가?

④ 가장 시급한 연구개발과 교육 이슈는 무엇인가?

⑤ 개인의 능력과 전체 사회의 성과를 향상시키기 위해 국가전략을 어떻게 변화시켜야 하는가?

⑥ 가장 좋은 결과를 얻기 위해 향후 10년 내지 20년 동안 무엇을 해야 하는가?

이 보고서를 작성하기 위해 2001년 12월에 개최된 워크숍[6]에서 여러

---

4 하대청(2014: 2)은 '융합'(convergence)이라는 용어가 이미 컴퓨터, 방송, 통신, 출판 등이 결합하는 디지털 융합(digital convergence)처럼 널리 사용되고 있었지만, '융합기술'(converging technologies)을 별도로 정식화한 것은 이 때부터라고 서술하고 있다.

5 ① 나노과학(nanoscience)과 나노기술(nanotechnology) ② 유전공학을 포함한 바이오기술(biotechnology)과 바이오 의료(biomedicine) ③ 첨단 컴퓨팅과 통신을 포함한 정보기술(information technology) ④ 인지 신경과학을 포함한 인지과학(cognitive science)을 말한다.

6 이 보고서는 50여명의 전문가들이 5개의 주제별로 나누어 연구하고 토론하여 정리한 것이다(하대청, 2014: 2).

분야의 과학자들과 정책결정자들은 향후 NBIC 관련 기술이 6개 주제의 핵심 아이디어 및 프로젝트와 관련하여 구체적으로 어떠한 방식으로 인류의 복지 증진에 기여할 수 있는 지에 대해 논의하였다.[7] 이들 6개 주제별 핵심 아이디어와 프로젝트를 정리하면 〈표3-1〉과 같다.

〈표 3-1〉 주제별 핵심 아이디어와 프로젝트

주제	핵심 아이디어·프로젝트
기술 융합의 잠재력	- 기술적, 경제적 경쟁력을 위한 NBIC 전략 - S&T(과학기술), 경제, 사회에 대한 새로운 패턴 - 개인·집단의 능력, 생산성 및 학습 역량의 향상 - 지속가능하고 "지능적인" 환경 - "혁신 시대"를 향한 인간 행동의 변화
인간 인지 및 소통 능력의 확대	- 인간 cognome project와 인지의 진화 - brain-to-brain 상호작용과 집단소통 - 기술융합을 이용한 공간인지와 시각적 언어 - 학습과 창의력 향상을 위한 진보된 방법 - 사회적 행동에 대한 예측 과학
인간의 건강과 물리적 역량 향상	- 의료, 신체 대체, 생리학적 자기 통제 - 뇌-기계 인터페이스와 뉴로모핑공학 - 감각능력의 향상과 기능 확대 - 장애인의 삶의 질 향상 - 존엄성 있는 노화, 수명 연장
집단과 사회 성과의 향상	- 커뮤니케이터 : 집단 상호작용 및 창의성 향상 - 인지공학과 생산성 향상 - "미래의 항공기"를 포함한 혁신적 제품 - 바이오 영감을 가진 네트워크 사회
국가 안보	- 군인의 신체적, 정신적 능력 향상 - 전투 준비 태세 및 위협 예측 도구의 향상 - 전역으로 연계된 탐지 장비 - 무인 전투 차량
과학과 교육의 통합	- 나노 스케일로부터 학문의 통합 - 네트워크 사회에서의 인지, 시민, 윤리적 변화 - 폭, 깊이, "연계영역(trading zone)" 등 모든 수준에서의 교육 재편성 - 인류문화의 변화

* 출처 : NSF·DOC, 2002: 17.

7 NSF · DOC, 2002: 17.

워크숍 참가자들은 융합을 위한 9개의 일반적인 전략을 제안하였는데, 이들 중 중요한 몇 가지만 소개하면 다음과 같다.[8]

첫째, 기술 융합으로 가능한 변화를 위해 주요 조직 및 사회적 활동을 준비해야 한다. 이를 위해 주요 조직의 장기적 목표 설정과 새로운 변화를 가장 효과적으로 달성할 수 있는 모델링이 필요하다.

둘째, 집중된 연구개발과 디자인, 나노스케일로부터의 시너지 증대, 과학과 기술간 인터페이스, 관련된 사회 진보의 모니터링을 위한 전체적인 접근방법(holistic approach) 등은 인간수행 능력 향상을 위한 기술의 융합을 가속화시키도록 해야 한다. 이는 개인이나 집단에게 프라이버시, 안전, 도덕적 책임과 같은 기본적인 가치를 지키도록 하는 매력적인 선택의 범위를 확대시키기 위한 것이다. 이를 위해 장기적인 잠재력을 탐색하기 위한 연구개발 프로그램이 필요하다.

셋째, 기술을 융합하는데 있어서 모든 수준에서의 교육과 훈련이 활용되어야 한다. 특히 대학원에서의 학문간 교육 프로그램은 다양한 분야에 걸쳐 편안하게 일하고 다양한 분야의 전문가들과 협력할 수 있는 새로운 세대의 과학자와 공학자들을 양성할 수 있다. 이를 위해 가장 기초적으로 해야 하는 일은 이론적 훈련과 실험실, 산업, 응용 분야에서 얻어진 경험을 결합한 연구와 교육의 통합이다. 하나의 사례로 '통합 대학원 교육연구 프로그램(Integrative Graduate Education and Research Training, IGERT)'이 있다. IGERT는 융합형 인재양성 프로그램으로 특별히 다학제적 연구 및 교육을 목적으로 하는 혁신적 박사학위과정 프로그램을 중점 지원한다.[9]

---

8 NSF · DOC, 2002: 8-9.

9 IGERT 프로그램은 다방면에 능하고 교육을 잘 받은 우수한 박사를 배출하기 위한 인력양성 프로그램이다. 이 프로그램에 선정된 경우 1년에 50만 달러를 5년 동안 지원받게 되고, 선정 첫 해에 한해 장비 구입비 등으로 20만 달러와 국제교류 등의 활동에 5년간 50만 달러를 추가로 지원받을 수 있다(하태정 외, 2007: 46-47).

넷째, 다학제적 연구개발을 위해 혁신적인 아이디어가 있는 실험이 필요하다. 예를 들면 스포츠 분야의 올림픽과 같이, 여러 방법론들이 경쟁할 수 있는 장을 마련하는 것이다.

다섯째, 인간 Cognome 프로젝트(Human Cognome Project)와 의사전달자(communicator)의 개발, 인체 생리학과 물리적 성과를 향상시키려는 움직임 등 집중된 다학제적 연구는 중요한 연구결과를 도출할 수 있다.

여섯째, 과학(sciences)의 통합을 위해 학제적 저널, 주기적으로 개최되는 컨퍼런스의 신설, 전문 기관간의 공식적 파트너십 등의 확립과 전례가 없는 과학적·공학적 도전을 위해 새로운 기술언어를 개발할 필요가 있다.

이 외에도 융합기술의 연구개발 과정을 통해 윤리적, 법적, 도덕적 우려를 해소할 수 있는 방법을 찾아야 하고, 융합기술로부터 최대의 편익을 얻기 위해 의료기술과 헬스 케어 분야의 개발을 가속화할 필요가 있다고 보았다.

이와 같이 이 보고서는 융합기술을 통한 인간능력 향상에 초점을 두고 있다. 인간의 감각, 인지, 지능, 신체적 능력, 건강과 수명 등은 뇌-기계 인터페이스, 인공지능, 유전자 치료 등의 융합기술로 변화 또는 강화될 수 있으며, 군인의 전투능력 향상을 통해서 국가안보에도 기여할 수 있다고 보았다.[10]

2005년 NSF는 "Managing Nano-Bio-Info-Cogno Innovations : Converging Technology Society"을 발표하면서 NSF, NASA, EPA, DOD, DOE 등[11]에서 융합기술개발 프로젝트를 위해 연간 1,300억 달러

---

10 하대청, 2014: 3.

11 NASA(항공우주국, National Aeronautics and Space Administration), EPA(환경보호국, Environmental Protection Agency), DOD(국방부, Department of Defence), DOE(에너지부, Department of Energy).

를 투자할 것이라고 발표하였다.[12]

2010년 초 미국은 지난 10년간의 융합 추진 성과를 돌아보고 새로운 10년 내지 그 후의 미래를 대비하기 위한 작업을 시작하게 되었다. 그 일환으로 NSF는 2011년부터 2013년까지 국내·외 전문가들과 워크숍을 통해 융합추진 현황을 파악하고 새로운 방향을 탐색한 결과, 2013년 7월 민간기구인 WTEC을 통해 '지식, 기술 및 사회의 융합(CKTS)' 전략을 발표하였다.[13]

보고서 작성에 참여한 전문가들은 CKTS를 통해 생산성 향상과 새로운 산업 및 일자리 창출, 그리고 인간의 물리적이고 인지적인 잠재력 제고뿐만 아니라 지속적으로 삶의 질을 확보하는데 필요한 변화가 야기될 것으로 인식하였다.[14]

CKTS 보고서는 NBIC 기술 간의 융합뿐만 아니라 인간 활동의 핵심적인 플랫폼간의 융합(기술, 인간, 지구, 사회적 차원의 플랫폼)을 고려하면서 3가지 목표를 제시하고 있다. 첫째, 융합이 어떻게 작용하고 향상 및 추진되는가를 이해한다. 둘째, 향후 10년의 추세를 그려본다. 셋째, 융합을 통해 사회적 성과를 향상시킬 수 있는 주요 혁신적인 행동(transformative action)을 위한 기회를 도출한다.[15]

보고서에서는 융합이 몇 단계로 발전해 왔다고 보았다. 첫 번째 단계는 전에 개별적으로 분리되었던 과학적, 공학적 학문(생물학, 화학, 물질물리학, 재료공학, 전자공학, 의학 등)간의 융합에 주목하는 나노 기술에 대

---

12 한국과학기술정보연구원(KISTI) 번역자료, "미국 · 일본의 융합기술(Converging Technologies) 관련 정책 동향"(일본 NISTEP 동향 자료).

13 이를 NBIC2 전략이라고도 한다(김덕현, 2014: 84).

14 Roco, M.C. et al., 2013: 2.

15 Roco, M.C. et al., 2013: 1.

한 연구개발에 집중되어 왔고, 두 번째 단계는 원자, DNA, 비트, 시냅스 등과 같은 요소들을 중심으로 최근 기술을 연결하는 NBIC, 그리고 인간, 지구, 사회적 수준의 플랫폼으로 최근 기술을 확대하는 CKTS가 세 번째 단계이다.

보고서는 크게 두 부문으로 구성되는데, 첫 번째는 NBIC의 기본적인 도구, 인간 수준의 활동, 지구 수준의 환경시스템, 사회 수준 활동을 위한 융합 방법에 대한 것이고, 두 번째는 인간의 건강과 신체적 잠재력, 인지와 소통, 생산성과 사회적 성과, 교육과 물리적 인프라, 사회의 지속가능성과 혁신적이고 책임 있는 거버넌스 측면에서 과학과 기술의 융합이 시사하는 것과 예시 등에 관한 것이다.

CKTS 전략의 수립은 융합의 무게중심이 기술 자체로부터 광범위한 지식의 창의적 결합을 통한 개인, 사회, 나아가 인류의 문제(예: 건강, 안전, 에너지·환경, 복지, 고용) 해결로 옮겨간 것을 의미한다.[16]

2. IT융합 정책

미국의 IT융합 정책은 IT 인프라를 기반으로 한 국가 혁신정책으로 볼 수 있다. 즉 미국은 2004년 '국가혁신'(Innovate America) 이니셔티브를 통해 IT융합 촉진을 국가혁신 전략으로 발표하고 IT를 활용하여 제조 부문과 서비스 부문 간의 연계를 추구하였다. 2008년 오바마(Barack Obama) 정부는 IT와 타산업의 융합을 통해 친환경 녹색산업을 미국의 신산업으로 육성하기 위한 대규모 사회간접자본 투자계획인 '신뉴딜정책'(New New Deal)을 발표하였다. 이를 위해 교육, 과학기술, 환경·에

16 김덕현, 2014: 84.

너지, 의료 등 4대 분야에 IT를 접목하고 초고속 정보통신망 등 IT 기반 인프라를 확충하는 것을 핵심 전략으로 세웠다.[17]

또한 2009년과 2011년에는 '국가혁신전략'(Strategy for American Innovation, OSTP)을 발표하였다. 미국의 과학기술정책국(Office of Science and Technology Policy)이 경기침체로 인한 실업난 해소 및 지속적 경쟁력 강화를 위해 미래의 성장 잠재력이 높은 신성장동력 산업을 집중 육성하기 위해 국가혁신전략을 수립한 것이다. 본 전략에서는 대체 에너지원 개발, IT와 의료(health)의 융합에 의한 비용 절감, 첨단 자동차 분야 기술개발 등에 우선순위를 두고 혁신을 이루고자 하였다.

이후, 2011년에는 국가혁신전략을 개정하여 '국가혁신전략 : 경제 성장과 번영 확보'를 수립하였으며, 첨단 차량 기술 대신 우주공학과 교육을 추가하였다.[18]

미국은 민간부문을 혁신의 원동력으로 보았으며, 정부는 혁신시스템을 지원하는 역할을 강조하는 등, 교육, 기초연구, 기반시설, 정보기술 생태계 구축에 정부의 역량을 집중시켰다.

이와 같이 미국의 IT융합 정책은 기반시설로서의 IT 기술의 리더십 확보와 에너지, 건강·의료, 우주, 교육 등 타 산업영역으로의 확산을 도모하였으며, 경제성장의 동력으로서 '혁신'에 대한 강조와 이를 위한 R&D 투자 확대가 특징이다.

17 한국경영정보학회, 2013: 20-31.

18 정보통신산업진흥원, 2012: 4-5.

제2절 유럽연합(EU)

유럽의 융합정책은 융합이라는 용어를 명확하게 사용하지 않을 뿐만 아니라 기술이나 산업에 초점을 맞추기 보다는 '사회'에 초점이 맞추어져 있다.

이런 가운데 기술간 융합정책으로 볼 수 있는 것은 2004년 발표된 '지식사회 건설을 위한 융합기술발전계획'(Converging Technologies for the European Knowledge Society, CTEKS)과 유럽 연구개발정책의 프레임워크인 'FP(Framework Programme)' 그리고 FP7, CIP, EIT를 통합한 'Horizon 2020'[19]에서 찾아볼 수 있다. IT융합 정책은 유럽의 디지털 경제에 대한 논의서인 'i2010'과 'Europe 2020 : A strategy for smart, sustainable and inclusive growth' 등을 통해 파악할 수 있다.

1. 기술간 융합 정책

2002년 미국의 NBIC 보고서 발표 이후, 유럽 연합도 융합기술에 관한 연구를 독자적으로 진행하면서 보고서를 발간하였다. 특히 유럽은 미국과 달리 EC가 20여명의 과학자, 철학자, 사회학자, 과학기술학자, 법학자 및 미래학자 등으로 전문가를 구성하여 다양한 연구와 토론을 통해 2004년 '융합기술-유럽사회의 미래만들기'(Converging Technologies-Shaping

19 Horizon 2020은 기존의 '연구중심의 Framework Programme 7 (FP7)', '혁신중심의 Competitiveness and Innovation Framework Programme (CIP)', 'European Institute of Innovation and Technology (EIT)' 등 3개의 사업을 통합하여 연구에서부터 혁신에 이르는 과정을 일괄 지원하는 새로운 명칭이다. 이에 따라 FP는 8차(2014-2020)부터 Horizon 2020으로 통합되어 운영되고 있다(한국산업기술진흥원, 2012: 2).

the Future of European Society)라는 보고서를 제출했다.[20 21]

이 보고서가 나오기 전 EC는 미국의 기술융합에 초점을 둔 NBIC 보고서와 구분되도록 유럽의 융합기술 접근 방식을 '유럽 지식사회를 위한 융합기술'(Converging Technologies for the European Knowledge Society, CTEKS)이라고 명명했다.[22] 즉 유럽은 기술의 융합이 유럽 사회의 미래를 어떻게 만들 것인지, 기술의 융합은 미래의 형성에 어떻게 기여할 수 있는지를 핵심 의제로 삼았던 것이다.[23]

CTEKS는 유럽을 "세계에서 가장 역동적이고 경쟁력 있는 지식기반 경제로 만들자"라는 슬로건 아래 융합을 "2020년까지 중장기적으로 해결해야 할 공통의 목표를 달성하기 위해 서로에게 가능성을 주는 구현기술(enabling technology)과 지식체계(knowledge system)"로 정의하고, 융합의 대상 범위를 미국 NBIC보다 폭넓게 사회학, 인류학, 철학, 지리학, 경제학 등 인문사회과학을 포함하였다. 또한 의료, 바이오, 정보통신, 나노·소재, 에너지, 환경·기후변화, 운송·항공기술, 사회경제학·인문학, 우주·보안 기술 등 9개 중점 분야에 대한 연구를 진행하면서 융합기술의 사회적·윤리적 연구 필요성을 강조하였다.[24 25] CTEKS에는

---

20 HLEG, 2004; 하대청, 2014: 5.

21 유럽위원회(European Commission, EC)는 2013년 12월 신기술 예측을 위한 고위 전문가 그룹인 미래기술예측그룹의 연구프로젝트 일환으로 미래기술예측위원회(Foresighting the New Technology Wave)를 결정하여 2004년 9월에 CTEKS 전략을 수립하였다(신동희, 2014: 59).

22 CTEKS는 EC의 위임을 받아 미래기술예측위원회에서 수립한 유럽의 융합기술 전략이다(한국과학기술원, 2011: 9).

23 하대청, 2014: 5.

24 신동희, 2014: 59-60.

25 유럽은 융합기술 연구 초기단계부터 신기술 융합의 긍정적 측면뿐만 아니라 부정적인 파급효과에도 관심을 가지고 융합기술의 기술적 한계와 위험성 등에 따라 윤리적·사회적 책임을 중요한 사항으로 지적하고 있다(신동희, 2014: 60).

2005년부터 2013년까지 총 678억 유로가 투자되었으며, 이 중 20%가 나노의학 기반의 융합기술에 투자되었다.[26]

한편, EU의 대표적인 과학기술 분야 연구개발 정책인 FP(Framework Programme)는 7차(2007년~2013년) 이후 Horizon 2020(2014년~2020년)[27]으로 개편되어 진행되고 있다. 따라서 2013년 이전의 융합기술 정책은 FP7을 통해서, 2014년 이후는 Horizon 2020을 통해 살펴볼 수 있다.[28]

FP7의 경우 융합을 전면에 내세우고 있지는 않지만, 4개의 프로그램(Cooperation, Ideas, People, Capacities)을 살펴보면, 협력 연구, 창의적인 아이디어 기반 연구, 신진 연구원과 중견 연구원 간의 교류를 통해 실제로 융합연구가 활발하게 이루어지고 있으며, 향후에도 지속될 것으로 기대해 볼 수 있다.[29] FP7의 4개 분야에 투입되는 예산은 총 487.7억 유로에 이른다.

---

26 한국과학기술원, 2011: 40.

27 EC는 'Horizon 2020-The Framework Programme for Research and Innovation' 초안을 발표하여 2011년 2월부터 5월까지 의견수렴절차를 통해 의견을 수렴하였으며, 2011년 11월 유럽의회에 안건을 상정하였다. 유럽의회는 2013년 12월까지 본 안건에 대해 협의를 진행하여 12월 10일 최종 승인 하였으며, 2014년 1월부터 프로그램이 개시되었다(CRDS, 2013: 3).

28 FP7은 과학기술 분야의 글로벌 리더 위치를 공고히 하는 세부 목표를 내세웠고, Horizon 2020은 유럽 발 금융위기로 저성장 경제와 실업률 증가에 직면한 EU의 상황을 돌파하고자 하는 세부 목표를 설정하였다. FP7은 협력(Cooperation), 창의(Ideas), 인력양성(People), 역량(Capacities), 비핵화를 위한 공동연구로 구성된 5대 우선과제를 중심으로 보건, 정보통신, 에너지 등 20개 전략 분야를 중점 시책으로 제시한 반면, Horizon 2020은 우수과학 경쟁력 강화, 산업적 리더십 확보, 사회적 과제 해결을 주요 3대 우선과제로 설정하고 녹색 에너지, 리스크 파이낸싱 등 13개 전략분야를 설정하였다. FP7에서의 비핵화를 위한 연구 사업은 Horizon 2020에서는 중점전략에서 분리되어 별도의 항목으로 관리되며, 대신에 IT 기업육성 전략과 유럽 혁신기술연구소 지원이 포함되었다(정보통신산업진흥원, 2013: 3).

29 실제로 협력(Cooperation) 분야의 10대 분야별 세부 주제를 검토한 결과 융합연구가 활발하게 진행되고 있음을 보여주고 있다(이광호 외, 2013: 108).

개별 사업으로서 FETs(Future Emerging Technologies)는 FP7에서 진행되는 유럽위원회 차원의 융합연구 사업으로 과학기술 분야의 장기적인 연구개발 활동을 지원한다.[30] FETs는 Open, Proactive, Flagships 등 3개의 이니셔티브로 구성되어 있는데, 융합의 관점에서 보면, FETs-Open은 IT를 활용한 신기술과 새로운 접근방식을 위한 아이디어를 발굴하고 발전시키기 위한 사업으로 다양한 주제를 특별히 기한을 정하지 않고 연구한다. FETs-Poactive는 IT융합 연구를 통해 해결하고자 하는 사회문제나 기술적 난제가 뚜렷하게 제시되며, 연구협력, 네트워킹, 국제협력을 통해 해결방안을 고민한다. FETs-Flagships는 장기적·전략적인 연구개발 활동을 통해 과학기술 분야에서 혁신적인 성과를 거두고 궁극적으로는 유럽의 경쟁력 강화에 기여할 것으로 기대한다.

이렇게 보면, 특히 FETs-Proactive가 융합연구를 더욱 촉진하는 분야로 볼 수 있다. FETs-Proactive는 top-down 방식의 접근으로 특정한 분야의 사회적, 산업적 목적을 달성하기 위한 기초연구를 진행하는데, IT를 기반으로 NT, BT, ET의 융합연구에 집중한다. 실제로 nano-Scale IT Device, Embodied Intelligence, Human-computer Confluence, Bio-IT Convergence 연구가 진행되고 있으며, 2013년 1월에는 그래핀 플래그십과 휴먼 브레인 프로젝트를 선정하였다.[31]

Horizon 2020은 우수과학 경쟁력 강화(Strengthen Europe's science base), 산업적 리더십 강화(Boost Europe's industrial leadership and competitiveness), 사회적 과제 해결(Increase the contribution of research and innovation to the resolution of key societal

---

30 이광호 외, 2013: 113.

31 이광호 외, 2013: 114.

challenges) 등을 우선과제로 정하고 13개의 세부전략을 수립하였다. 이 중에서 산업적 리더십 확보의 세부 과제인 '기반기술 및 산업기술 분야 리더십'은 생산성 및 혁신 역량 강화를 위해 정보통신, 나노 기술, 첨단 소재, 바이오 기술, 우주, 첨단 제조 및 공정에 대한 투자를 확대함으로써 융합을 촉진하고 있다. Horizon 2020에는 총 770억 유로가 투자되는데, 그 중에서 우수과학 경쟁력 강화에 총 245억 유로가 투자되고 이 부분의 세부 과제인 FETs에는 27억 유로가 배정되어 있다. 또한 산업적 리더십 확보에는 총 170억 유로가 투자되고 융합의 기반을 구축하는 기반기술 및 산업기술 분야 리더십에는 총 126억 유로가 투자될 예정이다.[32]

2. IT융합 정책

유럽의 IT융합 정책은 별도의 정책으로 논의되고 있지는 않고, 정보화 정책 또는 디지털 경제 정책의 큰 틀에서 찾아볼 수 있다.

유럽 정보화 정책의 기초는 2000년 3월 채택된 '리스본 전략'(Lisbon Strategy 또는 Lisbon Agenda)으로 볼 수 있다. 리스본 전략은 1990년대 후반 이래 유럽이 미국과의 경제격차가 확대되자, 1999년 유로화 출범을 계기로 단일통화권이 되면서 미국을 따라잡기 위해 수립되었다. 그러나 2004년 11월 리스본 전략의 이행에 대한 중간평가 결과가 기대보다 미흡하자 유럽 정상들은 다시 유럽 경제 위기를 타개하기 위해 2005년 3월 성장과 고용에 초점을 둔 '수정 리스본 전략'(Renewed Lisbon Strategy)을 채택하였다. 이 전략은 지식과 혁신, 투자와 고용환경 조성, 고용창출을 3대 핵심영역으로 하고 있다.

---

32 Factsheet : Horizon 2020 budget(http://ec.europa.eu/research/horizon2020) 참조.

이러한 기반 하에 유럽은 2005년 6월 독일 하노버에서 개최된 세빗(CeBIT)[33]에서 지속가능한 유럽의 디지털 경제 창출을 목적으로 하는 'i2020'(i2020-European Information Society)을 소개하였다.[34]

i2020은 'Three I'로 표현되는데, Information space, Innovation in ICT, Inclusion, better public services and quality of life가 그것이다. 이 중에서 Innovation in ICT는 정보통신 산업 및 연구개발에 대한 투자 확대를 통해 유럽의 IT 분야 주도권 강화를 목적으로 하고 있다.

EC는 2010년 6월에 다시 유럽의 신경제 전략으로 'Europe 2020 : A strategy for smart, sustainable and inclusive growth' 전략을 채택하였다.[35] Europe 2020은 〈표 3-2〉와 같이 목표 달성을 위한 7개의 플래그십 이니셔티브를 제안하였다. 이 중에서 Digital Agenda for Europe은 2013년까지 전 유럽에 초고속인터넷을 보급하는 세부 목표를 수립하고, EU 차원에서는 인터넷 인프라에 대한 투자를 위한 법적 프레임워크 제공, 효과적인 정책개발, 온라인 콘텐츠와 서비스를 위한 단일 시장 개발 등을, 각 회원국은 전자 정부와 u-헬스, 스마트 홈, 디지털 기술과 보안 등에 대한 온라인 서비스 사용과 개발 증진 등을 추진하도록 하였다.[36] 즉

---

33 세빗(CeBIT)은 미국의 컴덱스(Computer Dealers' Exhibition, COMDEX)와 더불어 대표적인 정보통신 제품과 홈오토메이션 네트워크 기술의 세계 최대 박람회이다. 1970년 독일 북부도시 하노버 산업박람회의 보조 전시회로 시작되어 1986년 이후 정보통신 분야 독립전시회로 정착했다. 현재 매년 3월 하노버에서 개최되고 있다(위키백과).

34 김방룡 외, 2009: 85-87.

35 Europe 2020은 최근의 경제 · 금융위기로 지난 10년 동안 달성한 경제성장과 일자리가 사라졌으며, 향후 지속적인 경제성장 달성도 쉽지 않은 상황이라는 유럽 경제에 대한 평가를 바탕으로 현 경제 · 금융 위기를 극복하고 지속적 성장을 달성하기 위한 유럽공동체 차원의 경제발전 전략이다. 유럽은 경제 · 금융 위기로 2009년 EU GDP가 4%로 감소했으며, 산업 생산은 1990년대 수준으로 하락하고 실업자는 경제활동인구의 10%에 달하는 상황이었다(주 유럽연합 대한민국 대사관, 2010: 699).

36 한국산업기술진흥원, 2011: 3.

EU 차원에서는 초고속인터넷 보급을 위한 법률적·환경적 인프라를 구축하고, 각 회원국은 이러한 인프라를 이용하여 IT 융합 등을 통해 삶의 질 향상 등을 추진한다는 것이다.

〈표 3-2〉 Europe 2020의 7개 flagship initiative

이니셔티브		내 용
Smart growth	Innovation Union	연구, 혁신을 위한 기본 여건과 재원접근 개선을 통해 혁신역량을 강화하고 투자 증대 도모
	Youth on the Move	교육시스템 개선과 유럽 고등교육기관의 경쟁력 강화
	Digital Agenda for Europe	초고속 인터넷에 기반한 디지털 단일 시장 구축
Sustainable growth	Resource Efficient Europe	경제성장과 에너지 소비의 decoupling, 재생에너지 사용 확대, 교통부문 현대화, 에너지 효율 개선
	Industrial Policy for the Globalisation Era	기업 환경 개선, 강력하고 지속 가능한 산업기반 구축
Inclusive growth	Agenda for New Skills and Jobs	노동 이동성 증대를 통한 노동시장 현대화, 노동참여 증대를 위한 평생 기술교육
	European Platform against Poverty	경제적·사회적·지역적 통합 촉진, 빈곤 및 소외 계층의 사회 참여 지원

* 출처 : 주 유럽연합 대한민국 대사관(EU정책브리핑), 2010: 700-701을 재구성

그 중에서 Digital Agenda for Europe 내의 다양한 프로그램 중 하나인 CIP(Competitiveness and Innovation Framework Programme)의 사업 중 ICT PSP(ICT Policy Support Programme)는[37] 사회, 경제적인 측면에서 IT의 활용 가능성을 극대화 하여 기업의 혁신을 이끌고 개인의 삶에 편리성을 증진하기 위한 융합사업이다. 구체적인 IT융합 분야로는 헬스 케어, 교통, 환경, 매스미디어, 문화콘텐츠를 선정하고, 중점적으로 사업을 진행하는 5개 분야를 정하였다. 첫째는 의료, 노인복지 그리고 소외방지

37 CIP는 2006년 10월 24일 EC에서 채택한 프로그램으로 2007년부터 2013년까지 운영되었다(이광호 외, 2013: 118).

를 위한 ICT(ICT for health, ageing well and inclusion), 둘째는 혁신적인 정부와 공공서비스(Innovative government and public services), 셋째는 저탄소경제와 스마트 모빌리티를 위한 ICT(ICT for a low carbone economy and smart mobility), 넷째는 인터넷 기반 서비스를 위한 오픈이노베이션(Open Innovation for internet enabled services), 다섯째는 디지털 콘텐츠이다. 이들 사업은 주로 실증사업의 형태로 진행되는데, 첫 번째의 의료, 노인복지, 소외방지를 위한 ICT의 경우 12개의 실증사업(work programme)을 통해 IT기반 네트워크 플랫폼을 활용한 헬스케어 서비스 시스템의 파급효과를 평가하고 유럽 전역에 새로운 헬스케어 비즈니스 모델을 제안하였다. 실증사업에는 EU국가와 ICT PSP 협약국가의 산·학·연 주체가 참여하여 융합연구를 진행한다.[38]

제3절 일본

일본은 경제산업성, 내각부, 종합과학기술회의를 중심으로 융합정책을 추진하고 있다. 경제산업성은 경제의 활성화 측면에서, 내각부와 종합과학기술회의는 기술혁신 및 사회문제 해결 측면에서 융합정책을 추진한다.

기술간 융합 정책에는 2002년의 'Focus21'과 2004년에 발표한 '신산업창조전략', 2007년의 '이노베이션25', 그리고 2013년 수립되어 개정된 '과학기술·이노베이션 종합전략'[39] 등이 있다.

IT융합 정책에는 2011년의 'IT융합에 의한 새로운 산업의 창출', 2013년의 'IT·데이터 활용에 의한 신산업 창출' 등이 있다. 'IT신개혁전

38 이광호 외, 2013 : 122-123.

39 이 전략은 기술간 융합과 IT 융합을 모두 포괄하는 종합정책으로 볼 수 있다.

략'(2006.3), '*i*-Japan 전략 2015'(2009.7), '새로운 정보통신기술전략'(2010.5), 'ICT성장전략'(2013.6), '스마트 Japan ICT 전략'(2014.6) 등에서도 IT 융합을 통한 경제 활성화와 사회문제 해결을 강조하고 있지만, 이들 전략은 IT 융합을 목적으로 하는 정책이라기보다는 IT 정책으로서 융합의 필요성과 과제 등을 포함하고 있는 것으로 볼 수 있다.

1. 기술간 융합 정책

미국과 유럽의 융합기술에 대한 움직임에 대응하여 일본 경제산업성은 2002년 '실용화에 직결된 경제 활성화 프로젝트'인 'Focus21'을 수립하였다.[40]

'Focus21'은 생명과학, 정보통신 등 4개 중점 분야에서 비교적 단기간에 실용화되어 민간 기업이 상용화할 수 있도록 하는 경제 활성화 프로젝트로 핵심 분야를 선정해 'Focus21'로 명명하고 예산을 집중 투자(약 30개 프로젝트, 357억 엔 규모)한 것이다(〈표 3-3〉 참조).

〈표 3-3〉 Focus21의 프로젝트와 투자 규모

중점 분야		프로젝트	투자 규모
①	생명과학	생명공학 분야 프로젝트로 바이오와 IT 융합기기 개발 프로젝트 등 8개	83억 엔
②	환경	에너지 절감형 차세대 PDP 프로젝트, 광촉매용 고기능 주택용 부자재 프로젝트 등 8개	44억 엔
③	정보통신	정보통신기반 고도화 소프트웨어 프로젝트 등 13개	173억 엔
④	나노테크놀로지·재료	탄소나노튜브 FED 프로젝트, 다이아몬드 극한 기능 프로젝트 등 13개	61억 엔

* 출처 : 경제산업성, 2002: 1.

40 경제산업성, 2002: 1.

경제산업성은 'Focus21'에서 융합영역으로 NT와 BT 분야를 중점 추진하였다.[41] 이 중에서 바이오와 IT융합 기기 개발 프로젝트는 2003년부터 2005년까지 추진되었는데, ① DNA 단백질 등의 해석장치시스템을 초고속화·전자동화한 시스템 개발 ② 일본이 독창성을 가질 수 있는 비수식(非修飾) 센싱기술과 계면제어기술 등 새로운 원리에 근거한 해석 장치(DNA 해석, 단백질 해석)의 개발 ③ 혈당치계 등의 비침습으로 휴대 가능한 고성능 건강측정기기를 개발하는 것과 각각의 기기간의 건강 데이터의 공유를 위한 기반기술 등이 개발되었다.

2004년에 경제산업성이 발표한 '신산업창조전략'은 IT, BT, NT 등 신기술의 융합을 통해 7대 신성장 산업을 집중 지원하는 것으로 2005년에 873억 엔을 투자했다.[42] 경제산업성은 이노베이션의 선순환을 통해 안정적인 경제성장을 실현할 목적으로 이 전략을 수립하였다. 이를 위해 첫째, 이노베이션을 많이 창출해 세계 시장에서도 경쟁력을 확보할 수 있는 강인한 산업군을 창출하고, 둘째, 저출산 고령화, 환경문제, 치안의 악화 등 사회문제에 대응해 그 변화를 새로운 시장과 산업으로 연계하며, 셋째, 과소화·고령화 및 공공사업의 감소에 직면한 지역경제, 지역산업의 재생을 통해 풍요로운 지역사회를 형성하는 것이 필요하다고 보았다. 이러한 관점에서 ① 세계 시장에서의 경쟁에 이길 수 있는 고부가가치형의 첨단산업군, ② 건강 복지와 환경 등 사회니즈에 폭넓게 대응할 수 있는 산업군(서비스 등), ③ 지역 재생에 기여할 수 있는 산업군 등 3개 산업군에 정부 자원을 집중 투입해 전략적·종합적으로 추진하며, 이를 위해서는 민간이나 지역뿐만 아니라 정부가 함께 노력하는 것이 중요하다고 보았다.

또한 이 전략에서는 다음 4가지를 고려하여 7개 신산업 분야(〈그림

41 경제산업성, 2002: 2.

42 경제산업성, 2005: 1.

3-1〉 참조)를 추출하여 2020년을 목표로 구체적인 시장 규모를 제시하고, 이를 달성하기 위한 실행계획(action plan)을 제시하였다. 7개 신산업을 통한 목표 달성을 위해 기술개발, 인재육성, 지적재산 보호, 산업금융, 조직개편, 창업·개업 지원, 표준화, 정보화 등의 횡단적 산업정책을 추진한다는 논리이다.

〈그림 3-1〉 '신산업창조전략'의 7개 신산업 분야

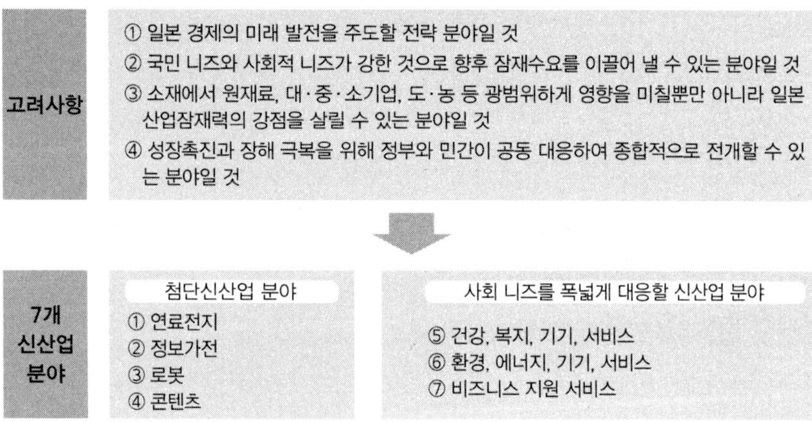

* 출처 : 경제산업성, 2004: 9-10 재구성

일본은 또한 2007년에 총리 주관으로 '이노베이션 25'를 수립하였다. 이노베이션 25는 2006년 9월 국회에서 아베총리가 소신표명 연설 중에 한 공약 중 하나로 2025년까지 성장에 기여할 이노베이션 창출을 위한 장기적인 전략 지침이라 할 수 있다.[43]

'이노베이션 25'는 왜 지금 이노베이션이 필요하며, 이노베이션으로 향

---

43 2006년 9월 아베총리의 연설 이후, 2007년 6월 1일 지침의 각의 결정까지 총 11회의 전략회의를 개최하여 수립하였다. 일본 내각부 이노베이션 25 홈페이지(http://www.cao.go.jp/innovation/innovation/decision/) 참조.

후 2025년에 일본은 어떤 모습이 될 것인가? 이를 위해 필요한 정책의 로드맵 등을 포함하고 있다. 이 정책로드맵 중에서[44] 기술혁신전략 로드맵은 기초연구에서부터 과학기술의 사회적용까지 전체를 철저한 실증을 통해 기술의 효과를 나타내는 '사회환원 가속 프로젝트', 정책과제에의 대응을 위해 선택·집중하는 '분야별 전략적인 연구개발 추진', 이노베이션의 씨앗(seeds)을 창출하는 독창성 있는 도전적 '기초연구'로 구성되어 있다.

사회환원 가속 프로젝트는 타분야 기술과의 융합 프로젝트로 이노베이션을 국민 개개인이 실감하도록 하기 위해서는 다양한 요소기술의 개발과 융합, 융합기술의 실증연구에 의한 사회시스템으로서의 실효성 검증, 사회에 정착시키기 위해 필요한 구조의 구축 등을 포함하고 있다. 따라서 비교적 가까운 미래에 실증연구 단계에 이를 수 있는 몇 가지의 기술을 융합해 향후 국가가 주체적으로 추진하는 선구적 모델로서 종합과학기술회의가 사령탑이 되어 관계부처와 민간의 제휴 하에 추진하도록 하였다.

분야별 전략적인 연구개발 추진에 있어서는 한정된 자원으로 최대의 효과를 거두기 위해 5개 분야 연구개발 로드맵을 정하였다.[45] 5개 분야는 ① 생명과학 중 의료와 IT의 융합, ② 정보통신, ③ 환경 : 인문사회 과학과 자연과학의 융합분야 연구자 육성, ④ 나노 테크놀로지와 재료, 제조업 기술 등이다.

일본 정부는 '이노베이션 25'를 중점적으로 추진하기 위해 이노베이션 담당대신으로 내각부 특명담당 대신을 정하고, 내각부에 '이노베이션 25 특명실'을 설치하였다. 기술개발전략 로드맵이 종합과학기술회의가 제3기 과학

44 정책로드맵은 크게 사회시스템의 개혁전략과 기술혁신전략 로드맵으로 구성되어 있다(내각부 이노베이션 25 홈페이지 참조).

45 5개 분야는 2006년 3월 종합과학기술회의에서 정한 '분야별 추진전략'을 기본으로 하고 '전략중점과학기술'을 중심으로 정하였다.

기술기본계획에 근거해 정한 분야별 추진전략과 밀접하게 관계되어 있는 점을 고려해 향후 종합과학기술회의가 주체가 되어 과학기술기본계획에 근거한 정책의 실행 중에 관계부처의 협력 하에 대응하는 것으로 하였다.

또한 경제산업성은 저출산·고령화의 급속한 진전 등 인구구성과 사회환경이 변화하는 가운데 과학기술도 놀랍게 발전하고 있어 향후 누구라도 안전·안심·쾌적한 삶을 유지하면서 건강하게 살도록 인구감소 상황에서도 경제활동이 지속적으로 활발하게 이루어지는 것이 필요하다고 판단하였다. 이에 '건강수명 80세'의 실현과 고령자와 여성의 노동 참여 지원, 새로운 산업의 창출을 위해 인간생활기술(사람의 특성[46]과 사람의 생활공간·환경을 잘 알고 활용하는 기술)에 관한 장기적인 전략을 정리하여 2007년 7월에 '인간생활기술전략'을 발표하였다.[47]

2010년 3월에는 일본의 7개 주요 사회변화를 고려해 생활인의 시각에서 요구되는 4개의 미래 사회상을 제시하고, 최근의 기술개발 동향을 고려하여 기존의 기술전략을 수정한 '기술전략맵 2010'을 정리하였다.[48] 기술전략맵은 정보통신, 나노테크놀로지와 재료, 시스템과 신제조, 바이오테크놀로지, 환경, 에너지, 소프트(Soft)[49], 융합전략 영역으로 구성되어

---

46 사람의 특성이란 사람의 감성·오감, 신체치수와 형상, 행동, 인지, 판단 등을 말한다(경제산업성 홈페이지, http://www.meti.go.jp/policy/mono_info_service/mono/human-design/human.html 참조).

47 경제산업성 홈페이지 (http://www.meti.go.jp/policy/mono_info_service/mono/human-design/human.html) 참조.

48 기술전략맵은 경제산업성 및 NEDO의 연구개발 관리에 활용하고, 비전과 기술적 과제를 산·학·관이 함께 공유함으로써 타분야, 타업종과의 제휴, 기술의 융합 등 이노베이션의 촉진을 위해 제정되었는데, '기술전략맵 2010'(제6판)은 특히 에너지 절감(green)과 혁신(innovation)에의 대응을 강화하고, 기술분야를 31개 분야로 확대하였다.

49 소프트(Soft)는 인간생활기술 분야, 서비스공학 분야, 콘텐츠 분야로 세분화되어 있다. 서비스 공학이란 직감이나 경험에 의존하기 쉬운 서비스에 공학적 기법을 도입하는 것을 말한다(일본 경제산업성 기술전략맵 2010 홈페이지 참조).

있으며, 융합전략 영역은 지속가능한 제조 기술 분야와 계량·계측 시스템 분야로 구분된다.

또한 2013년 6월에 아베내각의 최대 과제인 경제 재생을 위한 방안 중 하나로 '과학기술·이노베이션 종합전략'을 수립하였다.[50] 그 후 1년이 지난 2014년 6월에는 1년간의 대응 상황을 고려해 전략을 수정하여 '과학기술·이노베이션 종합전략 2014'를 결정하였다. 2015년 6월에는 제5기 과학기술기본계획을 고려하여 다시 수정한 '과학기술·이노베이션 종합전략 2015'를 발표하였다.[51] [52] '과학기술·이노베이션 종합전략 2015'는 제5기 과학기술기본계획의 시동(始動)을 위한 3개의 정책분야와 과학기술·이노베이션 창출을 위한 2개의 정책 분야로 구성되어 있다.[53]

여기서 3개의 정책과제는 ① 대변혁 시대의 미래 산업 창출·사회변혁을 위한 도전, ② '지역창생'에 기여하는 과학기술·이노베이션의 추진, ③ 2020년 동경올림픽을 활용한 과학기술·이노베이션의 추진이다.

이 중에서 대변혁 시대의 미래 산업 창출·사회변혁을 위한 도전은 기술간 융합을 강조하고 있는데, 중점 과제 중 초스마트 사회의 실현을 위한 공통기반기술 및 인재의 강화에서 IoT, 빅데이터 해석, 수리과학, AI,

---

50 제2차 아베정권 발족 이래 성장전략의 일환으로 매년 수립하여 각의에서 결정하고 있으며, 기본계획과 종합전략을 연동시킴으로써 상승효과를 도출해 중장기적인 계속성을 확보하면서 효과 · 효율적으로 과학기술 · 이노베이션을 추진한다는 계획이다.

51 내각부 관련 홈페이지 (http://www8.cao.go.jp/cstp/sogosenryaku/; http://www8.cao.go.jp/cstp/sogosenryaku/2015.html) 참조.

52 '과학기술 · 이노베이션 종합전략 2015'에서 제1부는 3개의 정책분야에 대해 설명하고 있으며, 제2부는 과학기술 · 이노베이션 창출을 위한 2가지 정책분야에서 취해야 할 과제를 정해 서술하고 있다. 제3부에서는 종합과학기술 · 이노베이션 회의의 사령탑 기능을 발휘해 자원을 유효하게 활용하고 정책의 PDCA 사이클(Plan-Do-Check-Act)을 확실하게 실행하기 위한 대응방향에 대해 서술하고 있다(http://www8.cao.go.jp/cstp/sogosenryaku/2015.html).

53 내각부, 2015: 1-2.

사이버 보안, 센서, 로봇, 소재, 나노테크놀로지 등의 개발이 강조되고 있다. 2020년 동경 올림픽을 위한 9개의 프로젝트는 스마트 의료(smart hospitality), 감염병 감시 강화, 차세대 도시교통 시스템 등 주로 IT를 활용한 사회문제 해결에 초점을 맞추고 있다.

또한 과학기술·이노베이션 창출을 위한 2개의 정책분야는 이노베이션의 지속적 창출을 위한 환경 정비와 경제·사회적 과제 해결을 위한 중요한 대응이며, 경제·사회적 과제 해결을 위한 중요한 대응에서는 일본의 강점을 살려 IoT, 빅데이터 등을 활용한 신산업 육성과 IT를 활용한 농림·수산업의 성장산업화 등이 강조되고 있다.

2. IT융합 정책

2011년 7월 경제산업성의 산업구조심의회 정보경제분과회는 '융합신산업의 창출-스마트 컨버전스하의 시스템형 비즈니스 전개-'에 대한 중간보고서를 공표하였다.[54] 이 보고서에 따르면, 특정 사업분야, 기술, 시장에의 대응만으로는 충분히 경쟁력을 확보할 수 없는 시대가 도래함에 따라 IT융합에 의한 새로운 시스템 산업의 창출이 필요하다고 보고, 영역횡단적인 과제로 'IT융합포럼'의 창설, 융합시스템 설계·개발·수출 지원 등에 대해 언급하고 있다. 특히 IT융합포럼은 융합분야의 새로운 시스템 창출을 위해서는 다른 분야의 산·학·관 전문가들이 모여 분야를 초월한 가치체계를 창출할 수 있는 장이 필요하다는 관점에서 필요성이 주장되었다.

이에 2012년 6월 1일 IT융합포럼 전문회의를 개최하여 향후의 추진방

54 경제산업성, '경제산업성의 구조(자료 1-7)', 2013. 3. 4.

향에 대해 정리하였는데, 일본의 미래 사회는 데이터나 정보를 자유롭게 이용해 의사결정이 되는 사회를[55] 실현해야 하며, 이러한 사회는 데이터의 유통에 의해 산업, 기업, 조직 등의 수직적 구조의 벽을 해소하여 전체적으로 새로운 힘을 창출할 수 있다고 보았다. 이를 위해 타업종과의 제휴와 신규 사업자의 진입을 촉진하면서 빅데이터뿐만 아니라 아주 작은 데이터의 활용을 포함해 모든 데이터로부터 가치를 발견하는 조직과 자세가 필요하며, 데이터의 속성, 데이터 이용 환경 등에 따라 유연한 정책을 적용함으로써 세계적인 경쟁에서 이길 수 있는 전략을 수립해야 한다고 보았다. 구체적인 실행계획으로는 공공데이터 공개의 의무화와 사업활동에서의 데이터 활용 촉진을 위한 인센티브 제공을 제시하였다.

이러한 회의의 연장선상에서 경제산업성은 2013년 3월 (사)일본정보시스템·이용자협회를 통해 정보경제사회의 기반 정비 차원에서 '융합신산업 창출을 위한 동향조사'에 관한 보고서를 발표하였다. 이 보고서에 따르면, IoT 세상이 등장하면서 미국에 이어 제2의 데이터 보유국인 일본은 '데이터에 기반한 신산업=IT융합신산업'을 창출하는 것이 일본이 직면한 다양한 사회과제를 해결할 수 있는 핵심요소라고 보았다. 여기에서 'IT융합신산업'은 〈그림 3-2〉에서 보이듯이 IT·데이터의 활용이 모든 산업에 침투한 가운데, 협의의 IT산업에서 신비지니스를 창출하는 것뿐만 아니라 제조업, 서비스업, 농업 등 다양한 산업이 IT·데이터 활용을 기점으로 구조변화를 통해 창출한 신비즈니스나 IT를 매개로 타분야의 산업이 결합하여 창출한 신비지니스를 의미한다고 보았다.[56] 특히 데이터의 양이 중요한 것이 아니라 어떻게 하면 데이터로부터 가치를 창출해 신산업을 창출하거나 사회문제를 해결할 것인가를 강조하고 있다.

---

55 이를 Evidence Based Society로 명명하고 있다(경제산업성, 2011).

56 (사)일본정보시스템·이용자협회, 2013: 3.

〈그림 3-2〉 IT융합신산업의 이미지

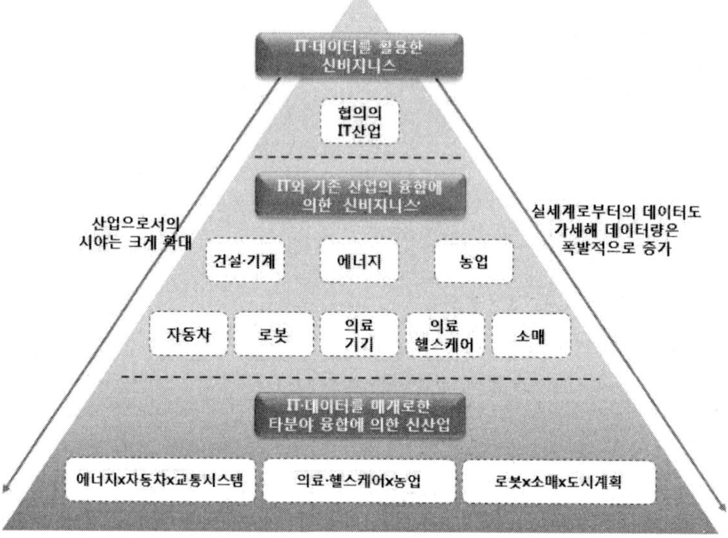

* 출처 : (사)일본정보시스템 · 이용자협회, 2013: 2.

이러한 상황을 고려해 경제산업성은 '미래 비전의 제시 · 공유'와 '구체적인 과제의 실행계획을 통한 검토'를 추진할 'IT융합포럼'을 중요한 시책으로 추진하며, IT융합포럼은 데이터 활용을 통한 신산업 창출과 더불어 타 분야의 산 · 학 · 관의 제휴 촉진, 과제검토를 추진해 중장기적인 관점에서 제도적 과제의 해결을 위한 논의와 구체적인 실행 계획을 실시하는 것을 목적으로 한다고 하였다.

IT융합포럼은 〈그림 3-3〉과 같이 큰 방향성을 검토하는 전문가회의, 개별 분야의 과제 도출을 위한 프로젝트 그룹, 횡단적 과제를 검토하는 워킹그룹 등으로 구성된다.

〈그림 3-3〉 IT융합포럼 구성 체계

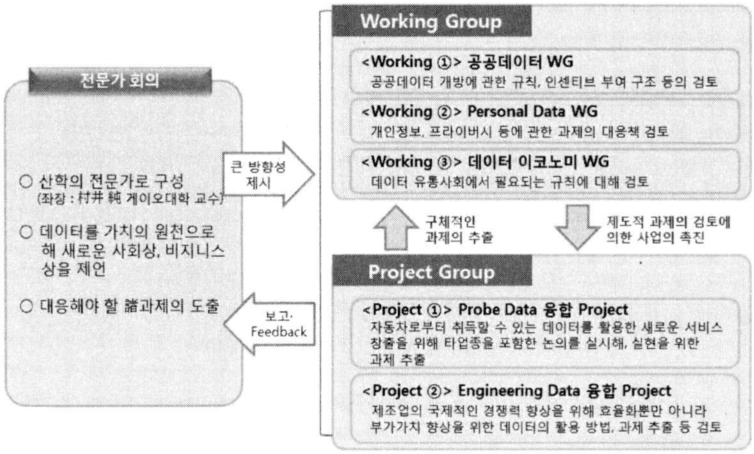

* 출처 : (사)일본정보시스템·이용자협회, 2013: 3.

이러한 논의의 구체적인 추진을 위해 경제산업성은 2013년 11월 'IT·데이터 활용에 의한 신산업 창출'을 발표하였다. 여기에서는 IT융합에 의해 국민생활의 편리성 향상이 기여하는 다양한 신서비스 창출이 기대되는 가운데 현실적으로는 기업이나 업계의 구조를 초월한 데이터 활용이 제대로 진행되지 않는다고 보고 'IT융합시스템' 개발을 통해 기업이나 업계의 구조를 초월한 데이터 활용이 가능한 '정보플랫폼'을 구축해 IT융합에 대응하고자 했다. [57]

57 경제산업성, 'IT · 데이터 활용에 의한 신산업 창출', 2013.11.15.

〈그림 3-4〉 IT융합시스템 개발 사업의 목적

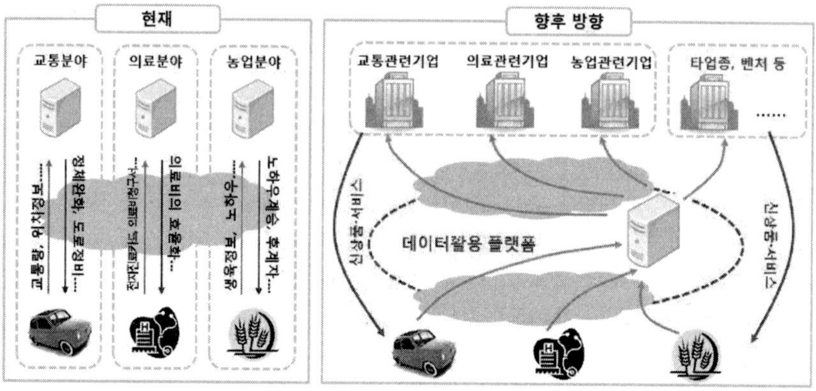

* 출처 : 경제산업성, 2013: 4.

IT융합시스템 개발 사업은 헬스케어 분야, 농상공 제휴 분야, 도시교통 분야, 기반기술 분야 등 총 4개 분야에서 18건의 사업을 실시하는 것[58]으로 2012년부터 시작하였다. 최초 2년은 실현가능성 연구를 통해 사업성을 평가하고, 2013년 말에 실용화 관점에서 규제개선 사항과 연계하여 2014년도부터 2018년까지 사업을 위한 실증사업을 실시한다는 계획이다. IT융합시스템 개발 사업에는 2012년부터 2014년까지 총 35억 엔의 예산이 투입되었다. 이 사업의 목적은 〈그림 3-4〉와 같이 도식화되어 있다.

58 헬스케어 분야(암진단지원시스템, 뇌정보시스템 등), 농상공제휴 분야(농작물수확지원시스템, 농업생산지원시스템 등), 도시교통분야(차세대 이동시스템, 도시공간정보시스템 등)는 1단계 사업성 평가와 2단계 실증사업을 실시하는 반면, 기반기술 분야는 1단계 선도연구만 실시한다(경제산업성, 2013: 5).

제4절 중국

'세계의 공장'인 중국도 단순 제조업에서 탈피해 산업고도화를 이루기 위한 전략으로 기술간 융합과 IT융합 활성화를 추진하고 있다. 이러한 중국의 융합정책은 2012년 5월에 확정된 '12.5 국가 전략적 신흥산업 발전규획'과 중국의 가장 큰 산업 중 하나인 농업 분야에서의 IT 융합을 통해 살펴볼 수 있다.[59]

1. 기술간 융합 정책

중국 국무원은 2012년 7월에 전략적 신흥 산업의 발전을 위해 '12.5 국가 전략적 신흥산업 발진규획'을 발표하였다. 이 규획은 2010년에 발표한 '전략적 신흥산업 육성과 발전에 대한 결정'[60]을 구체화 한 것으로 향후 5년간 7대 전략적 신흥산업의 중점 방향과 각 산업의 발전목표를 명확히 제시하고 있다. 여기에서 7대 전략적 신흥 산업이란 에너지 절감·환경보호, 차세대 정보통신기술, 바이오, 첨단장비제조, 신에너지, 신소재, 신에너지 자동차를 말한다. 이들 전략적 신흥산업의 발전을 위해 조세, 투·융자, 기술혁신, 지적재산권, 인재 양성 등의 정책도 제시되어 있다.[61]

중국은 이 규획을 통해 2015년까지 약 4조 위안을 투입하여, 7대 전략적 신흥산업 중 에너지 절감·환경보호, 차세대 정보통신기술, 바이오, 첨단장비제조를 '국민경제 기초산업'으로, 신에너지, 신소재, 신에너지 자동

59 중국의 '12.5 국가 전략적 신흥산업 발전규획'은 기술간 융합과 IT 융합을 모두 포함하고 있는 종합정책으로 볼 수 있다.

60 이 결정은 '7대 신흥전략산업 육성전략'으로 불리기도 한다(국가산업융합지원센터, 2012: 6).

61 KIEP 북경사무소, 2013: 3.

차를 '국민경제 선도산업'으로 육성하고, IT를 기반으로 민생과 밀접한 관련이 있는 교육, 의료, 교통 등의 분야를 집중 육성하여 2015년까지 전략적 신흥산업의 부가가치가 전체 GDP에서 차지하는 비중을 8%에서(2010년 3.8%) 2020년 15%까지 끌어올리겠다는 계획이다.

특히 차세대 정보통신 기술 산업 분야의 경우, 차세대 정보통신 기술의 발전과 신서비스 산업 육성을 통해 동 규획 기간에 차세대 정보통신 산업 매출을 연평균 20% 이상 성장시키는 것을 목표로, 차세대 통신 네트워크, 사물인터넷, 삼왕융합, 신형 평판 디스플레이, 고성능 집적회로 클라우드 컴퓨팅 등에 집중 투자할 예정이다.[62]

또한 차세대 정보통신 기술 중 삼왕융합, 사물인터넷, 클라우드 컴퓨팅 산업을 IT산업의 중점 산업으로 보았는데, 삼왕융합이란 전신–광통신–인터넷의 융합을 의미하며, 2015년 약 543조 원[63]의 시장 규모를 창출하는 것을 목표로 하였다. 사물인터넷은 스마트그리드, 스마트 교통, 스마트 의료 발전 등에 집중 투자하며, 2015년 약 145조 원의 시장 규모 창출과 2010년 대비 32.5%의 성장을 목표로 하였다. 또한 클라우드 컴퓨팅은 신규 서비스를 위한 시범 기술로 지정하여 년 평균 60%의 성장을 도모한다는 계획이다.[64]

2. IT융합 정책

중국의 IT융합 정책은 농업과 IT의 융합을 통해 자세히 살펴볼 수 있

62 중국은 사물인터넷과 클라우드 컴퓨팅 관련 산업이 빠르게 확대되고 있어 서비스 산업의 발전을 이끄는 새로운 동력이 될 것으로 인식하였다(KIEP 북경사무소, 2013: 5–6).

63 중국 화폐 단위로는 3조 위안 규모에 해당한다.

64 대광경영자문차이나, 2013: 3.

다.[65] 중국 정부는 2011년부터 향후 5년간 중국 경제의 추진방향을 제시한 '12차 5개년 계획'[66]을 통해 농업 및 농업 과학기술 육성 의지를 표명한 바 있다. 특히 중국은 네덜란드, EU, 이스라엘, 아프리카 등 농업과 IT융합의 선진 국가 등과의 협력을 강조하고 있다.[67] 2014년 3월 중국과 네덜란드는 전면적 협력 관계를 체결하였는데, 양국은 농업뿐만 아니라 식품, 에너지, 물류, 첨단산업, 금융서비스 등 산업 전 분야에 걸쳐 양국 간 협력 관계를 강화해 가고 있다.

EU와는 농업 IT 기술개발을 위한 R&D 협력 프로그램을 진행 중이다. 2013년 11월 EU와 중국 농업과학원(Chinese Academy of Agricultural Science, CAAC)은 식량·농업·바이오테크놀로지 기술 분야의 공동 기술 R&D 진행을 위한 협력 프로그램을 개시한 바 있다.

이스라엘과는 1995년부터 중국 과학기술부(Ministry of Science and Technology, MOST)와 농업 생명 공학, 수처리 기술개발 등 공동 R&D 프로젝트를 추진하기 위해 '과학 및 전략적 연구개발기금'을 설립하여 운영 중이다. 2013년 5월에도 과학기술부와 이스라엘 농업농촌개발부(Ministry of Agriculture and Rural Development, MARD)는 지속 가능한 농업 개발을 위한 기술이전 계약을 체결하였다.

아프리카의 경우에는 중국 기업의 아프리카 진출은 물론 기술이전 등 교류를 위해 중국 정부의 투자가 확대되고 있는데, 중국은 이를 통해 중국의 농업 IT기술을 아프리카에서 테스트 할 수 있는 기회를 확보하고자 한다.

중국은 또한 농업 IT적용 성공 사례를 통해 농업 분야에서의 IT융합에

---

65 정보통신기술진흥센터, 2014: 1-11.

66 정식명칭은 '중화인민공화국 국민경제와 사회발전 제12차 5개년 규획 강요'이다(IITP, 2014: 5).

67 정보통신기술진흥센터, 2014: 5-6.

대한 인식을 제고하기 위해 노력하고 있는데, 이를 위해 2014년 9월에는 무인항공기를 이용한 경작방식에 대해 시연하기도 하였다.

이 외에도 국부펀드를 통해 농업 IT분야에 대한 투자를 주도함으로 시장 확대를 유도하고 있는데, 2014년 6월 6,500억 달러의 기금을 운영하는 중국 국부펀드 '중국투자공사'가 향후 투자의 초점을 농업에 집중하겠다고 발표하기도 하였다. 민간부문에서는 IT기업의 참여를 유도하고 있는데, 세계 최대 규모의 온라인 쇼핑몰 알비바바 닷컴을 운영하는 알리바바는 2014년 7월 중국 유제품 업체 이리 인더스트리얼 그룹(Yili Industrial Group)의 축산 부문 지분 60%를 20억 위안(약 3억 6,000만 달러)에 확보하였으며, 중국 컴퓨터 및 서버 제조업체 레노버(Lenovo) 역시 2013년 5월 농업 투자와 경영사업을 전담하기 위해 별도 그룹인 조이비오(Joyvio)를 설립하였다.[68]

제5절 외국 융합정책의 시사점

2000년에 들어와 본격적으로 시작된 융합에 대한 각 국가의 관심은 관심의 목적과 추진 방향 등에 있어서 상당한 차이를 보여주고 있다. 이를 몇 가지 관점에서 체계적으로 비교 분석한 연구는 현재까지는 과학기술정책연구원(STEPI)의 연구가 유일하지만,[69] 이 연구 또한 외국 정책간의 비교가 아닌 외국 정책과 국내 정책간의 비교에 초점을 맞추고 있다.

즉 STEPI의 보고서에서는 미국과 유럽의 융합정책 및 사업을 국가 및 지역의 특성을 고려하여 정책-사업 일체형과 정책-사업 분리형으로 구

68 정보통신기술진흥센터, 2014: 5-7.

69 이광호 외, 2013.

분하였다.[70] 정책-사업 일체형의 경우는 정책의 수립배경과 기획의 관점, 정책의 구체적인 목적, 정책의 집행구조, 추진전략, 수행주체 측면에서 국내 융합정책의 특성과 비교·분석하고 있으며, 정책-사업 분리형의 경우에는 기술융합 분류 관점, 투자 관점, 성과 관점에서 국내 융합사업과의 특성을 비교·분석하고 있다.

이와 같이 외국의 융합정책을 소개한 자료에서 비교 연구가 적은 것은 융합정책의 차원이나 정책의 범위와 사업 등이 매우 다양하여 비교의 범위와 수준을 정하기가 쉽지 않기 때문이다. 그러나 본서에서는 이러한 한계점을 인식하면서도 향후 추진될 국내의 융합정책을 위한 시사점을 도출해 보기 위해 외국의 융합정책에 대해 국가별 특성을 제한적이나마 비교·분석하고자 한다.

즉, 본서에서는 앞에서 살펴본 미국, 유럽, 일본, 중국의 융합정책들을 정책기조, 정책목표와 정책 수단 측면에서 개괄적으로 살펴보고자 한다.

1. 정책기조 측면

미국 융합정책의 핵심 키워드는 '삶의 질 제고'와 '국가 혁신'이다. 기술간 융합을 통해 인간의 감각, 인지, 지능, 신체적 능력, 건강과 수명 등의 향상으로 삶의 질을 제고하고, IT융합을 통해서는 IT 인프라를 기반으로 국가 혁신을 이루고자 하였다.

유럽은 '유럽 사회를 역동적이고 경쟁력 있는 지식기반 사회로 만들고, 디지털 경제로의 도약'을 위해 기술간 융합과 IT융합을 활용하고 있다.

---

70 미국은 정책-사업 일체형으로 대통령이 이니셔티브(initiative)를 발표하면, 각 부처에서 다양한 관점에서 이니셔티브를 실천하기 위한 사업을 추진하는 경우이고, 유럽은 정책-사업 분리형으로 유럽 연합의 특성상 EC가 유럽 연합의 큰 정책 방향을 정립하면, 각 국가가 자발적으로 사업을 진행하는 형태이다(이광호 외, 2013: 79).

일본은 경제와 사회에 있어서의 '이노베이션 창출'이 기술간 융합이나 IT융합의 근간을 형성하고 있다. 이를 좀 더 구체적으로 보면, 저출산·고령화 등 사회구조의 변화에 대응해 새로운 경제구조를 형성할 신산업의 창출과 사회문제의 해결이 정책기조를 이루고 있다.

중국은 다른 국가에 비해 뒤늦게 융합에 관심을 기울이고 있을 뿐만 아니라 융합정책을 독립적으로 수립하고 있지 않아 융합정책만의 정책기조를 찾기는 쉽지 않다. 그러나 융합에 대해 언급하고 있는 '12.5 국가 전략적 신흥산업 발전규획'을 보면, 중국의 융합정책 기조는 산업고도화에 있는 것으로 보인다.

2. 정책목표와 정책수단 측면

미국은 융합정책을 통해 개인과 집단의 능력을 제고함으로써 경제적 생산성 향상과 생활의 변화를 위한 다양한 기회를 창출하고자 했다. 우선적인 대상 분야로 의료, 국방, 교육 분야를 강조했으며, 이러한 목표달성을 위해 연구개발에 대한 투자 및 융합을 자연스럽게 받아들이고, 새로운 아이디어를 창출할 수 있는 기반으로써 다양한 교육프로그램을 만들었다. 또한 연구와 교육을 통합하기 위한 사회적 활동을 강조하였다. IT융합의 경우는 경기침체로 인한 실업난 해소와 지속적인 경쟁력을 강화하기 위해 성장잠재력이 높은 신성장 산업의 육성을 목표로 초고속정보통신망 등 IT인프라를 확충하고, 교육, 과학기술, 환경·에너지, 의료 등 4대 부문과 IT를 융합하여 대체 에너지 개발, 의료부문의 비용 절감, 첨단 자동차 분야 개발 등에 우선순위를 두었다.

유럽은 기반기술 및 산업기술의 리더십 확보와 디지털 단일 경제체계의 구축을 목표로 기술간 융합과 IT융합을 추진하고 있다. 특히 IT융합

분야는 융합정책을 별도로 수립하지 않고 범유럽 연구개발정책인 FP7, Horizon 2020의 틀 내에서 기반기술과 산업기술의 리더십 확보를 위해 다양한 프로그램을 운영하고 있으며, 연구협력, 네트워크 구축, 국제협력, 신진 및 중견 연구원간의 교류 등 융합연구를 위한 다양한 연구방법을 제시하고 있다. 또한 유럽 시장의 성장과 고용창출을 통한 디지털 단일 경제체계 구축을 위해 정보통신 산업 및 연구개발에 대한 투자를 확대하고, 초고속인터넷 등 IT인프라의 보급 확대와 헬스케어, 교통, 환경, 매스미디어, 문화콘텐츠 분야에서의 IT융합과 실증사업을 중점 추진하고 있다.

일본의 융합기술 정책은 동일본대지진이 일어난 2011년 이전과 이후로 구분하여 살펴볼 수 있다. 2011년 이전의 융합기술 정책의 목표는 경제활성화를 위한 신산업 창출과 저출산·고령화 등 사회구조 변화를 새로운 시장이나 산업으로 연결하여 세계 시장에서의 일본의 경쟁력을 지속해 간다는 것이었다. 이를 위해 기술개발, 인재육성, 지적재산 보호, 산업금융, 조직개편, 창업지원, 표준화, 정보화 등의 산업정책 수단들을 활용하였다. 특히 일본은 1차 아베내각에서 '이노베이션 창출'을 강조함에 따라 기술혁신을 위한 다양한 프로젝트와 추진 부서(이노베이션 25 특명실)를 설치한 바 있다. 동일본대지진 이후에는 지진에 따른 피해 복구와 경제 재생 및 2020년 동경올림픽을 성공적으로 치르기 위해 모든 역량을 집중하고 있다. 특히 융합의 관점에서 보면, 침체되어 있는 지역경제의 활성화와 융합신산업 창출을 위해 IoT, 빅데이터 등 IT를 활용하여 지역경제 및 사회문제를 해결하는 데 중점을 두었다. 이를 위해 경제산업성은 'IT융합포럼'을 설립하고 데이터 활용을 통한 신산업 창출과 타분야 산·학·관의 제휴를 촉진하는 등 융합을 위한 조직체계를 구축하였다.

중국은 산업고도화 기조를 실현하기 위해 7대 전략적 신흥산업을 선정하고 국민경제를 위한 기초산업과 선도산업을 육성하는 것을 목표로 하고 있다. 특히 IT를 기반으로 민생과 밀접한 관련이 있는 교육, 의료, 교통 등을 집중 육성하여 GDP에서의 부가가치 비중을 높이고자 했다. 농업 등 세부 정책 분야에 있어서는 이미 농업과 IT융합에 있어서 기술적으로 앞선 선진국과의 기술협력이나 기술이전을 추진하고 있는 한편, 아프리카 등과는 중국 기업의 진출이나 기술이전을 지원하는 등 양면 정책을 추진하고 있다. 이러한 정책 추진에 있어서는 국부펀드를 통한 투자를 핵심적인 수단으로 하고 있으며, 이는 다시 민간부문의 투자를 유인하는 수단이 되고 있다.

제4장 한국 융합정책의 전개와 현황

제1절 융합정책의 전개

우리나라는 미국이나 EU보다 몇 년 늦게 융합정책을 수립·시행하기 시작하였으나, 현재는 세계에서 선도적으로 융합기술 개발과 산업융합을 위한 정책적·제도적 기반을 마련하였다. 한국 융합정책의 수립경과를 표로 정리하면 〈표 4-1〉과 같다.

〈표 4-1〉 정부별 융합정책의 수립 경과

<table>
<tr><th>구분</th><th>정부 명칭</th><th>수립/제정 시기</th><th>국가계획/법률</th></tr>
<tr><td rowspan="4">융합기술</td><td>노무현 정부</td><td>2007. 4.</td><td>국가융합기술 발전 기본방침</td></tr>
<tr><td rowspan="2">이명박 정부</td><td>2008.11.</td><td>국가융합기술 발전 기본계획(2009~2013)</td></tr>
<tr><td>2010. 9.</td><td>NBIC 국가융합기술지도</td></tr>
<tr><td>박근혜 정부</td><td>2014. 2.</td><td>창조경제 실현을 위한 융합기술 발전전략</td></tr>
<tr><td rowspan="10">산업융합</td><td rowspan="6">이명박 정부</td><td>2009. 3.</td><td>나노융합산업 발전전략</td></tr>
<tr><td>2010. 7.</td><td>IT융합 확산전략</td></tr>
<tr><td>2011. 4.</td><td>산업융합촉진법</td></tr>
<tr><td>2012. 8.</td><td>제1차 산업융합 발전 기본계획(2013~2017)</td></tr>
<tr><td>2012. 9.</td><td>IT융합 확산전략(2013~2017)</td></tr>
<tr><td>2012.12.</td><td>나노융합 확산전략</td></tr>
<tr><td rowspan="4">박근혜 정부</td><td>2013. 8.</td><td>정보통신 진흥 및 융합 활성화 등에 관한 특별법*</td></tr>
<tr><td>2013. 8.</td><td>농식품 ICT 융복합 확산대책</td></tr>
<tr><td>2014. 5.</td><td>정보통신 진흥 및 융합 활성화 기본계획</td></tr>
<tr><td>2014. 6.</td><td>농촌융복합산업 육성 및 지원에 관한 법률</td></tr>
</table>

주 *) 이 법률은 융합기술에 대한 내용을 포함하고 있지만 산업융합에 좀 더 초점을 두고 있기 때문에 산업융합을 위한 법률로 분류하였다.

1. 융합기술 정책의 전개

우리나라 융합기술 정책의 뿌리는 2000년대 초, 한국전자통신연구원(ETRI)이 IT융합기술에 대한 중장기기획(이명기 외, 2002)과 IT-NT 융

합기술에 대한 기획(정태형 외, 2002)을 수행한데서 찾을 수 있다.[1]

2002년에 미국이 '인간수행능력 향상을 위한 NBIC 융합기술 전략'을 세우고, 2004년에 EU가 '지식사회 건설을 위한 융합기술발전계획(CTEKS)'를 세워 관련 투자를 늘려 나가자, 당시 노무현 정부는 2006년 4월에 '과학기술관계장관회의'에서 '융합기술종합발전계획 수립방안'을 논의하였다. 이에 따른 후속 조치로 2007년 4월 제23회 국가과학기술위원회에서 '국가융합기술 발전 기본방침'을 확정했다. 이 방침은 과학기술부 등 8개 부처가 합동으로 만든 것으로 구체적인 계획 없이 기본방향과 방침만 설정하였다.

2008년에 이명박 정부가 출범한 후 '국가융합기술 발전 기본방침'의 후속조치로 5월부터 10월까지 세 차례에 걸쳐 '융합기술실무추진위원회'를 개최하여 기본계획(안)을 논의하였다. 교육과학기술부 등 7개 부처는 합동으로 '국가융합기술 발전 기본계획(2009~2013)'을 수립하여 동년 10월에 공청회를 통해 의견을 수렴하였다. 이 기본계획은 2008년 11월에 제33회 국가과학기술위원회 운영위원회에서 확정되었다. '창조적 융합기술 선점을 통한 신성장동력 창출 및 글로벌 경쟁력 제고'를 비전으로 설정하고, 추진전략과 실천과제를 제시하고 있으며 5년간 약 5조 8,900억 원의 투자규모를 밝히고 있다. 이는 우리나라에서 융합기술 발전을 위한 종합적인 국가계획으로서 처음 수립된 것이다.

2010년 9월에는 교육과학기술부가 'NBIC 국가융합기술지도'를 만들어 국가과학기술위원회 운영위원회에 보고·확정하였다. 이는 '국가융합기술 발전 기본계획(2009~2013)' 후속 조치의 일환으로 기획되었으며, 2020년까지 국가적으로 육성해야 할 융합기술의 추진 목표 및 거시적 방

1 김덕현, 2014: 94.

향을 제시할 원천융합기술지도를 마련하여 국가 융합기술개발 추진전략 수립 및 정책방향 설정에 활용할 목적으로 만들어진 것이다. 이를 통해 바이오·의료, 에너지·환경, 정보통신 등 3대 분야에서 15개 우선추진과제와 70개 원천융합기술을 도출하였다.

박근혜 정부 출범 후에는 국정과제 중 하나로 창조경제를 추진하면서 융합기술 발전을 위한 새로운 전략을 수립하였다. 2014년 2월에는 미래창조과학부 등 12개 부처 합동으로 '창조경제 실현을 위한 융합기술 발전전략'을 세워 국가과학기술심의회 운영위원회를 통해 확정하였다. 이 전략은 2008년 11월에 수립된 '국가융합기술 발전 기본계획(2009~2013)'을 계승·발전시킨 것으로, 2014년 부터 2018년 까지를 대상기간으로 하고 있다. 이 전략은 빅데이터 기술 등 15대 국가전략 융합기술(〈표4-2〉 참조)을 선성하고, 미래 유망 원천기술개발 및 기술사업화 촉진 등 5대 전략을 제시하였다. 5년간을 대상으로 한 기본계획의 성격을 가지고 있어 투자계획은 명시하지 않고 동 전략을 참고하여 각 부처가 편성하기로 하였으며, 실천과제별 추진시기와 관련부처를 명기하였다.

여기서 15대 국가전략 융합기술은 '국가과학기술기본계획'의 120개 국가전략 기술과 2014년 4월에 발표 예정이었던 '국가중점과학기술 전략로드맵'의 30개 대상 기술 중 '창조경제 실현계획'[2] 추진과제 이행에 필요한 융합기술을 도출한 후, 경제적·사회적 가치 등을 평가하여 경제성장과 국민행복 실현을 위한 5대 기술·미래상과 함께 선정된 것이다.[3]

---

2 '창조경제 실현계획-창조경제 생태계 조성방안-'(관계부처합동, 2013a)은 과거 40여 년간 우리나라 경제의 성장을 견인한 추격형 전략(Fast follow)의 한계와 부가가치 창출 핵심요소가 과거 노동·자본(산업경제), 지식·정보(지식경제)에서 혁신적 기술과 창의적 아이디어(창조경제)로 이동하는 것을 인식하고, 우리나라의 강점인 과학기술과 ICT의 역량을 활용하여 한국형 창조경제를 추진하기 위해 수립된 전략이다(관계부처합동, 2014a: 1).

3 관계부처합동, 2014a: 3.

<표 4-2> 15대 국가전략 융합기술

구분	기술·미래상	국가전략 융합기술
경제성장 (7개)	고성장 스마트 기술	빅데이터, 차세대 반도체, 융합형 콘텐츠, 스마트 자동차
	미래유망 융합기술	서비스 로봇, 생산시스템 및 생산성 향상, 차세대 소재
국민행복 (8개)	건강한 삶	건강관리 서비스, 유전체 정보 이용, 신체기능 복원 및 재활 치료
	지속가능한 청정 생활	지구환경 통합 모니터링 및 관리, 오염물질 제어 및 처리, 신재생 에너지
	걱정 없는 안전사회	식량자원 보존 및 식품안정성 평가, 재난·재해 예측·대응

* 출처 : 관계부처합동, 2014a: 3.

이상에서 살펴본 바와 같이 국가의 주요 융합기술 정책에 나타난 우리나라 융합기술의 특성은 첫째, 초기에는 주로 BT와 NT 기반의 융합기술 분야가 다수를 차지하였으나, 점차 IT 기반의 융합기술 영역이 확대되고 있다는 것이다. 둘째, 초기에는 주로 순수 융합기술 중심이었으나, 점차 사회문제 해결에 필요한 융합기술로 변화해 가는 것을 볼 수 있다. 그럼에도 불구하고 여전히 중요성이 지속되고 있는 것은 의료와 에너지 분야로 보인다. 셋째, 초기의 융합기술은 상위 수준의 기술 중심으로 제시되었으나, 점차 구체적인 기술분야가 등장한다는 것이다. 예를 들면, 나노바이오센서나 나노일렉트로닉스 등에서 차세대 반도체, 오염물질 제어 및 처리, 서비스 로봇 등의 형태이다.

2. 산업융합정책의 전개

한편, 산업융합 촉진을 위한 정책은 이명박 정부가 들어서면서 추진되기 시작했다. 2009년 3월에는 지식경제부와 교육과학기술부가 공동으로 수립한 '신성장동력 확충 및 녹색성장 견인을 위한 나노융합산업 발전전략'이 국가과학기술위원회 운영위원회에 상정되어 확정되었다. 이는 2005년 12월 '제2기 나노기술종합발전계획(2006~2015)'을 세웠음에도 불구하고 체계적 산업화 전략 수립과 추진동력 확보에 대한 노력이 미흡하다는 판단에서 추진된 것이다. 동 전략은 '2015년까지 나노융합산업 3대 강국 도약'을 비전으로 삼고, 15개의 세부 추진과제와 2009년 부터 2013년까지의 일정과 부처별 분담(안)을 마련한 것이지만 재원 투자계획은 구체적으로 명시하지 않은 것이다.

2010년 7월에 지식경제부 등은 관계부처합동으로 IT와 자동차, 조선 등 他산업간 융합을 촉진하여 2015년 5대 IT융합 강국으로 도약하기 위한 'IT융합 확산전략'을 위기관리대책회의에서 발표했다. 이는 IT융합 확산을 위한 제1차 국가계획으로 급속히 성장하는 IT융합 시장을 선점하고 IT융합을 통한 우리산업의 글로벌 경쟁력을 제고하기 위한 것이다. '2015년 세계 5대 IT융합 선도국가로 도약'하는 것을 비전으로 설정했으며, 창의적 IT융합 역량 강화 등 4대 정책과제를 제시했다. 범정부 차원에서 추진해 나가는 계획으로 추진일정과 담당부처는 정했지만, 재원 투자계획은 구체적으로 명시하지는 않았다.

2011년 4월에는 '산업융합촉진법'이 제정되었다. 이 법률은 지식경제부가 2010년 3월에 법률 제정을 위한 추진위원회를 발족하여 공청회 등을 거쳐 마련한 것이다. 이 법률은 당시 산업계가 융합 산업의 발전이 뒤쳐진 주된 원인 중 하나로 '법·제도적 기반의 미비'를 지적하고, 기존의 법령이나 규정으로 인하여 융합 신제품의 창출에 장애가 되는 사례도 나타남에 따라 기존 법·제도상의 한계를 보완하고 산업융합을 미래 먹거리 창출의 핵심 기반으로 확고히 하기 위하여 제정한 것이다.

산업융합촉진법 제5조가 5년마다 산업융합 발전 기본계획을 수립하도록 규정함에 따라 지식경제부 등 12개 부처는 2012년 8월에 산업융합발전위원회를 통해 '제1차 산업융합 발전 기본계획(2013~2017)'을 확정하였다. 이 기본계획은 '미래 대융합 시대의 글로벌 리더'를 비전으로 설정하고 3대 목표와 4대 추진전략 및 34개 관리과제를 제시하였다. 2013년부터 2017년 까지를 대상으로 추진시기와 추진 부처를 정했으나, 기본계획의 성격상 재원투자계획을 명시하지는 않았다. 동법 제6조에 따라 기본계획에 근거하여 2013년부터 매년 연도별 실행계획을 세워오고 있으며, 여기에 투자계획이 포함되어 있다.

2012년 9월에 지식경제부 등은 관계부처합동으로 IT융합 확산을 위해 제2차로 'IT융합 확산전략(2013~2017)'을 중장기전략위원회에서 발표했다. 2010년의 제1차 'IT융합 확산전략'이 창의적 IT융합역량 강화, IT융합 부품산업 및 IT융합 시장 창출에 초점을 맞춘데 비해, 2012년의 제2차 전략은 IT융합에 따른 경제적 파급력이 큰 5대 산업과 인구구조나 미래환경 변화에 따른 사회적 문제를 해결하고 개인의 삶의 질을 높이기 위한 5대 서비스 등 총 10대 분야로 대상을 확대한 것이 특징이다.[4]

지식경제부는 2012년 12월 '나노융합주간 2012' 개막행사에서 '나노융합 확산전략(나노 PLUS 2020)'을 발표했다. 정부는 10년간 2조 원 이상의 정부 투자를 통해 나노분야의 기술 수준이 세계 4위권으로 올라섰으나, 이를 상용화하여 산업적·경제적으로 큰 부가가치를 창출하는 단계에는 도달하지 못했다고 진단하고, 2020년 2.5조 달러에 이를 것으로 전망되는 글로벌 나노융합시장을 선점하기 위해 이 전략을 수립하였다. '세계 1등 산업 강국 건설'을 비전으로 설정하고, 23개 세부추진과제에 2020년까지 약 8년간 총 9,300억 원 규모의 투자를 하겠다는 전략이다.

2013년에 출범한 박근혜 정부는 과학기술과 ICT를 산업 전반에 융합하

4 5대 산업은 자동차, 조선 · 해양플랜트, 섬유, 국방 · 항공 및 에너지이며, 5대 서비스는 먹을거리, 교육, 헬스케어, 재난 · 안전 및 교통이다(관계부처합동, 2012b: 10).

는 창조경제를 주요 국정과제로 제시함에 따라 융합이 주요 핵심수단으로 부상하였다. 정부는 2013년 8월에 ICT 특별법이라 불리는 '정보통신 진흥 및 융합 활성화 등에 관한 특별법'을 제정하여 2015년 1월부터 시행하였다. 창조경제 1호 법안으로 국회를 통과한 이 법률은 미래창조과학부가 정보통신 분야의 총괄부처로서 역할을 할 수 있도록 종합적 조정체계를 마련하는 한편, 정보통신 생태계 활성화를 위한 전문인력 양성, 소프트웨어·콘텐츠 등 개별산업에 대한 지원, 신규 융합 기술 · 서비스 등에 대한 연구개발 등을 수행할 수 있도록 근거를 마련하고, 정보통신 발전에 걸림돌이 되는 규제의 발굴 · 개선을 통해 정보통신 진흥 및 융합 활성화를 촉진하기 위한 것이다.

한편 농림축산식품부는 2013년 8월 말에 '농식품 ICT 융복합 확산대책'을 마련하였다. 이 대책은 우리나라 농식품산업 분야에서도 ICT를 적극 활용하면 경쟁력 제고 및 미래성장 산업화가 가능하다는 판단에 따라 추진된 것이다. 생산·유통·소비 등 농식품의 가치사슬(value-chain)에 ICT 기술을 융복합해 새로운 부가가치를 창출하기 위해 2017년까지 총 2,249억 원을 투자하는 계획이다.

2014년 5월에는 '정보통신 진흥 및 융합 활성화 등에 관한 특별법' 제5조에 따라 '정보통신 진흥 및 융합 활성화 기본계획'을 수립하여 정보통신전략위원회(위원장 국무총리)에서 확정하였다. 이 계획은 사람·사물·데이터 등 모든 것이 인터넷으로 연결되는 초연결 혁명시대로 진입 중임에 따라 ICT 생태계를 강화하고 경제·사회 전반으로 융합을 확산하여 '초연결 창조 한국'을 구현하기 위해 마련되었다. 2014년 부터 2016년 까지를 대상으로 한 중기계획의 성격상 투자계획은 명시하지 않고, 4대 정책과제의 총 16개 세부과제별 추진일정과 소관부처만 표시하였다. 투자계획은 매년도 실행계획에 반영되었다.

2014년 6월에는 '농촌융복합산업 육성 및 지원에 관한 법률'을 제정하였다. 이 법률은 우리나라 농업의 경쟁력을 강화하기 위해 농촌융복합산업에 대한 정부의 육성 및 지원에 관해 필요한 사항을 정한 것이다. 농촌융복합산업은 농촌 지역의 농특산물 등 유·무형의 자원을 이용하여 가공·유통·관광 및 이와 관련된 재화 또는 용역을 제공함으로써 경제적 부가가치를 창출하는 산업으로 정의되었다. 이에 대한 육성과 지원을 위하여 농림축산식품부장관은 5년마다 기본계획을 수립하고, 시·도지사는 매년 시행계획을 수립·시행하도록 명문화하였다.

제2절 융합기술과 산업융합의 현황

1. 융합기술의 수준

우리나라 융합기술에 대한 수준분석은 2006년 '융합기술기획위원회'가 2005년 과학기술부가 조사한 기술수준 평가보고서[5]를 토대로 자체 조사한 것이 최초라고 볼 수 있다. 이후 KIST 산하의 융합연구정책센터가 2013년에 '국가융합기술 발전 기본계획(2009~2013)'상의 11대 융합기술에 대한 목표 대비 기술별 달성도를 평가하였으며, 2014년에는 동 기관에서 '창조경제 실현을 위한 융합기술 발전전략'상의 15대 국가전략 융합기술에 대해 융합기술 수준을 평가한 바 있다.

5 과학기술부는 KISTEP을 통해 중점 과학기술에 대한 기술수준 평가보고서를 발표하고 있다. 2004년에는 28개 기술, 2005년에는 21개, 2008년에는 90개, 2010년에는 95개 기술, 2012년과 2014년에는 120개의 국가 중요 전략기술에 대한 기술수준 평가를 실시하였다.

여기에서는 융합기술 수준을 제1차('국가융합기술 발전 기본계획(2009~2013)'에 근거한 융합기술)와 제2차('창조경제 실현을 위한 융합기술 발전전략'에 근거한 융합기술)로 구분하여 살펴보고자 한다.

1) 제1차 융합기술 수준 분석

'국가융합기술 발전 기본방침'과 '국가융합기술 발전 기본계획'에 포함된 융합기술의 기술수준은 2005년 KISTEP이 발표한 기술수준 평가보고서를 바탕으로 2006년 융합기술기획위원회가 자체 분석한 것이다. 이에 따르면, NT와 BT, BT와 IT, IT와 NT 융합 분야별로 총 11개의 기술에 대한 기술수준이 분석되었는데, 양자컴퓨터 기술이 최고 기술을 보유하고 있는 미국 IBM과 국방부에 비해 50%로 가장 낮고, 바이오 인포메틱스와 생체인식·보호, 나노 일렉트로닉스 등이 최고 수준인 미국 대비 80%로 높게 나타나는 등 우리나라 융합기술의 수준은 전반적으로 선진국 대비 50%~80% 정도로 나타났다.[6] 융합기술 분야별 수준은 〈표 4-3〉과 같다.

〈표 4-3〉 2006년 조사된 융합기술의 수준

분야	기술명	단계	국내현황	해외현황	기술 수준(%)
NT-BT	나노바이오센서	발아기	과기부 주도 기초중심 연구	미국: 정부(NSF) 주도 유럽: EU6차 PW 주도	65
	약물전달	발아기	과기부 주도 기초중심 연구	미국: 정부(NIH) 주도	60
BT-IT	바이오센서칩	도입기	프론티어사업단 및 ETRI 중심	미국: 기업(Agilent) 및 정부(NIH) 주도	70
	바이오 인포매틱스	도입기	부처별 소규모 연구중	미국: 정부(NIH) 주도, 기업은 소요기술 자체개발	80
	바이오컴퓨터	발아기	산자부 차세대 신기술사업 -바이오분자 컴퓨팅칩개발	미국: DNA 바이오 컴퓨터칩 개별 기반기술	65
	생체인식/보호	도입기	정통부 및 ETRI 중심 추진	미국/유럽/동남아 주도 공공분야 필드시험 진행	80
	휴먼인터페이스	도입기	부처별 소규모 연구중	유럽: 정부 주도, 기업 소요 기술 자체개발	75

6 관계부처합동, 2008: 17.

IT-NT	나노 일렉트로닉스	성장기 (메모리) 도입기 (SoC)	산업체 중심으로 활발히 진행(메모리) 프론티어 사업단 및 ETRI 중심(SoC)	미국: NNI 주도 일본: MIRAI(MITI) 중심 유럽: ESPRIT 중심	80
	나노포토닉스	도입기	대학 및 연구소 중심 기초연구	대학 기초연구 중심	70
	나노센서/MEMS	도입기	학 및 연구소 중심 기초연구	대학 기초연구 중심	70
	양자컴퓨터	발아기	대학 중심 기초연구	미국: IBM, 국방부 일본: NEC, 이화학연구소	50

* 출처 : 융합기술기획위원회(정보통신부) 자체 분석, 2006; 관계부처합동, 2008: 17.

융합연구정책센터는 2013년 6월에 융합기술에 대한 수준 평가를 실시하여 발표하였다(〈표 4-4〉 참조). 이 기술수준 평가에서는 2008년 '국가융합기술 발전 기본계획(2009~2013)'의 기술수준 평가와 일관성을 유지하고 1차 대비 기술수준 향상도를 평가하기 위해 '국가융합기술 발전 기본방침'의 11대 융합기술 분류체계로 기술수준 조사를 실시하였으며, 이를 제2차 국가융합기술 발전 기본계획 수립에 활용하고자 하였다.[7]

융합연구정책센터는 11대 기술분야 별로 3~4인씩 총 34명의 전문가를 선정하여 '융합기술수준평가위원회'를 구성하였다. 동 위원회는 기술수준을 평가하고 평가결과를 검토하였으며, 분야별 기술동향을 조사·분석하였다.[8]

기술수준의 평가 방법은 제1차 융합기술 수준 평가에서 적용되었던 전문가 합의 방식[9]을 활용하여 최고 기술 보유국 대비 국내 기술수준 및 최고의 기술수준에 도달하기 위해 필요한 시간 등을 조사·평가하여 최고 기술 보유국 대비 우리나라의 기술수준 및 향상도, 분야별 기술수준 및 격차 등을 도출하였다.

7 '제2차 국가융합기술 발전 기본계획'은 2014년에 '창조경제 실현을 위한 융합기술 발전전략'을 말한다.

8 융합연구정책센터, 2013: 4.

9 2006년 융합기술위원회에서 실시했던 방식이다.

〈표 4-4〉 2013년 융합기술수준 평가 결과

분야	기술명	최고기술 보유국	국내기술수준	기술수준	
			기술수명주기	1차(%)	2차(%)
NT-BT	나노바이오센서	미국, 유럽	성장기	65	80
	약물전달	미국	성장기	60	62
BT-IT	바이오센서칩	미국	도입기	70	80
	바이오인포매틱스	미국	성장기	80	85
	바이오컴퓨터	미국, 영국	도입기	65	75
	생체인식·보호	미국, 프랑스, 일본	성장기	80	83
	휴먼인터페이스	미국	성장기	75	78
IT-NT	나노일렉트로닉스	미국	도입기	80	77
	나노포토닉스	미국, 스웨덴, 일본	도입기	70	80
	나노센서·MEMS	미국, EU, 일본	도입기	70	73
	양자 컴퓨터	미국, 영국, 일본	도입기	50	50
최저치~최대치(평균값)				50~80 (69.5)	50~85 (74.8)

* 출처 : 융합연구정책센터, 2013: 6에서 발췌 정리.

기술수준에 대한 평가결과 융합기술의 수준은 2007년에 제시된 2013년의 기술수준 달성 목표치(70~90%)에 미치지 못하는 50~85%(평균 74.8%)로 확인되었다. 나노바이오센서, 약물전달, 바이오센서칩, 바이오인포메틱스, 바이오컴퓨터, 생체인식·보호, 휴먼 인터페이스, 나노포토닉스, 나노센서·MEMS 등 9대 기술 분야는 기술수준이 향상된 반면, 나노일렉트로닉스 분야에서는 기술수준이 하락하였고, 양자컴퓨터 분야는 1차 평가와 동일한 수준으로 나타났다.

(1) NT-BT 융합 분야

NT-BT 융합기술 분야는 대체로 기술수준이 낮은 분야이지만 기술 향상도는 가장 높은 분야이기도 하다. 나노바이오센서는 특정한 물질에 대한 인식 기능을 갖는 생물학적 수용체가 전기·광학적 변환기

(transducer)와 결합, 생물학적 상호작용 및 인식반응을 측정 가능한 신호로 변환하여 극미량의 생화학 물질을 선택적으로 감지할 수 있는 소자로서 의료, 진단, 환경, 제약 분야 등으로 활용 영역이 확대되고 있다. 약물전달 기술은 최대의 치료 효과를 내기 위해 약물의 전달 및 방출을 제어하는 기술을 총칭하는 것으로 의료뿐만 아니라 식품이나 화장품 분야로의 활용이 가능하다.

기술수준 평가 결과, 나노바이오센서 기술은 1차 평가 65% 수준에서 2차 평가에서 80%로 15%의 기술수준 향상도를 보인 반면, 약물전달 기술은 60%에서 62%로 2%의 향상도를 보였다. 약물전달 기술의 수준 향상을 위해서는 효과적인 약물전달을 위한 약물개량 연구에 대한 기초·원천연구의 확대와 제도적 지원이 요구되고 있다.[10]

(2) IT-BT 융합 분야

IT-BT 융합기술 분야는 가장 많은 융합기술을 포함하고 있다. 이 중에서 바이오 센서칩 기술은 생체정보를 전기적, 광학적, 기계적 및 기타 신호로 검출하는 센서로 의학 분야에서 초기 진단기, 대용량 생체분석, 생체건강 모니터링 등에 활용되고 있다. 바이오 인포매틱스 기술은 바이오 빅데이터 오믹스(omics)[11]를 이용해 새로운 생물, 의학 영역을 발전시키는 중요한 기술로 인류의 질병 극복과 정보기술, 생명과학, 의학, 약학 분야의 발전에 기여할 것으로 기대되고 있다.

바이오컴퓨터 기술은 뇌의 정보처리 시스템을 모방한 컴퓨터나 반도체 대신에 DNA, RNA 등의 핵산이나 단백질 등 바이오 분자를 이용한 컴퓨

---

10 융합연구정책센터, 2013: 12-19.

11 오믹스는 대량의 생물정보와 이들간의 상호 관계를 종합적으로 연구하는 방법이다 (위키백과).

터로 정보를 저장하고 조작하는 기술로 신개념의 컴퓨터 분야에 적용 가능한 미래 유망 기술이다. 생체인식·보호 기술은 지문, 얼굴, 홍채, 망막, 정맥, 손 모양, 귀 모양, 걸음걸이, 음성, 서명 등 개인이 가지고 있는 다양한 생물학적 또는 행동학적 특징을 기반으로 개인을 인증하는 기술로 카메라, 센서, 컴퓨터, 네트워크, 지능형 시스템, 정보보호 산업 등 IT 전반에 대한 기술적·경제적 파급효과가 클 것으로 예측되고 있다.

휴먼 인터페이스 기술은 다양한 형태의 기기, 다양한 사용 환경, 다양한 애플리케이션에 대응하기 위한 사용자 친화적 형태의 모든 새로운 인터랙션 방식의 기술로 스마트폰, TV, 웨어러블 디바이스 등의 스마트 단말기 등에 적용되어 편리한 기기의 사용과 차별화된 사용자 경험을 가능하게 할 전망이다.

기술수준 평가 결과, 바이오 센서칩은 1차 70%에서 2차 80%로, 바이오 인포메틱스는 80%에서 85%로, 바이오컴퓨터는 65%에서 75%로, 생체인식·보호는 80%에서 83%로, 휴먼인터페이스는 75%에서 78%로 향상되어 바이오 센서칩과 바이오컴퓨터 분야가 가장 많이 향상된 반면, 생체인식·보호와 휴먼인터페이스는 가장 낮은 향상도를 보였다. 이 분야의 기술 수준 향상을 위해서는 생체정보를 활용하기 위한 법·제도적 정비와 더불어 창의적인 휴먼인터페이스 연구를 위한 장기적인 프로젝트가 필요할 것으로 판단된다.[12]

(3) IT-NT 융합 분야

IT-NT 융합기술 분야는 기술 간의 수준 격차가 가장 클 뿐만 아니라 기술 수준 향상도 제고도 쉽지 않은 영역이다. 나노일렉트로닉스 기술은

---

12 융합연구정책센터, 2013: 20-35.

압전 반도체 소재에 물리적인 힘을 가해 얻어진 출력 전압을 이용하여 전자소자의 자가 구동을 구현하는 연구가 활발하게 진행되고 있다. 나노일렉트로닉스 기술은 기초과학적 성격이 강하여 신개념의 에너지 및 에너지 변환소자로 적용 가능하다.

나노포토닉스 기술은 타 기술과의 접목을 통해 기존 소자의 획기적 성능향상 및 신개념 소자를 개발할 수 있는 기반기술로 태양전지, LED 등에 적용된다. 나노센서·MEMS 기술은 나노소재, 나노 공정기술 및 MEMS 기술과 반도체 대량생산 기술을 접목하여 온도, 습도, 압력, 기울기, 가스 등 물리, 화학적 신호를 감지하는 센서의 성능을 극대화하고, 센서를 보다 소형화, 소비전력을 극소화함과 동시에 대량생산을 통해 성능 대비 센서의 단가를 획기적으로 감소시키는 것에 관한 전반적인 기술이다. 자동차, 로봇, 의료, 군사, 항공 등 다양한 분야에 적용되어 산업발전을 견인할 것으로 기대된다.

양자컴퓨터 기술은 가장 기본이 되는 큐비트(Qubit)를 구현하기 위한 양자 역학적 현상을 제어할 수 있는 기계장치를 만드는 것과 양자 상태를 이용하여 새로운 데이터 처리 알고리즘을 개발하는 기술로 초고속 슈퍼컴퓨팅, 인지컴퓨팅, 양자암호 기술을 통한 정보보안 등에 활용될 것으로 전망된다.

기술수준 평가 결과, 나노일렉트로닉스는 1차 80%에서 2차 77%로 오히려 기술수준이 저하된 반면, 나노포토닉스는 70%에서 80%로, 나노센서·MEMS는 70%에서 73%로 향상되었다. 그러나 양자컴퓨터는 1차 50%에서 2차 50%로 변화가 없는 것으로 나타났다.

나노일렉트로닉스는 분야의 다양성과 광범위성으로 인해 발전 속도가 낮은 영역에 대한 영향으로 전체적인 기술수준이 하향된 것으로 분석되었으며, 양자컴퓨터는 기초과학 연구 성격이 강하여 타 분야 대비 R&D 투자가 부족했다는 의견이 제시되었다.[13] 이 두 분야에 대해서는 기초연구

13 융합연구정책센터, 2013: 20-35.

확대를 위한 정부의 적극적인 R&D 지원 정책이 필요할 것으로 보인다.[14]실제로 우리나라 융합기술이 최고기술을 추격 및 확보하기 위한 필수 요건에 대한 설문조사 결과에서도 '기초·원천 연구의 확대'가 가장 높은 32.4%로 나타났다(〈표 4-5〉 참조).[15]

〈표 4-5〉 최고 기술을 추격 및 확보하기 위한 필수요건(2013)

구분	빈도	백분율(%)
해당기술 전문인력 양성	13	17.6
기술관련 정보·인프라 제공	3	4.1
국제협력 활성화	5	6.8
산·학·연 협력	14	18.9
실용화 지원(시장수요 유도 등)	13	17.6
기초·원천 연구 확대	24	32.4
민간투자 유치	0	0.0
기타	2	2.7
계	74	100.1

* 출처 : 융합연구정책센터, 2013: 11.

2) 제2차 융합기술 수준 분석

융합연구정책센터는 '창조경제 실현을 위한 융합기술 발전전략' 상의 15대 국가전략 융합기술에 대한 핵심 융합기술을 선정하고 우리나라의 융합기술 수준을 진단하였다. 본래 국가 전략기술에 대한 기술수준 평가[16]는 KISTEP에서 2012년에 실시하였으나, 융합연구정책센터는 기술 수

14 융합연구정책센터, 2013: 36-50.

15 융합연구정책센터, 2013: 11.

16 기술수준평가는 과학기술기본법 제14조 및 동법 시행령 제24조에 근거해 매 2년 주기로 실시하고 있다.

준 향상의 목표 달성 여부를 파악하고 발전방안을 제시할 목적으로 2014년에 15대 국가전략 융합기술에 대해 별도의[17] 기술수준 평가를 실시한 것이다.[18] 15대 국가전략 융합기술은 크게 경제발전을 위한 융합기술과 국민행복을 위한 융합기술로 나누어진다.

융합연구정책센터는 2014년 7월에 2012년 기술수준평가위원회, 국가중점과학기술 전략로드맵 수립추진단, 2013년 융합기술수준평가위원회를 중심으로 전문가 풀을 구성하여 국가중점과학기술 전략로드맵 상의 세부기술을 토대로 15대 분야별 융합기술 후보군을 도출하였다. 이후 융합기술 선정 및 기술트리 구축, 기초분석 및 기술수준 평가, 종합분석 등을 실시하였다. 15대 국가전략 융합기술의 기술수준은 전략기술별로 핵심 융합기술을 구분하여 기술수준을 평가한 후, 평균값을 적용하는 방식으로 이루어졌다. 이에 따라 15대 전략기술에 대해 총 69개의 핵심 융합기술에 대한 기술수준 조사가 이루어졌다.

기술수준 평가 결과, 융합기술의 기술수준은 2012년 기술수준 평가와 대비하여 차세대 다기능 소재와 유전체 정보이용 및 신약개발 2개를 제외하고는 낮은 것으로 분석되었다.[19]

융합기술의 기술수준은 42.0~83.8% 사이에 분포하였으나, 세부 핵심 융합기술 측면에서 보면, 10.0~90.0%까지 기술간 수준 격차가 매

---

17 2012년 기술수준평가 대상 120개 국가전략기술 중 융합성 및 융합의 필요성을 기준으로 15대 국가전략 융합기술에 해당하는 전략기술을 새롭게 선정하여 기술수준을 비교하였다(융합연구정책센터, 2014: 368).

18 융합연구정책센터, 2014: I.

19 KISTEP에서 실시한 2012년 기술수준평가 시의 기술분류(전략기술과 세부기술)와 융합연구정책센터에서 실시한 2014년 융합기술수준평가 시의 기술분류가 상호 일치하는 것은 아니다. 예를 들면, 2014년 융합기술수준평가의 전략기술인 빅데이터는 2012년 기술수준조사에서는 지식기반 빅데이터 활용기술로 조사되었으며, 각 전략기술에 포함된 세부기술도 매우 상이하다. 따라서 2012년 대비 2014년 융합기술수준이 낮게 도출된 것은 기술수준 자체의 저하로 보기 보다는 조사기관의 상이, 서로 다른 기술분류, 조사를 실시한 전문가집단의 차이 등 다양한 원인에 의한 것으로 볼 수 있다.

우 컸다. 또한 융합기술 중 가장 높은 기술수준을 보인 것은 차세대 반도체(83.8%)이고, 가장 낮은 기술수준을 보인 것은 오염물질 제어 및 처리(42.0%)이다(〈표 4-6〉 참조).[20]

〈표 4-6〉 융합기술 수준평가 결과 (단위: %)

구분		2012년 기술수준평가	2014년 융합기술 수준평가	기술격차
경제 발전	빅데이터	78.0	52.5	-25.5
	차세대 반도체	86.7	83.8	-2.9
	융합형 콘텐츠	80.3	60.0	-20.3
	스마트 자동차	78.3	68.3	-10.0
	융합서비스 로봇	75.0	68.0	-7.0
	첨단생산시스템	82.1	61.7	-20.4
	차세대 다기능 소재	77.4	83.3	5.9
국민 행복	건강관리 서비스	83.9	80.9	-3.0
	유전체 정보이용 및 신약개발	71.8	82.5	10.7
	신체기능 복원 및 재활	70.8	51.0	-19.8
	온실가스 저감 및 관리	76.9	62.5	-14.4
	오염물질 제어 및 처리	79.0	42.0	-37.0
	신재생에너지	75.9	73.0	-2.9
	식량자원 보존 및 식품 안정성 평가	78.1	62.0	-16.1
	재난·재해 예측·대응	72.3	67.2	-5.1
평 균		77.8	66.6	-11.2

* 출처 : 융합연구정책센터, 2014: 14의 내용을 재구성

국내 융합 기술이 최고 기술을 추격 및 확보하기 위해 필요한 요건에 대한 설문조사에서는 '해당 기술 전문인력 양성'(19.9%)과 '산학연 협력'(19.5%), '기초원천 연구 확대'(19.0%)가 높게 나타났다(〈표 4-7〉참조).

20 이는 2013년의 융합기술 기술수준 평가와는 다른 순위인데, 이는 조사를 실시한 전문가 집단과 응답자수의 차이 등 여러 가지 변수들에 따른 것으로 보인다.

〈표 4- 7〉 최고 기술을 확보 및 추격하기 위한 필수요건(2014)

구분	빈도	백분율(%)
해당기술 전문인력 양성	46	19.9
기술관련 정보·인프라 제공	20	8.7
국제협력 활성화	21	9.1
산학연 협력	45	19.5
실용화 지원(시장수요 유도 등)	35	15.2
기초원천 연구 확대	44	19.0
민간투자 유치	12	5.2
기타	8	3.5
계	231	100.1

* 출처 : 융합연구정책센터, 2014: 16.

(1) 경제발전을 위한 융합기술 수준[21]

〈표 4-8〉에 정리한 것과 같이, 빅데이터 기술 분야의 핵심 융합기술 중 빅데이터 인프라 기술이 최고 기술 보유국인 미국 대비 70%, 빅데이터 SW플랫폼 기술이 미국과 영국 대비 40%의 기술수준을 보여 빅데이터 평균 52.5%의 기술수준을 보였다. 빅데이터 SW플랫폼 기술 수준이 낮은 것은 우리나라의 경우 주로 저장기술에 집중하고 상당수가 국외의 솔루션에 의존하는 상황이며, 빅데이터 실시간 처리를 위한 SW플랫폼 기술 수준 역시 매우 초기 단계이기 때문이다.

차세대 반도체 기술 분야는 대체로 기술수준이 높은 편으로 핵심 융합기술 중에는 나노 양자소자 기술이 미국과 일본 대비 90%, 에너지 고효율 대용량 신호처리 반도체 기술이 미국 대비 80%, 인지기반 지능형 반도체 기술이 미국과 EU 대비 80% 수준으로 평균 83.8%의 기술 수준을 보였다.

융합형 콘텐츠 기술 분야의 핵심 융합기술 중에는 실시간 가상·증강현

---

21 아래 세부 기술에 대한 수준평가 자료는 융합연구정책센터의 '2014년도 융합기술수준 평가(15대 분야)'의 내용을 요약 정리한 것이다(융합연구정책센터, 2014: 10-13).

실형 개인화 휴대단말 기술이 미국, 일본, 독일 대비 70%, 홀로그래픽 콘텐츠 기술이 미국, 일본, 독일 대비 50% 수준으로 평균 60%의 기술수준을 보였다.

스마트 자동차 기술 분야의 핵심 융합기술 중에서는 운전지원서비스 기술이 유럽, 일본 대비 90%를 보인 반면, 자율주행 기술은 미국, 유럽, 일본 대비 50%의 수준으로 평균 68.3%의 기술수준을 보였다. 자율주행 기술의 경우 해외에서는 1990년대 후반부터 자율주행 관련 기술 경쟁력 향상을 위해 정부 주도로 장기적 지원을 하고 있는 반면, 우리나라는 산·학·연·관 협력이 저조하고 부품 업체의 기술 내재화가 미흡한 상황이다.[22]

융합서비스 로봇 기술 분야의 핵심 융합기술 중 원격제어 공통 요소기술은 미국 대비 80%의 기술수준을 보였으며, 생체대상 초정밀 조작 기술은 미국 대비 60%, 다목적 소형 드론의 지능형 자율비행 제어 기술은 미국과 EU 대비 60%의 기술수준으로 평균 68.0%의 기술수준을 보였다.

첨단생산 시스템 기술 분야의 핵심 융합기술 중 3D프린팅 기반 스마트 제조 기술은 미국, 독일, 이스라엘, 일본 대비 75%의 기술수준인 반면, 클라우드 기반 미래 공장 구현 기술은 미국, EU(독일), 일본 대비 40%로 매우 낮은 기술수준을 보여 평균적으로 61.7%의 기술수준을 보였다.

클라우드 기반 미래 공장 구현 기술 중 엔지니어링 SW 기술이 독일, 프랑스 대비 30% 수준에 불과하고, 센서, PLC, 로봇 등의 하드웨어 기술은 요소기술은 확보되었으나 통합 및 서비스 기술이 선진국 대비 50% 수준이다.[23]

차세대 다기능 소재 기술 분야의 핵심 융합기술 중 플렉서블 IT소재 기술은 미국, 일본, 영국, 독일 대비 85%, 인체 동기형 생체 소재 기술은 미

22 융합연구정책센터, 2014: 65.

23 융합연구정책센터, 2014: 90.

국, 일본, 스위스 대비 85%이며, 에너지 고효율 소재 기술은 미국과 독일 대비 80% 수준으로 평균 83.3%의 기술수준을 보였다.

〈표 4-8〉 경제발전 분야 융합기술의 수준 평가 결과

기술분야	핵심 융합기술	최고 기술 보유국	한국 기술수준(%)
빅데이터	빅데이터 인프라 기술	미국	70
	빅데이터 분석 기술	미국	50
	빅데이터 SW 플랫폼 기술	미국, 영국	40
	빅데이터 융합 서비스 기술	미국	50
	평균값		52.5
차세대 반도체	나노 양자소자 기술	미국, 일본	90
	소자융합 및 집적 기술	미국	85
	에너지 고효율 대용량 신호 처리 반도체 기술	미국	80
	인지기반 지능형 반도체 기술	미국, EU	80
	평균값		83.8
융합형 콘텐츠	VR기반 초실감 콘텐츠 기술	미국, 독일	60
	홀로그래픽 콘텐츠 기술	미국, 일본, 독일	50
	실시간 가상·증강현실형 개인화 휴대단말 기술	미국, 일본, 독일	70
	평균값		60.0
스마트 자동차	환경센서 기술	유럽, 일본	70
	차량용 통신 보안 기술	미국, 유럽	60
	차세대 HVI 기술	미국, 유럽	70
	운전지원 서비스 기술	유럽, 일본	90
	커넥티드 서비스 기술	미국	70
	자율주행 기술	미국, 유럽, 일본	50
	평균값		68.3
융합 서비스로봇	생체대상 초정밀 조작 기술	미국	60
	수중환경 센싱 및 수중작업 기술	미국, EU	70
	원격제어 공통 요소기술	미국	80
	미래형 무인항공기 개발 기술	미국, 이스라엘	70
	다목적 소형 드론의 지능형 자율비행 제어 기술	미국, EU	60
	평균값		68.0

첨단 생산시스템	3D 프린팅 기반 스마트 제조 기술	미국, 독일, 이스라엘, 일본	75
	클라우드 기반 미래 공장구현 기술	미국, EU(독일), 일본	40
	신공정 융합 친환경 생산공정 시스템 기술	일본, 미국, 유럽	70
	평균값		61.7
차세대 다기능 소재	플렉서블 IT 소재 기술	미국, 일본, 영국, 독일	85
	에너지 고효율 소재 기술	미국, 독일	80
	인체 동기형 생체 소재	미국, 일본, 스위스	85
	평균값		83.3

* 출처 : 융합연구정책센터, 2014: 18-107의 내용을 재구성.

(2) 국민행복을 위한 융합기술 수준

〈표 4-9〉에 정리한 바와 같이, 건강관리 서비스 기술 분야의 핵심 융합기술 중 맞춤형 원격 건강관리 서비스 기술은 미국 대비 88.6%, 비침습 무구속 무자각 건강정보 측정 기술과 맞춤형 진단 및 현장진단 기술은 각각 미국 대비 75% 수준으로 평균 80.9%의 기술수준을 보였다.

유전체 정보 이용 및 신약개발 기술 분야의 핵심 융합기술 중 바이오마커에 의한 분자진단 및 약물 적합성 검사기술은 미국 대비 85%, 유전체 기반 질병예측 및 표적 신약 개발 기술은 미국과 유럽대비 85% 수준이며, 질병 유전체 정보 대량생산 및 처리기술과 신약재창출(Drug repositioning)과 바이오 시밀러 개발 기술은 미국과 유럽 대비 80% 수준으로 평균 82.5%의 기술수준을 보였다.

신체기능 복원 및 재활 기술 분야의 핵심 융합기술 중 비장애인 수준의 ADL이 가능한 생체신호 기반 근력 보조 로봇시스템 기술은 미국 대비 80% 수준인 반면, 뇌기능성 향상을 위한 환자 맞춤형 최적 재활 기술은 미국과 북유럽(네덜란드, 독일, 스위스 등) 대비 10% 수준에 불과하여 평균 기술수준은 51.0%를 보였다.

뇌기능 향상을 위한 환자 맞춤형 최적 재활 기술의 수준이 매우 낮은 것은 미국과 북유럽의 경우 최근 재활장치 위주의 연구개발 투자에서 뇌기능성이 포함된 재활 매커니즘에 대한 연구의 필요성을 감지하고 활발하게 연구하고 있는 반면, 우리나라는 여전히 기기 개발에만 관심을 기울이고 있기 때문이다.[24]

온실가스 저감 및 관리 기술 분야의 핵심 융합기술 중 무공해(Zero Emission) 플랫폼 기술과 신재생 에너지를 활용한 이산화탄소 전환 융합기술은 미국과 일본, 미국과 유럽 대비 각 70%의 기술 수준을 보였고, 연소 전 CO_2 회수를 위한 건식 촉매-분리막 융합 기술은 미국, 유럽 대비 50%의 기술수준을 보여 평균 62.5%의 기술수준을 보였다.

오염물질 제어 및 처리 기술 분야의 핵심 융합기술 중 초고도 수질 제어 및 에너지, 자원 회수 융복합 기술과 토양·지하수 및 생태계 관리 융복합 기술은 미국 등에 대비하여 각 65%의 기술수준을 보인 반면, 폐전자기기 함유 독성물질 제어형 희유금속, 귀금속 회수 융복합 기술과 이산화탄소 재활용 연계 CCU(이산화탄소 포집 및 재활용, Carbon Capture and Utilization) 고부가가치화 융복합 기술은 일본 등 최고 기술 보유국 대비 20%의 낮은 기술수준을 보여 평균 42.0%의 기술수준을 보였다.

우리나라의 폐전자기기 함유 독성물질 제어형 희유금속, 귀금속 회수 융복합 기술과 이산화탄소 재활용 연계 CCU 고부가가치화 융복합 기술에 대한 연구개발비는 아직까지 매우 미미한 수준이다.[25]

신재생 에너지 기술 분야의 핵심 융합기술 중 해양 에너지 복합발전단지 조성 기술은 영국 등 최고 기술 보유국 대비 84%의 기술수준을, 신소재 기반 저비용 고전압/고효율 태양전지 기술은 미국과 프랑스 대비 70%, 수소

---

24 융합연구정책센터, 2014: 136.

25 융합연구정책센터, 2014: 164.

기반 차세대 하이브리드 에너지 변환/저장/이용 시스템은 독일, 덴마크, 일본 대비 70%의 기술수준으로 평균 73.0%의 기술수준을 보였다.

식량자원 보존 및 식품 안전성 평가 기술 분야의 핵심 융합기술 중 빅데이터 기반 식품 안전 위해 평가 및 소통 기술과 통합적 식품생산 공정의 스마트 품질관리 기술은 미국 대비 70%의 기술 수준을, 식품의 맛 신호-미각 수용체 및 뇌 인지 조절 기술은 미국, 일본, 독일 대비 50%의 기술수준으로 평균 62.0%의 기술수준을 보였다.

재난·재해 예측·대응 기술 분야의 핵심 융합기술 중 사회공간 복합재난 대응 기술은 미국 대비 74%의 기술수준인 반면, 재난 대응 LVC[26] 통합훈련 M&S[27] 기술은 미국 대비 50%의 기술수준으로 평균 67.2%의 기술수준을 보였다.

〈표 4-9〉 국민행복을 위한 융합기술 수준 평가 결과

기술분야	핵심 융합기술	최고 기술 보유국	한국 기술수준(%)
건강관리 서비스	비침습 무구속 무자각 건강정보 측정 기술	미국	75
	맞춤형 진단 및 현장진단 기술	미국	75
	개방형 건강관리 플랫폼 기술	미국	85
	맞춤형 원격 건강관리 서비스 기술	미국	88.6
	평균값		80.9
유전체 정보이용 및 신약개발	질병유전체 정보 대량생산 및 처리 기술	미국, 영국	80
	Drug repositioning과 바이오시밀러 개발 기술	미국, 유럽	80
	바이오마커에 의한 분자진단 및 약물 적합성 검사 기술	미국	85
	유전체 질병예측 및 표적신약 개발 기술	미국, 유럽	85
	평균값		82.5

26 LVC : Live Virtual Constructive.

27 M&S : Modeling & Simulation.

신체기능 복원 및 재활	유연한 소재를 이용한 재활 및 보조 기술	미국	50
	뇌기능성 향상을 위한 환자 맞춤형 최적 재활 기술	미국, 북유럽	10
	비장애인 수준의 ADL이 가능한 생체신호 기반 근력 보조 로봇시스템 기술	미국	80
	3D 프린팅을 이용한 사용자 맞춤형 첨단 보철 기술	미국	40
	가상현실 기반의 원격 재활 기술	미국, 독일	75
	평균값		51.0
온실가스 저감 및 관리	Zero Emission 플랫폼 기술	미국, 일본	70
	산소와 수소분리막을 적용한 이산화탄소 포집 신기술	미국, 독일	60
	신재생에너지를 활용한 이산화탄소 전환 융합기술	미국, 유럽	70
	연소 전 CO_2 회수를 위한 건식 촉매-분리막 융합기술	미국, 유럽	50
	평균값		62.5
오염물질 제어 및 처리	폐전자기기함유 독성물질 제어형 희유금속, 귀금속 회수 융복합기술	일본, 벨기에	20
	이산화탄소 재활용 연계 CCU 고부가가치화 융복합기술	미국, 영국 독일, 일본 등	20
	초고도 수질제어 및 에너지, 자원 회수 융복합기술	독일, 프랑스 미국, 캐나다, 일본, 중국 등	65
	토양·지하수 및 생태계 관리 융복합기술	미국, EU, 일본	65
	대기환경 관리 융복합기술	미국, 독일, 일본	40
	평균값		42.0
신재생 에너지	하이브리드 열원이용 Trigeneration 네트워크 시스템	독일, 미국, 일본	65
	바이오매스 통합 바이오리파이너리 기술	미국	76
	신소재 기반 저비용 고전압/고효율 태양전지 기술	미국, 프랑스	70
	수소 기반 차세대 하이브리드 에너지 변환/ 저장/이용 시스템	독일, 덴마크, 일본	70
	해양에너지 복합발전단지 조성기술	영국, 덴마크, 노르웨이, 미국	84
	평균값		73.0
식량자원 보존 및 식품 안전성 평가	식품의 맛 신호-미각수용체 및 뇌 인지조절 기술	미국, 일본, 독일	50
	BIT융합 식이-후생유전정보의 체내 분자 네트워크 분석 기술	유럽, 미국	60
	Systems biology 활용 차세대 영양 기능성 전통 발효식품 기술	미국, 네덜란드, 일본	60
	빅데이터 기반 식품안전 위해 평가 및 소통기술	미국	70
	통합적 식품생산공정의 스마트 품질관리기술	미국	70
	평균값		62.0

재난·재해 예측·대응	통합적 자연재해 대응 기술 개발	미국	72
	자연재해 복합 피해 평가 기술 개발	미국	70
	사회공간 복합재난 대응기술	미국	74
	재난 대응 LVC 통합 훈련 M&S기술	미국	50
	국가인프라 재난 대응 통합 DB 및 관제시스템	미국	70
	평균값		67.2

* 출처 : 융합연구정책센터 보고서, 2014: 108-210의 내용을 재구성.

2. 융합기술 R&D의 성과

국가 R&D 투자 현황과 성과에 대한 조사는 과거 KISTEP을 중심으로 전개되었으나, 최근에는 융합연구정책센터에 의해 이루어지고 있다.

본서에서는 2008년의 '국가융합기술 발전 기본계획'과 2014년 융합연구정책센터가 발간한 '국가 융합기술 R&D 조사 분석', '국가 융합기술 R&D 성과 분석' 및 2014년 KISTEP이 발간한 '융합 R&D 추진현황 분석 및 활성화 방안'을 토대로 '국가융합기술 발전 기본계획(2009~2013)' 수립까지(2008년까지)와 그 이후(2009년~2013년)로 구분하여 정량적인 융합기술 R&D 성과를 중심으로 살펴본다. 2014년 추진실적 및 성과에 대해서는 2015년 4월 관계부처합동으로 발표된 '2015년도 융합기술 발전전략 시행계획'을 통해 살펴본다.

1) 2008년까지의 성과

(1) 융합기술 R&D 투자

2008년 우리나라의 융합분야 R&D 예산(인력부문 포함) 규모는 약 9,680억 원으로 정부 R&D 예산의 8.74% 수준이었다.[28]

28 관계부처합동, 2008: 14.

(2) 융합기술 R&D 성과

세계 각국의 융합기술 관련 SCI 논문 수에 따라 과학기술 역량을 분석한 결과, 우리나라는 전체적으로 세계 10위를 차지하는 것으로 나타났다. 한국과학재단의 2008년 자료에 따르면, 2001년부터 2007년까지 SCI 게재논문 7,964,011편을 대상으로 14개 융합기술 관련 논문을 Web of Science를 활용하여 분야별 주제어를 통해 검색한 결과, 우리나라는 2,651편으로 전 세계 융합기술 분야 논문 86,154편의 3.1%를 점유하는 것으로 나타났다.[29]

특허에 있어서는 2000년 이후 융합기술 관련 국제특허가 증가하고 있으나 우리나라의 국제특허 비중은 일부 분야에서는 매우 낮은 것으로 나타났다(〈표 4-10〉 참조). 감성네트워크(24.2%)와 극미세소자(24.2%) 분야의 특허 비중은 높은 반면, 메카트로닉스(1.9%), 나노메디슨(1.9%) 분야의 특허 비중은 매우 낮았다.

〈표 4-10〉 융합기술 관련 특허 비중

분야	비중	분야	비중
바이오 인포메틱스	6.5%	인터페이스	13.2%
메카트로닉스	1.9%	나노바이오시뮬레이션	3.6%
극미세소자	24.2%	나노메디슨	1.9%
퓨전소재	6.0%	생체분자이미징	7.5%
미래에너지환경	6.7%	감성네트워크	24.2%

* 출처 : 통계청, 2007. 3; 관계부처합동(2008: 18)에서 재인용

29 관계부처합동, 2008: 17.

2) 2009년~2013년 성과[30]

(1) 융합기술 R&D 투자

'국가융합기술 발전 기본계획(2009~2013)'에서는 융합기술 관련 정부 R&D를 위해 5년간 약 5조 8,900억 원 규모를 투자한다는 계획을 수립한 바 있다. 그러나 실질적으로 5년 동안 정부가 융합기술 R&D에 투자한 규모는 8조 8,811억 원으로 계획 대비 2조 9,217억 원을 초과하여 투자하였다. 정부의 전체 R&D 투자 규모에서 융합기술 R&D에 투자한 비중은 5년간 큰 변화가 없지만(11.2%~12.9%로 5년 평균 11.9%), 국가 전체 R&D 규모가 증가함에 따라 융합기술 R&D에의 투자 규모는 2009년 1조 5,472억 원에서 2013년 2조 374억 원으로 2009년 대비 37.7% 증가하였다(〈표 4-11〉 참조).[31]

〈표 4-11〉 융합기술 R&D 투자 현황(2009년~2013년) **(단위 : 억 원, %)**

구 분	2009년	2010년	2011년	2012년	2013년*	합계
융합기술R&D 투자(A)	15,472	15,312	17,628	19,331	20,374	88,117
전체 R&D 투자(B)	124,145	136,827	148,528	159,064	169,139	737,703
정부 융합기술 R&D 투자 비중(A/B)	12.5	11.2	11.9	12.2	12.0	11.9

주 *) 2013년도 융합기술 R&D 투자 현황은 투자계획에 해당됨.
* 출처 : 관계부처합동, 2013b: 3.

30 5년간(2009~2013) 정부에서 투자한 R&D사업 조사·분석 대상과제 중 단일과제에서 2개 기술 이상을 대상으로 연구한 과제를 융합연구과제로 분류하여 투입 및 성과분석을 실시한 자료를 참고하여 작성하였다(김홍영 외, 2015: viii).

31 김홍영 외, 2015: 53.

(2) 융합기술 R&D 성과

'국가융합기술 발전 기본계획(2009~2013)'의 대상기간에 포함되는 2009년부터 2012년까지의[32] R&D 성과를 논문, 특허출원 및 등록, 기술이전 측면에서 살펴보면 다음과 같다. 논문의 경우, 국내 논문은 총 15,948편, 국제논문은 35,621편으로 지속적으로 증가하는 추세에 있다(〈표 4-12〉 참조).

〈표 4-12〉 융합기술 R&D 논문 성과 현황 (2009~2012) (단위 : 건)

년도	국내논문	국제논문	계
2009년	2,494	6,029	8,523
2010년	4,269	7,904	12,173
2011년	4,868	10,181	15,049
2012년	4,317	11,507	15,824
계	15,948	35,621	51,569

* 출처 : 관계부처합동, 2013b: 5.

특히 질적 수준 측면에서 15대 국가전략 융합기술 관련 논문실적을 보면, 2012년 미래창조과학부 융합 R&D 투자(3,219억 원, 2,133건)로 총 3,722건의 논문이 발표되었고, 이 중에서 SCI급 논문 실적은 2,894건이다. 이는 국가 전체 R&D에 따른 논문실적의 4.57%, 국가 전체 R&D SCI급 논문의 10.11%를 차지하는 수치이다(〈표 4-13〉 참조).[33]

15대 국가전략 융합기술별로는 건강관리 서비스 기술 분야의 SCI급 논문이 626편으로 가장 많고, 스마트 자동차 기술이 8편으로 가장 적다.

32 2013년 통계는 발표된 자료가 없어 2012년까지 발표된 자료를 활용하였다.

33 한국과학기술기획평가원, 2014: 24.

〈표 4-13〉 15대 국가전략 융합기술 R&D의 SCI급 논문 성과 (2012)

(단위 : 건, %)

15대 국가전략 융합기술	SCI급 논문 수	비중
빅데이터	35	1.21
차세대 반도체	213	7.36
융합형 콘텐츠	94	3.25
스마트 자동차	8	0.28
융합서비스 로봇	98	3.39
첨단생산시스템	42	1.45
차세대 다기능 소재	400	13.82
건강관리 서비스	626	21.63
유전체 정보이용 및 신약개발	395	13.65
신체기능 복원 및 재활	201	6.95
온실가스 저감 및 관리	25	0.86
오염물질 제어 및 처리	71	2.45
신재생에너지	359	12.40
식량자원 보존 및 식품 안정성 평가	35	1.21
재난·재해 예측·대응	95	3.28
기타	197	6.81
계	2,894	100.00

* 출처 : 한국과학기술기획평가원, 2014: 24-25.

특허출원 및 등록에 있어서는 2009년부터 2012년까지 국내 특허 등록이 4,972건, 국외 특허 등록이 1,010건에 해당한다. 국내·외 출원 건수는 국내·외 등록 건수의 4배 정도에 이른다(〈표 4-14〉 참조).[34]

34 김홍영 외, 2015: 56.

〈표 4-14〉 융합기술 R&D 특허출원 및 등록 성과 현황 (2009~2012)

(단위 : 건)

년도	특허 출원			특허 등록		
	국내	국외	계	국내	국외	계
2009년	5,025	1,125	6,150	1,102	228	1,330
2010년	4,854	1,356	6,210	1,222	167	1,389
2011년	4,853	1,323	6,176	1,648	615	2,263
2012년	6,089	1,271	7,360	2,404	280	2,684
계	14,732	3,804	18,536	3,972	1,010	4,982

* 출처 : 관계부처합동, 2013b: 5.

질적인 성과 측면을 위해 2012년 미래창조과학부 융합연구개발을 살펴보면, 이 기간에 출원·등록된 특허는 총 1,609건으로 국가 전체 연구개발 특허 실적의 4.18%를 차지한다.[35] 이 중에서 국내 특허 등록 실적은 총 392건으로 전체 국가연구개발 국내 특허 등록 실적의 3.53%를 차지하고 있으며, 15대 국가전략 융합기술별 국내 특허 출원 및 등록 건수는 건강관리서비스가 출원 및 등록 건수에서 가장 많은 비중(20.83%, 20.92%)이고, 두 번째는 출원에 있어서는 유전체 정보이용 및 신약 개발(10.67%), 등록에 있어서는 신재생 에너지(10.47%) 분야이다(〈표 4-15〉 참조).

〈표 4-15〉 15대 국가전략 융합기술 R&D의 특허 출원·등록 성과 (2012)

(단위 : 건, %)

15대 국가전략 융합기술	출원		등록	
	건수	비중	건수	비중
빅데이터	6	0.62	1	0.26
차세대 반도체	79	8.19	32	8.16
융합형 콘텐츠	60	6.22	21	5.36

35 한국과학기술기획평가원, 2014: 27.

스마트 자동차	13	1.35	0	0.00
융합서비스 로봇	40	4.15	32	8.16
첨단생산시스템	31	3.21	8	2.04
차세대 다기능 소재	83	8.60	25	6.38
건강관리 서비스	201	20.83	82	20.92
유전체 정보이용 및 신약개발	103	10.67	46	11.73
신체기능 복원 및 재활	99	10.26	34	8.67
온실가스 저감 및 관리	33	3.42	7	1.79
오염물질 제어 및 처리	42	4.35	7	1.79
신재생에너지	101	10.47	50	12.76
식량자원 보존 및 식품 안정성 평가	7	0.73	3	0.77
재난·재해 예측·대응	33	3.42	15	3.83
기타	34	3.52	29	7.40
계	965	100.01	392	100.02

* 출처 : 한국과학기술기획평가원, 2014: 53-54.

이 중에서 국내 특허 등록 실적은 총 392건으로 전체 국가연구개발 국내 특허 등록 실적의 3.53%를 차지하고 있으며, 15대 국가전략 융합기술별 국내 특허 출원 및 등록 건수는 건강관리서비스가 출원 및 등록 건수에서 가장 많은 비중(20.83%, 20.92%)이고, 두 번째는 출원에 있어서는 유전체 정보이용 및 신약 개발(10.67%), 등록에 있어서는 신재생 에너지 분야이다.

해외 특허 성과는 총 250건으로 전체 국가연구개발 해외 특허 성과의 5.6%를 차지하고 있는데, 이 중에서 해외 특허 등록 건수는 36건이며, 미국에의 특허 등록이 33건으로 가장 많고, 일본 9건, 중국 3건, 유럽연합 2건 순이다.

기술계약에 있어서는 2012년의 경우 미래창조과학부 융합연구개발을 통한 기술이전 총 9건, 17억 6,550만 원의 기술료 수입이 있었다.

3) 2014년 성과[36]

(1) 융합기술 R&D 투자

2014년 우리나라 융합기술 R&D[37] 투자는 총 14개 기관 120개 사업에 3조 694억 원으로 정부 R&D 총투자 17조 7,428억 원 중 17.3%, 국가과학기술심의회 심의대상 주요 R&D 투자 12조 1,135억 원 중 24.8%를 차지하는 것으로 나타났다. 부처별로는 미래창조과학부가 9,470억 원으로 30.9%를 차지해 가장 많은 비중을 보였고, 중소기업청과 산업통상자원부가 각 4,487억 원(14.6%), 4,247억 원(13.8%)으로 나타났다.

이는 앞에서 살펴본 2013년도 융합기술 R&D 투자 2조 374억 원에 비해 50.6% 증가한 수치로, 정부 R&D 총투자가 16조 9천억 원에서 17조 7,400억 원으로 4.9% 증가한 것에 비하면 융합기술 R&D 투자의 증가규모는 매우 높다고 볼 수 있다.[38]

(2) 융합기술 R&D 성과

2014년에 융합기술 R&D를 통해 나타난 성과는 아래 〈표 4-16〉과 같이 SCI 논문 9,299건, 국내특허 등록 4,229건, 국외 특허 등록 644건, 375건의 기술이전과 650억 원의 기술료, 사업화로 인한 매출액이 3조 7,403억 원에 이른다.

2014년도 융합기술 R&D성과에 있어서 특이점은 사업화에 대한 성과

---

36 관계부처합동, 2015a: 3-4.

37 융합기술 R&D 규모 선정에 포함된 사업은 '창조경제 실현을 위한 융합기술 발전전략'의 5대 개발전략 및 실천과제와 관련 있는 정부연구개발사업을 부처 협의를 통해 선정된 것이다.

38 2013년도의 융합기술 R&D 투자 규모 산정에 적용된 사업과 2014년 융합기술 R&D 규모 산정에 적용된 사업 간에 일관성이 있다고 보기 어렵기 때문에 정확한 비교는 되지 못하나, 융합기술 R&D에 대한 관심과 투자가 크게 증가했다는 것은 알 수 있다.

가 상세하게 추가된 점이다. 박근혜 정부는 출범 후 창조경제 구현을 위해 창업과 사업화를 강조하였으며, 이에 따라 결과가 나타난 것으로 사업화 성과에 있어서 정부 R&D(2013년 기준)에서 융합기술 R&D의 창업 및 상품화가 차지하는 비중은 각각 40.3%, 49.3%에 이른다.

〈표 4-16〉 2014년도 융합기술 R&D 주요 성과 (단위 : 건, 억 원)

구분	논문		국내특허		국외특허		기술계약		사업화		
	SCI	비SCI	출원	등록	출원	등록	기술 이전	기술료	창업	상품화	사업화 매출액
융합기술 R&D ('14)	9,299	5,427	6,662	4,229	1,469	644	375	650	996	8,196	37,403
	14,726		10,891		2,113						
정부 R&D ('13)	27,052	38,848	23,766	14,151	4,357	1,279	5,284	2,431	401	4,043	-
	65,900		37,917		5,627						
성과비중 (%)	34.4	14.0	28.0	29.9	33.7	50.7	7.1	26.7	40.3	49.3	-
	22.3		28.7		37.6						

주) '14년도 국가연구개발사업 성과분석 보고서는 '15년도 말에 발간 예정이므로 '13년도 자료를 사용

*출처 : 관계부처합동, 2015a: 4.

3. 산업융합 현황과 전망

1) 개요

산업분야에서 융합이 광범위하게 나타나고 있다. 그러나 현재까지 융합은 대부분 기존 산업에 IT기술을 접목한 부분에서 가시적으로 나타나고 있다. 이로 인해 정부는 2011년 4월 '산업융합촉진법'을 제정하였으며, 동 법에서 '산업융합'을 "산업간, 기술과 산업간, 기술 간의 창의적인 결합과 복합화를 통하여 기존 산업을 혁신하거나 새로운 사회적·시장적 가치가 있는 산업을 창출하는 활동"으로 정의함으로써 산업융합을 기술간 융

합을 포함하는 포괄적인 용어로 사용하고 있다.

동 법에 근거해 2012년 8월 '제1차 산업융합 발전 기본계획(2013~2017)'이 수립·발표되었다. 이 계획에 따르면 산업융합은 기존 산업의 혁신 및 고도화를 촉진할 뿐만 아니라 친환경, 건강증진, 편리, 인간 중심 등 개인의 삶의 질을 향상시키는 새로운 가치창출도 가능한 것으로 보았다.

따라서 산업융합이 현재 어떻게 이루어지고 있고, 그 결과 나타난 성과는 무엇인가를 살펴보는 것은 매우 광범위하고 포괄적이다. 예를 들어, 정보통신 산업과 자동차 산업의 융합으로 등장한 스마트 카는 자동차 산업의 혁신과 고도화를 가져왔으며, IT기술과 의료서비스가 융합된 웨어러블 스마트 밴드(wearable smart band)는 인간의 건강관리를 위한 유용한 기기로 발전하고 있다. 그리고 이러한 사례는 같은 자동차 산업이나 의료산업뿐만 아니라 조선(造船), 교육, 건설, 물류, 농업 등 모든 산업 분야에서 다양하게 찾아볼 수 있고, 더욱 확대되고 있다.

또한 하나의 산업융합 사례가 하나의 가치만을 창출하는 것도 아니다. 예를 들어, 카카오톡과 같은 SNS(Social Network Service)와 교통수단의 융합에 의해 탄생한 카카오택시는 교통산업의 혁신이나 고도화를 가져오기도 하고, 교통수단 이용의 편리성을 증대시킨 새로운 서비스로 볼 수도 있다.

지금은 보편적으로 이용하고 있는 IPTV서비스[39]와 같이 기존의 산업이나 서비스인지 아니면 산업융합에 의해 새로 등장한 산업 또는 서비스인지에 대해 논란이 있는 것도 다수 존재한다. 초고속인터넷을 통해 기존의 방송을 양방향으로 이용할 수 있는 IPTV서비스는 이것이 방송서비스인지(방송법에 근거해 제공해야 하는지) 아니면 통신서비스인지(전기통신사업법에 근거해 제공해야 하는지)에 대해 오랫동안 논란의 중심에 있었다.

39 법률적인 용어는 '인터넷 멀티미디어 방송서비스'이다.

결국 새로운 융합서비스로 받아들이고 ‘인터넷 멀티미디어 방송사업법’을 새로 제정하여 제공할 수 있었다.

이와 같이 산업융합의 현황이나 그 성과를 체계적으로 정리하는 것은 매우 어려운 일이다. 따라서 본서에서는 정부가 공식적으로 정보를 제공하고 있는 산업융합 품목을 중심으로 현재 산업융합의 동향을 살펴보고자 한다.

2) 산업융합 품목과 시장 규모

산업융합촉진법 제26조 제1항에 의해 2012년 1월 설립된 국가산업융합지원센터는 산업융합 시장에 대한 조사·분석을 비롯하여 산업융합 관련 정책, 사업화 등을 지원하고 있다. 동 센터는 산업융합의 현황을 제공하기 위해 2014년부터 ‘산업융합 품목통계’를 조사하여 발표하고 있다. 산업융합 품목은 8개 분야로 구분하였으며, 대표품목을 순차적으로 확대하면서 조사 범위를 넓히고 있다.

(1) 2014년 산업융합 품목 통계

이 자료에 따르면, 2014년 산업융합 품목 통계는 〈표 4-17〉과 같이 8개 분야 25개 대표 품목을 구분하였고, 이를 생산·개발하는 88개 기업(대기업 23개, 중견·중소기업 50개, 소기업 15개)을 조사하여 시장규모를 산출하였다.[40] 시장규모는 매출액을 산정할 수 있는 경우에는 매출액을, 매출액을 산정할 수 없는 경우에는 제품의 생산 또는 출하 규모로 산출되었다.

---

40 전체 산업융합 분야를 도출하여 시장규모를 산정하는 것은 거의 불가능하다. 따라서 주요 산업융합 분야를 8개로 구분하고 해당 산업융합 분야 중 대표적인 품목을 선정하여 시장규모를 산출한 것으로 보인다.

〈표 4-17〉 2014년 산업융합품목 조사를 위한 8대 산업융합 분야 25개 품목

8대 분야	25개 품목
수송시스템 융합 분야	전기자동차, 하이브리드자동차, 전기자전거, 드릴쉽
생산기반 융합 분야	산업용 로봇, 3D프린터, 식물공장
첨단소재 융합 분야	인체치료용 메디컬 섬유, 아라미드 섬유소재
전자부품 융합 분야	리튬 2차 전지, LED조명, 입체영상 디스플레이 장비
정보통신·가전 융합 분야	생체인식보안기기, 지능형CCTV, 스마트TV, 복합가전, 가정용 로봇
친환경 에너지 융합 분야	소형열병합시스템, 에너지 관리시스템, 친환경 에너지 발전설비
콘텐츠 융합 분야	3D·4D 영상 콘텐츠, 디지털 사이니지
서비스 융합 분야	BigData분석, 유전체 분석서비스, e-learning서비스

* 출처 : www.knicc.re.kr

수송시스템 융합분야는 전기자동차, 하이브리드 자동차, 전기자전거 등을 대상으로 조사하였다(〈표 4-18〉 참조). 세계적으로 환경보전 및 친환경 에너지에 대한 높은 관심에 따라 국가적 차원에서 친환경 제품 보급 확대를 위한 보조금 지급 및 투자를 확대하고 있는 가운데, 우리나라도 전기차, 하리브리드 자동차 산업육성 및 자전거 도로사용법안 검토 등의 친환경 에너지 정책으로 향후 국내·외 시장은 더욱 커질 것으로 보인다.

〈표 4-18〉 수송시스템 융합 분야의 시장 규모

대표 품목	국내 시장 규모	해외 시장 규모	해외 시장대비 국내 시장 점유율
전기자동차	약 3천대	약 4만대	7.5%
하이브리드자동차	약 2만대	약 150만대	1.3%
전기자전거	약 1만 3천대	약 1,900만대	0.06%

* 출처 : www.knicc.re.kr

생산기반 융합분야는 산업용 로봇과 3D프린터를 대상으로 조사한 결과, 산업용 로봇은 국내 시장 약 1조 7천억 원, 해외 시장 약 15조 원 규모이며, 자동차 등 주력산업 수요와 함께 성장 중이다. 3D 프린터는 국내 시

장 약 200억 원, 해외 시장 약 1조 8천억 원 규모이며, 국내 기술 및 산업 기반이 취약한 상황이다(〈표 4-19〉 참조). 따라서 기술개발과 초기 수요 시장 창출을 위한 국가의 지원이 필요한 것으로 보인다.[41]

〈표 4-19〉 생산기반 융합 분야의 시장 규모

대표 품목	국내 시장 규모	해외 시장 규모	해외 시장대비 국내 시장 점유율
산업용 로봇	약 1조 7천억 원	약 15조 원	11.4%
3D프린터	약 200억 원	약 1조 8천억 원	1.1%

* 출처 : www.knicc.re.kr

첨단소재 융합 분야는 아라미드 섬유 소재[42]를 대상으로 조사한 결과, 국내 시장은 약 1,200톤, 해외 시장은 약 80,000톤으로 세계 시장에서 국내 시장 점유율은 1.5%에 불과하다.

전자부품 융합 분야는 입체영상 디스플레이 장비[43]를 대상으로 조사한 결과, 국내 시장 약 50억 원, 해외 시장 약 1조 8천억 원으로 세계 시장에서 국내시장 점유율은 0.278%로 매우 미미하다.

정보통신·가전 융합 분야는 생체인식 보안기기, 복합가전, 가정용 로봇[44]을 대상으로 조사하였으며, 각각의 시장규모와 국내 시장 점유율은 〈표 4-20〉과 같다.[45]

---

41 국가산업융합지원센터 (www.knicc.re.kr) 참조.

42 방향족 고분자를 원료로 한 합성섬유이다.

43 2D 영상의 한계를 넘는 입체영상 기술을 활용한 장비이다.

44 생체인식 보안기기는 보안의 목적으로 지문이나 홍체 등 사용자의 생체정보를 인식하는 기기이며, 복합가전은 다기능이 융합된 가전/전자제품, 가정용 로봇은 가정에서 청소, 경비 등 사람을 대신해 일하는 로봇이다.

45 국가산업융합지원센터 (www.knicc.re.kr) 참조.

〈표 4-20〉 정보통신·가전 융합 분야의 시장 규모

대표 품목	국내 시장 규모	해외 시장 규모	해외 시장대비 국내 시장 점유율
생체시장 보안기기	약 1,457억 원	약 6조 9천억 원	2.11%
복합가전	약 8,500억 원	약 152조 원	0.56%
가정용 로봇	약 1,900억 원	약 50조 원	0.38%

* 출처 : www.knicc.re.kr

친환경에너지 융합 분야는 수력이나 태양열 등 환경을 오염시키지 않는 에너지 발전설비를 대상으로 조사한 결과 국내 시장은 약 3조 원, 해외 시장은 약 267조 원으로 세계시장에서 국내 시장의 점유율은 1.12%이다.

콘텐츠 융합 분야는 마케팅·광고 등의 콘텐츠를 제공하는 단방향 또는 양방향 커뮤니케이션 및 사물 인식 등 다양한 IT장비 등과 결합한 형태의 디지털 사이니지를 대상으로 조사한 결과, 국내 시장 약 2천억 원, 세계 시장 약 15조 원으로 해외 시장에서 국내시장의 점유율은 1.33%이다.

마지막으로 서비스 융합 분야는 빅데이터 분석과 e-learning서비스를 대상으로 조사하였는데, 디지털 환경에서 생성되는 대용량 데이터를 분석·가공하여 활용하는 빅데이터 분석은 국내 시장 약 1,200억 원, 세계 시장 약 7조 원으로 세계 시장에서 국내 시장의 점유율은 1.7%이다. 네트워크를 기반으로 휴대전화, 노트북, PDA 등의 기기를 통해 언제 어디서든 제공되는 e-learning 서비스는 국내 시장 약 2조 7천억 원, 해외 시장 약 69조 원으로 해외 시장에서 국내 시장의 점유율은 3.9%이다.[46]

8대 산업융합 분야 25개 품목 중 14개 분야를 대상으로 조사한 결과 우리나라 주력산업 중 하나인 자동차 분야에서 전기자동차와 산업용 로봇 분야가 융합이 활발하게 전개되고 있으며, 초고속인터넷 보급률과 높은

46 국가산업융합지원센터 (www.knicc.re.kr) 참조.

교육열에 기반한 이러닝(e-Learning)서비스의 융합화도 높은 것으로 나타났다.

(2) 2015년 산업융합 품목 통계

2015년에는 69개 산업융합 품목을 생산하는 273개 기업(대기업 6.2%, 중기업 23.8%, 소기업 70%)을 대상으로 조사를 실시하였다. 8대 융합분야별 대표 품목이 일부 조정되었으며, 품목별 매출액을 기준으로 2013년과 2014년 시장규모를 산출하여 비교한 결과는 〈표 4-21〉과 같다. 2015년말까지 발표된 것을 기준으로 시장 규모가 가장 큰 분야는 생산기반 융합 분야의 지능형 공작기계 품목이고, 성장률이 가장 높은 분야는 친환경에너지 융합 분야에서 하이브리드 태양광/풍력 LED 가로등이 2013년 매출액 대비 2014년 매출액이 67.5%로 가장 높았다. 반면 정보통신/가전 융합 분야의 안전운전지원시스템은 2.7%로 가장 낮게 나타났다.[47]

〈표 4-21〉 2015년 8대 분야 대표품목에 대한 시장규모 산출내역

(단위: 백만 원)

산업융합 분야	대표품목	'13년도 매출액	'14년도 매출액	증감율
수송시스템 융합 분야	스마트 무인항공기	80,000	100,000	25.0%
	전기자건거	10,000	11,500	15.0%
생산기반 융합 분야	3D프린터	4,200	5,900	40.5%
	식물공장시스템	13,584	16,800	23.7%
	지능형 공작기계	406,500	515,000	26.7%
첨단소재 융합 분야	슈퍼섬유방탄헬멧	36,600	52,200	42.6%
	감성조명	6,120	7,470	22.1%
	플렉시블 디스플레이	177,920	192,000	7.9%

47 그러나 이러한 시장성장율은 시장의 성숙도 등 다양한 요인들이 영향을 미치기 때문에 일률적으로 평가하는 것은 문제가 있다.

전자부품 융합 분야	바이오칩	23,867	28,267	18.4%
	식물성장촉진LED	17,680	22,533	27.5%
정보통신/가전 융합 분야	안전운전지원시스템	73,248	75,250	2.7%
	휴대형 관광가이드단말기	5,043	6,724	33.3%
	스마트콘센트	2,700	2,790	3.3%
친환경에너지 융합 분야	하이브리드 태양광/풍력LED가로등	21,890	36,670	67.5%
	건물에너지 관리시스템	62,814	90,524	44.1%
콘텐츠 융합 분야	4D체험 영상관	23,654	25,952	9.7%
	전자칠판	52,547	67,800	29.0%
서비스 융합 분야	응급안전 텔레케어시스템	6,300	9,600	52.4%
	생체 모니터링 시스템	6,815	8,400	23.3%
	대인관계 단말기	17,136	18,875	10.1%

* 출처 : www.knicc.re.kr

제5장 융합 정책기조 분석 및 발전방향

이 장에서는 정책의 방향, 내용, 성격 및 과정 등을 규정해 주는 기본적 가치인 정책기조에 대해 살펴보고자 한다. 정책기조를 고찰하는 이유는 융합정책이 국가차원에서 시도되는 정책으로서 그 바탕이 되는 기본이념이 중요하기 때문이다. 정부가 융합기술과 산업융합에 대해 기본적으로 어떤 관점에서 바라보고 정책을 수립하는지에 대해 분석하고자 한다.

제1절 정책기조 현황

1. 융합기술 정책기조

융합기술에 대한 정책기조는 정부에 따라 조금씩 변화하고 있다. 2007년 4월 노무현 정부의 '국가융합기술 발전 기본방침'에서는 차세대 기술혁명은 IT, BT, NT 등 어느 한 분야에 국한되지 않는 신기술간 융합이 주도할 것으로 예측하고, 융합기술은 궁극적으로 산업간·서비스간 융합을 유발하여 경제·산업 전 분야에 걸쳐 막대한 변화를 초래할 것으로 전망하고 있다. 또한 융합기술을 의료·건강, 안전, 에너지·환경문제 등 미래의 사회적 문제를 해결할 수 있는 혁신적 기술로 기대했다.

이 방침에서 융합기술의 일반적 개념과 특징으로는 ① 융합기술은 미래 경제·사회적 이슈 해결을 위해 다양한 학제 및 이종기술 간의 결합을 통해 확보되는 혁신기술을 말하며, ② 융합기술은 서로 다른 분야의 공동연구인 '복수학제연구'보다 진일보한 개념으로, 공통의 목표를 해결하기 위해 성질이 다른 기술들 간의 화학적 결합을 뜻하는 '학제간 연구'를 통해 도출되며, ③ 융합기술은 미래사회의 수요와 경제 및 시장의 원리에 따라 개별 요소기술들의 물리적 결합에 의한 '기술복합화'보다는 화학적 결합에 의한 '기술융합화'에 의해 자발적으로 발생하며, ④ 융합기술은 현재 활발히 진행되고 있는 '동종기술간 융합'을 넘어 보다 혁신적이고 미래의 파급효과가 큰 '이종기술간 융합'으로 변화하는 추세이며, ⑤ 융합기술은 글로벌 경쟁력 확보가 가능한 신산업의 발원지이며, 무한한 가치창출이 보장되는 제품·서비스 시장의 블루 오션 영역으로 인식되고 있다.[1]

주요 선진국은 자국의 기술 경쟁력 및 사회문화적 특성에 따라 융합기술의 정의와 범위를 정하는 것으로 파악했으며, 융합기술을 "IT, BT, NT 등의 첨단 신기술간 상승적 결합을 통해 미래사회 및 국가 공통의 목표달성을 위한 과학기술적 한계를 극복함으로써 경제와 사회의 변화를 주도하는 기술"로 정의하였다. 이상과 같이 노무현 정부에서는 융합기술을 신기술 간 상승적 결합에 의해 경제·사회적 이슈를 해결함으로써 경제와 사회의 변화를 주도하는 기술로 인식하였다. 그러나 정권 마지막 해에 기본방침을 수립하다 보니 국가계획 수립과 같은 후속조치는 취하지 못했다.

이명박 정부에 들어서서 2008년 11월의 '국가융합기술 발전 기본계획(2009~2013)'에서는 신산업 및 신성장 분야의 글로벌 경쟁력을 확보하기 위해서는 신기술을 바탕으로 한 융합기술의 조기 선점이 필수적이라고 인식했다. 융합기술의 다학제적 특성과 기술발전의 트렌드를 반영하여 융합기술의 새로운 개념과 유형을 제시했다. 즉, 융합기술의 개념은 시대적 흐름에 따라 신기술간의 결합으로 한정되던 것이 경제·사회적 요구에 맞추어 과학, 기술, 문화 등과의 창조적 융합이 강조되는 개념으로 확대되고 있다고 파악하였다.[2] 이 계획에서 융합기술은 "NT, BT, IT 등의 신기술간 또는 이들과 기존 산업·학문 간의 상승적인 결합을 통해 새로운 창조적 가치를 창출함으로써 미래 경제와 사회·문화의 변화를 주도하는 기술"로

---

1 관계부처합동, 2007: 4-7.

2 관계부처합동, 2008: 1-4.

정의하였다. 2007년도의 정의에 비해 융합의 범위가 기술간 융합에서 기술간, 기술과 산업간, 기술과 학문의 융합으로 확대된 것이 특징이다. 이 계획의 비전은 '창조적 융합기술 선점을 통한 신성장동력 창출 및 글로벌 경쟁력 제고'로 설정되었다.

당시 교육과학기술부 보도자료에 따르면, 동 계획은 "차세대 기술혁명을 주도할 융합기술을 체계적으로 발전시켜 의료 건강, 안전, 에너지 환경 문제의 해결뿐만 아니라 신성장동력인 융합 신산업을 육성"하는 것을 목적으로 한다고 밝히고 있다. 종합적으로 볼 때 이 계획에서 융합기술의 정책기조는 사회문제 해결과 신성장동력 육성에 초점을 맞추고 있다는 것을 알 수 있다.

2010년 9월의 'NBIC 국가융합기술지도'는 '국가융합기술 발전 기본계획(2009~2013)'의 6대 추진전략 중 '원천융합기술의 조기 확보'를 위한 추진과제와 추진전략을 설정하였다. 2020년까지 국가적으로 육성해야 할 원천융합기술 3대 분야와 바이오의약품 등 15개 우선추진과제를 도출하였으며, 고발현 세포주 제작 배양기술[3] 등 70개 원천융합기술을 도출하였다. 2020년까지 융합기술 비전을 살펴보면 ① 바이오·의료 분야 : 바이오·의료시장 선점을 통한 글로벌 경쟁력 제고 및 고품질 의료 서비스 구현, ② 에너지·환경 분야 : 친환경 융합기술을 통한 미래 에너지·환경 신시장 창출 및 선점, ③ 정보통신 분야 : 신기술 융합을 통한 신개념 IT 시장 창출 및 인간 삶의 질 향상 인프라 및 서비스 구축으로 명시하였다.

이상과 같이 이명박 정부에서는 융합기술을 경제와 사회 측면에서 바라보던 전 정부의 시각에서 한 발 더 나아갔다. 즉, 융합기술을 과학, 기

---

3 고발현 세포주 제작 배양 기술은 바이오 의약품 분야의 핵심기술로 바이오 의약으로 이용될 수 있는 단백질 등 생체물질을 대량으로 생산 할 수 있는 세포주 제작 · 배양 기술이다(교육과학기술부, 2010: 13).

술, 문화 등과의 창조적 융합이 강조되는 확대된 개념으로 파악하여 경제와 사회·문화의 변화를 주도하는 기술로 인식한 것이다.

2013년에 출범한 박근혜 정부는 경제부흥 등 4대 국정기조를 제시하였으며[4], 경제부흥을 위한 3대 전략 중 하나로 창조경제를 명시하였다. 정부가 제시한 '창조경제 생태계'의 개념도는 경제주체인 개인, 기업, 정부가 상상력과 창의성, 과학기술 ICT로 창의적 자산을 만들고 이를 창업이나 융합을 통해 새로운 시장을 창출하고 기존 산업의 강화를 이룩하며, 공정한 경쟁과 세계화를 통해 좋은 일자리를 창출하고 다시 이것이 개인, 기업, 정부에 환류 되는 선순환 구조로 도식화되어 있다.[5] 이와 같이 창조경제에서는 융합을 중요한 전략 중 하나로 보고 '창의와 도전의 융합연구를 통한 창조경제 구현'을 비전으로 설정하였다.

2014년 2월의 '창조경제 실현을 위한 융합기술 발전전략'은 그동안 정부의 융합연구 투자에 대해 평가하여 미비점을 보완하고, 국가 전략 중 하나인 '창조경제' 실현을 위해 새로운 융합기술 R&D 전략 확보 요구에 부응하기 위해 수립된 것이다. 전 정부에서 세워진 '국가융합기술 발전 기본계획(2009~2013)'의 미흡한 측면을 ① 기술의 시장규모와 성공 가능성 등(특허 소유, 투자 실적 등) 경제성 위주로 기술 개발한 결과 건강·안전 등 인간중심의 사회문제 해결을 위한 기술개발에 소홀하였으며, ② 그간 기초·원천 기술 자체의 우수성 확보(상위 논문 게재 등)를 중시해 실용화·사업화 연계에 소홀(신산업 창출, 기존 산업 고도화에 한계)하였고, ③ 그간 부처 간 분업(소관분야 R&D는 해당 부처가 추진, 기초·원천 vs 응용·개발)이 강조되어 효과적인 연구개발에 한계가 있는 것으로 파악하

---

4 4대 국정기조는 ① 경제부흥, ② 국민행복, ③ 문화융성, ④ 평화통일 기반 구축이다(청와대 홈페이지).

5 관계부처합동, 2013a: 3.

였다.[6]

박근혜 정부의 융합기술에 대한 정책기조는 융합을 창조경제 구현 전략 중의 하나로 보고 실용화와 사업화를 강조하고 있을 뿐만 아니라 인간 중심의 사회문제 해결도 중시하고 있다. 그러나 이 전략은 융합기술의 개념을 "나노(NT)·바이오(BT)·정보통신(IT)·인지과학(CS) 기술 간의 융합, NBIC 기술과 기존 산업·학문 간 융합을 통해 창출되는 새로운 기술"로 인식함으로써, 이명박 정부보다 융합의 대상과 파급의 범위를 좁게 인식하고 있는 것으로 드러났다. 이명박 정부가 융합기술을 과학, 기술, 문화 등과의 창조적 융합이 강조되는 확대된 개념으로 파악하여 경제와 사회·문화의 변화를 주도하는 기술로 보는 것과 대비가 된다.

2. 산업융합 정책기조

산업융합을 촉진하기 위한 정책은 이명박 정부부터 시작되었다. 2009년 3월의 '나노융합산업 발전전략'은 기술 융복합화에 의한 신산업 창출, 지구적 환경변화에 대응할 녹색기술의 필요성에 따라 나노융합기술에 대한 중요성을 인식함으로써 수립된 것이다. 2015년 약 3조 달러로 예상되는 세계 나노융합시장의 선점을 위한 선제적 산업육성 전략으로 만들어진 것이다. 여기서 나노융합산업은 "나노기술을 기존기술에 접목하여 기존제품을 개선·혁신(nano-enabled)하거나 전혀 새로운 나노기능에 의존(nano-dominated)하는 제품을 창출하는 산업"으로 정의되고 있다. '2015년까지 나노융합산업 3대 강국 도약'을 비전으로 설정하였다.

6 관계부처합동, 2014a: 5.

2010년 7월에 수립된 'IT융합[7] 확산전략'은 2010년 1.2조 달러에 이르는 세계 IT 융합시장이 2020년까지 세계 경제성장률 3~4%보다 높은 연평균 11.8% 수준의 고성장이 전망됨에 따라 시장에 대한 선점 필요성에 따라 만들어진 것이다. 자동차, 조선 등 우리 주력산업에서 중국의 추격이 가속화됨에 따라 글로벌 경쟁력 유지를 위한 차별화 수단으로 IT융합의 중요성이 부각되었으며, IT융합을 통해 제품·서비스 및 공정의 혁신으로 새로운 부가가치를 창출하여 글로벌 시장에서 차별화된 경쟁우위 확보가 가능하다고 인식하였다. IT융합은 IT산업뿐만 아니라 타산업의 고용 창출에도 기여하는 것으로 보았다.

이 전략에서 우리나라 IT 융합산업의 문제점으로는 ① IT융합을 선도하는 창의적 엔지니어링 역량 미흡, ② IT융합 핵심부품의 기술력 취약(IT융합의 핵심기술인 Sensing, Networking, Computing, Actuating의 기술수준이 낮고, IT 융합부품산업은 대부분 외산 제품이 주도), ③ 낙후된 IT 융합 생태계로 진단하였다. 한편, IT융합을 촉진하는 요인은 ① 새로운 제품 서비스의 혁신을 가져올 수 있는 창의적 기획 설계 역량, ② IT 융합 제품 서비스의 품질을 결정하는 IT 부품 모듈의 기술력, ③ IT와 他산업간 협력과 융합을 촉진할 수 있는 법 제도 문화 등 산업생태계로 파악하였다. 이러한 상황진단에 입각하여 동 전략은 '2015년 세계 5대 IT융합 선도국가로 도약'을 비전으로 설정하였다.[8]

2011년 4월에는 '산업융합촉진법'이 제정되었다. 이 법률은 21세기 세계경제가 융합(convergence)의 시대로 급속히 전환되는 패러다임의 전

---

7 IT융합이란 IT의 Sensing, Networking, Computing, Actuating 기술이 부품 또는 모듈로서 내재화(embedded)되어 他산업의 제품·서비스 및 공정을 혁신하거나 새로운 부가가치를 창출하는 현상이다(관계부처합동, 2010: 4).

8 관계부처합동, 2010: 4-11.

환기를 맞아 산업융합이 신성장 동력과 일자리 창출의 핵심적인 보고(寶庫)로 인식됨에 따라 만들어졌다. 종전에 칸막이식으로 구획된 산업의 틀 속에서 만든 법령과 제도를 융합의 시대에 맞도록 정비할 필요성과 함께 산업계에서 융합 산업의 발전이 뒤쳐진 주된 원인 중 하나로 '법 제도적 기반의 미비'를 지적함에 따라 기존 법 제도상의 한계를 보완하고 산업융합을 미래 먹거리 창출의 핵심 기반으로 확고히 하기 위하여 제정된 것이다.[9] 동법 제2조에서는 산업융합을 "산업 간, 기술과 산업 간, 기술 간의 창의적인 결합과 복합화를 통하여 기존 산업을 혁신하거나 새로운 사회적 시장적 가치가 있는 산업을 창출하는 활동"으로 정의하고 있다.

2012년 8월에는 산업융합촉진법에 따라 '제1차 산업융합 발전 기본계획(2013~2017)'이 수립되었다. 이 계획은 산업융합이 이종 기술·산업 간 융합을 거쳐 인문·예술 등 다분야 융합으로 발전하면서 21세기 세계 경제의 패러다임 변화를 주도하고 있다고 인식하고 있다. 자동차 등 주력 산업은 글로벌 경쟁력을 바탕으로 우리 경제의 캐시 카우(cash-cow) 역할을 수행하고 있으나 첨단 소재·부품의 높은 대외 의존도, 고용창출력 저하, 글로벌 경기 불안에 따른 높은 변동성 등의 한계가 내재하고 있으며, 중국의 추격 가속화 및 일본 제조업 전열정비 등으로 샌드위치 현상이 지속되고 있는 것으로 진단했다.

이 계획은 산업융합을 이종·다종 산업 간의 제품 및 서비스가 상호 결합하여 기존에 없었던 새로운 제품·서비스를 제공하는 것으로 파악하고, 산업융합이 우리 주력산업을 한 단계 도약시키고 새로운 성장동력을 창출하는 핵심수단이 될 것으로 인식했다. 아울러 산업융합은 융복합화를 통해 기술 고도화 및 다양한 기능의 구현으로 소비자 욕구에 부합하는 제

9 국가법령정보센터(http://www.law.go.kr).

품·서비스 제공이 가능하며, 산업융합을 통해 친환경, 건강증진, 편리, 인간중심 등 개인의 삶의 질을 향상시키는 새로운 가치창출이 가능한 것으로 인식했다. 기존산업의 성장 둔화, 소비자 가치관 및 생활패턴의 변화 및 IT·BT·NT 등의 발전이 산업융합을 촉진시키는 요인으로 파악됐다. 이 계획은 '미래 대융합 시대의 글로벌 리더'를 비전으로 설정했다.[10]

당시 지식경제부의 보도자료에 따르면, 이 계획의 의의를 ① 다가올 대융합 시대에 적극 대응하고, 미래 산업사회의 퍼스트 무버(First-mover)로 도약, ② 융합을 활용한 주력산업의 고도화와 신산업을 통한 국가 경쟁력 제고, ③ 농수축산업 등 전통산업을 부활시키고, 친환경, 건강 복지, 문화 예술 등 다양한 사회적 수요에 대한 해결수단으로 활용하는 것을 들고 있다. 종합적으로 보자면 이 계획에서 정책기조는 산업융합을 주력산업 고도화와 신산업을 통한 국가경쟁력 제고와 전통산업의 부활 및 다양한 사회적 수요 해결의 수단으로 활용하고자 하는 것으로 판단된다.

2012년 9월에 수립된 'IT융합 확산전략(2013~2017)'은 IT가 융합의 촉매제로서 새로운 제품 서비스 시장을 창출하여 산업 패러다임 변화를 주도하는 것으로 인식하고 만들어진 것이다. 아울러 IT융합 촉진으로 주력산업 경쟁력의 지속적 우위확보가 필요하다는 정부의 판단이 배경으로 작용하였다.

2012년 11월의 '나노융합 확산전략'에서는 나노융합을 기존 제조업 혁신의 열쇠이자 신산업·신시장 창출의 핵심 원동력으로 인식하였다. 나노융합기술은 산업의 기반기술로서 기존 산업에 적용하여 제품의 부가가치를 획기적으로 높이거나 새로운 제품·서비스를 창출하며, 에너지, 환경, 물 부족 등 당면한 국가적 과제의 해결수단으로 여겨졌다. 아울러 지속적

---

10 관계부처합동, 2012a: 1-7.

인 신산업·신시장 창출과 급성장하는 나노융합시장 선점을 위해 나노융합산업을 미래 성장동력으로 집중 육성하기로 했다.

이 전략은 나노융합이 열어가는 미래상을 ① 산업측면에서는 주력 제조업의 경쟁력 강화로 세계 제일의 산업강국으로 도약하며, 제조업 재도약으로 일자리 창출을 극대화하며, ② 개인 생활 측면에서는 질병 조기 진단과 개인맞춤형 치료로 건강 100세 시대를 앞당기고, 언제 어디서나 편리하고 즐거운 삶을 영위하며, ③ 사회 측면에서는 에너지 자립과 함께 대기오염과 물 부족 문제 해결에 기여하며, 재난·테러 등을 사전에 방지하는 안전한 사회를 구현하는 것으로 설정하였다. 이 전략은 '세계 1등 산업강국 건설'을 비전으로 설정하였다.[11]

이상과 같이 이명박 정부에서는 산업융합에 대해 전체적인 관점에서 법률과 국가계획을 세웠으며, 분야별로는 나노융합산업과 IT융합에 대한 국가계획을 수립하였다.

박근혜 정부에 들어와서는 2013년 8월에 '정보통신 진흥 및 융합 활성화 등에 관한 특별법'을 제정하였다. 정보통신융합이란 "정보통신 간 또는 정보통신과 다른 산업 간에 기술 또는 서비스의 결합 또는 복합을 통하여 새로운 사회적·시장적 가치를 창출하는 창의적이고 혁신적인 활동 및 현상"을 말한다. 이 법률은 정보통신을 진흥하고 정보통신을 기반으로 한 융합의 활성화를 위한 정책 추진 체계, 규제 합리화와 인력 양성, 벤처육성 및 연구개발 지원 등을 규정함으로써 정보통신의 국제경쟁력을 제고하고 국민경제의 지속적인 발전을 도모하여 국민의 삶의 질 향상에 이바지함을 목적으로 한다.

2013년 8월 말에는 '농식품 ICT 융복합 확산대책'이 수립되었다. 이 대

---

11 지식경제부, 2012: 1-8.

책은 우리나라 농식품산업 분야에서도 ICT를 적극 활용해 나가면 품질 및 생산성 향상 등으로 경쟁력 제고 및 미래성장 산업화가 가능하다는 인식에서 출발했다. 농식품 ICT 융복합 기술 및 모델에 관한 표준화 미흡 및 관련 기업의 영세성 등으로 민간 주도의 농식품 ICT 융복합 활성화에 한계가 있으며, 첨단 농업 육성을 뒷받침하기 위한 ICT 융복합 확산 기반이 취약한 점 등을 문제점으로 파악했다. 생산·유통·소비 등 녹식품의 가치사슬(value-chain)에 정보통신기술(ICT)을 융복합하여 새로운 부가가치를 창출한다는 개념으로 '창조적 ICT 융복합 확산으로 농촌활력 및 농식품산업의 미래성장산업화에 기여'한다는 비전을 설정했다.[12]

2014년 5월에는 '정보통신 진흥 및 융합 활성화 기본계획'이 수립되었다. 이 계획은 세계 경제가 산업혁명, 정보화 혁명을 거쳐 사람·사물·데이터 등 모든 것이 인터넷으로 연결되는 초연결 혁명시대로 진입 중임을 기본적으로 인식하고 있다. 우리나라는 세계 최고의 인프라와 제조업 경쟁력을 보유하고 있어 초연결 사회 구현의 유리한 조건을 갖추고 있으나, SW·부품 산업이 취약한 ICT 생태계의 불균형 극복과 경제·사회 전반의 ICT 융합 활성화가 시급한 상황으로 파악하고 있다.

보다 구체적으로는 다음과 같이 우리나라의 현 위치를 파악하고 있다. 첫째, ICT 산업의 지속성장을 위한 정책전환이 필요한 시점이라는 것이다. 국내 ICT 산업은 HW, 대기업, 완제품 중심으로 성장해 왔으나, SW 분야는 생태계 취약으로 글로벌 경쟁력이 미흡하다. ICT 제조업의 글로벌 경쟁력은 일순간에 추락할 가능성도 존재하며, 중국의 맹추격이 위협요소로 대두하고 있다. 둘째, 경제·사회 전분야에 걸친 ICT의 생산적 활용이 시급하다는 것이다. 건강·웰빙, 안전 등 국민 생활과 밀접한 분야에

---

12 농림축산식품부, 2013: 1-7.

서 ICT 융합시장이 형성되고 있으나, 본격적 확산은 미미하다. IoT, 빅데이터 등 융합에 필수적인 신산업이 새롭게 부상하고 있으나 정부차원의 중장기 청사진 제시는 미흡한 상황이라는 것이다. 셋째, ICT 진흥 및 융합 활성화 기반이 여전히 취약하다는 것이다. 고급 ICT 인재의 부족과 한정된 공공 R&D 자원 및 R&D 결과물의 사업화 성과 미흡 등으로 혁신역량 제고에 한계를 노출하고 있으며, 창조적 혁신의지를 기업가 활동으로 연결할 수 있는 벤처 생태계가 취약하다.[13]

이상과 같은 문제의식에 기반하여 동 계획은 ICT 생태계를 강화하고, 경제·사회 전반으로 융합을 확산하여 경제혁신과 국민이 행복한 '초연결 창조한국'을 지향한다. '초연결 창조한국 구현(hyper-connected creative Korea)'을 비전으로 설정하고, ① SW 중심으로 ICT 산업 생태계 강화 ② 융합확산으로 창조경제 가속화 ③ ICT 활용으로 국민행복 실현 ④ 창의역량 확충으로 글로벌 리더로 도약 등 4대 전략을 마련하였다.

2014년 6월에는 '농촌융복합산업 육성 및 지원에 관한 법률'이 제정되었다. 우리나라 농업은 시장개방의 확대, 영세한 토지환경 및 고령화, 농가소득 정체 등으로 인하여 경쟁력이 점차 저하되고 있는 실정으로, 농업의 경쟁력을 강화하기 위해서 농업을 제조·가공·유통·관광 등 타 산업과 연계하여 종합산업으로 육성시켜 나가야 할 필요성이 인식되었다. '농촌융복합산업'이란 "농업인 또는 농촌지역에 거주하는 자가 농촌지역의 농산물·자연·문화 등 유형·무형의 자원을 이용하여 식품가공 등 제조업, 유통·관광 등 서비스업 및 이와 관련된 재화 또는 용역을 복합적으로 결합하여 제공함으로써 부가가치를 창출하거나 높이는 산업"을 의미한다.

동 법률은 ① 농촌융복합산업 육성에 의한 농가의 소득증대 ② 농촌융

13 관계부처합동, 2014b: 1-9.

복합산업 육성에 의한 농촌경제의 활성화 ③ 농촌지역 내·외의 상생협력과 건전한 농촌융복합산업 생태계 조성 ④ 농업과 다른 산업 간의 융복합화를 통한 농촌융복합산업의 고도화 ⑤ 농촌지역의 지역사회 공동체 유지·강화를 기본이념으로 하고 있다. 이 법률은 농촌융복합산업에 대한 정부의 육성 및 지원에 관해 필요한 사항을 법률로 정한 것으로 새로운 농업의 소득원 창출을 도모하고 부가가치를 높여 농촌의 활력을 제고시키고자 하는 목적을 가지고 있다.

이상과 같이 박근혜 정부에서는 산업융합 중에서도 정보통신융합과 농식품산업 및 농촌융복합산업에 초점을 맞추어 정보통신과 농식품 ICT 및 농촌융복합산업 등의 개별 분야에 대한 법률과 국가계획을 수립한 것이 특징이다.

제2절 정책기조 분석

위에서 정리한 국가계획과 법률에 기술된 융합 정책기조와 실제 정책현장에서 드러나는 정책기조를 종합하여 특징과 문제점을 중심으로 분석하면 다음과 같다.

첫째, 각 정부마다 융합기술과 산업융합에 대한 정책기조가 변화하고 있다. 먼저, 융합기술에 대한 정책기조의 경우, 노무현 정부에서는 융합기술을 경제와 사회적인 측면에서 인식하였다. 이명박 정부에서는 융합기술에 대한 시각을 보다 확대하여 과학, 기술, 문화 등과의 창조적 융합이 강조되는 개념으로 파악하여 경제와 사회는 물론 문화의 변화까지 주도하는 기술로 인식하였다. 이어서 박근혜 정부에 들어서는 융합기술에 대해 창조경제 구현 측면에서의 경제성과 실용화·사업화를 강조할 뿐만 아니라 인간중심의 사회문제 해결도 중시한다. 그러나 융합기술 자체에 대한 인식은 전임 정부에 비해 융합의 대상과 파급의 범위를 좁게 인식하는 특징이 있다.

산업융합에 대한 정책기조의 경우, 이명박 정부에서는 산업융합을 인식하는 기본적인 시각은 이종 기술·산업 간 융합을 거쳐 인문·예술 등 다분야 융합으로 발전하면서 21세기 세계경제의 패러다임 변화를 주도하고 있다는 것이다. 보다 구체적으로는 신성장동력과 신산업 신시장 창출이라는 경제적인 측면에 중점을 맞추었으며 동시에 사회적인 측면과 개인의 삶의 질 향상에 기여하는 것으로 보고 있다. 특히, 나노융합산업과 IT 융합을 강조한 특징이 있다. 이에 비해 박근혜 정부는 정보통신융합과 농식품산업 및 농촌융복합산업을 초점을 맞추어 산업의 경쟁력 제고와 미래 성장 산업화 측면과 새로운 사회적 가치 창출이라는 시각에서 접근하고 있다. 특히 IT기술에 치중한 IT융합에서 한 발 더 나아가 정보통신융합이라는 보다 포괄적인 접근을 한 차이점이 있다.

둘째, 우리나라는 세계 어느 나라보다 융합을 포괄적이며 광범위하게 접근하고 있다. 미국과 EU의 정책문서에서는 '융합(컨버전스)'이란 용어를 주로 기술개발 측면에서 사용하고 산업경제 측면에서는 '혁신(innovation)' 또는 '경쟁력(competitiveness) 향상'을 사용하고 있으나,[14] 우리나라는 기술과 산업 측면에서 모두 융합이라는 용어(구체적으로는 융합기술 또는 산업융합)를 사용하고 있다. 아울러 한국은 미국이나 EU의 융합정책보다 더 큰 범위와 목표 즉, ① NBIC 융합기술이나 인문학, 사회과학을 넘어서 모든 학문/지식의 융합을 고려하고, ② 기술 개발을 위한 R&D는 물론, 산업혁신과 그에 따른 고용창출, 소득증대 등 경제문제 해결 수단으로 융합을 고려하고 있다.[15]

---

14 김덕현, 2014: 82.

15 김덕현, 2014: 383.

셋째, 정부가 내린 용어정의에서 이미 융합기술과 산업융합의 개념은 서로 밀접하게 연결되어 있다. 융합기술 정의에 기술과 산업 학문 간 융합을 포함하고 있고, 산업융합 정의에 '기술과 산업 간, 기술 간의 결합과 복합화를 통하여'란 구절을 포함한 것이 바로 그것이다. 이에 따라 융합기술 전략에는 산업융합에 대한 내용이, 산업융합계획에는 융합기술에 관한 내용이 혼재되어 있음에도 불구하고 명확한 연계가 되어 있지 않아 예산의 효율적 투자와 성과를 담보하기 어려운 상황이다.

넷째, 융합기술과 산업융합이 연결되어 있다는 것을 인식하면서도 실제 정책수립에서는 각각을 분리하여 국가계획과 법률을 수립 · 제정하는 문제가 있다. 정책 수립 시 융합기술과 산업융합을 분리하여 접근하고 있는 것이다. 정부는 2007년 '국가융합기술 발전 기본방침'에서는 융합기술이 궁극적으로 산업간·서비스 간 융합을 유발하여 변화를 초래할 것으로 인식하고 있으며, 2008년 '국가융합기술 발전 기본계획(2009~2013)'에서는 신산업 분야의 경쟁력을 확보하기 위해서는 신기술을 바탕으로 한 융합기술의 선점이 필수적이라고 인식하고 있다. 2014년 '창조경제 실현을 위한 융합기술 발전전략'은 새로운 융합기술을 창조경제 실현을 위한 수단으로 파악하고 있다. 또한 2011년 산업융합촉진법은 산업융합을 기술과 산업 간, 기술 간의 결합과 복합화를 통하여 기존 산업을 혁신하거나 새로운 산업을 창출하는 활동으로 인식하고 있다. 이상과 같이 정부는 융합기술과 산업융합이 연결되어 있는 것을 인지하고 있으면서도 실제로는 융합기술과 산업융합을 분리하여 정책을 수립하거나 법률을 제정하고 있다.

다섯째, 이렇게 우리나라 정부가 융합기술과 산업융합을 별도의 계획으로 접근하게 된 이유는 미국이 2002년에 '인간수행능력 향상을 위한 융합기술 전략(NBIC)'를 수립한 것에 자극을 받아 2007년에 당시 노무현정부가 '국가융합기술 발전 기본방침'을 먼저 세운 것에 기인한다. 이 방침은 이명박정부에서 교육과학기술부가 중심이 되어 '국가융합기술 발전 기본계획(2009~2013)'으로 구체화되었으며, 박근혜 정부에서 '창조경제 실현을 위한 융합기술 발전전략'으로 계승되었다. 반면에 산업융합 쪽은 이명박정부의 지식경제부가 2009년부터 나노융합산업과 IT융합에 대한 전략에 이어 2010년부터 산업융합에 관한 법률을 별개로 추진함으로써 융합기술과 산업융합이 한 틀에서 계획되지 못하고 별도의 길을 걷는 원인이 된 것으로 보인다.

여섯째, 정책수립 시 융합기술과 산업융합을 분리하여 접근함에 따라 융합기술 발전전략과 산업융합 기본계획 사이에 연계성이 명확하지 않다. 융합기술은 많은 부분이 산업융합과 연결되어 있다. 사회문제 해결이나 삶의 질 향상을 위한 융합기술도 궁극적으로는 산업융합과 연계시킬 수 있는 부분이 많다. 따라서 융합기술과 산업융합을 위한 정부계획은 상호 간의 연계성을 가지고 수립되어야 함에도 불구하고 현재의 정부계획에서는 융합기술과 산업융합 간의 논리적 연계성이 드러나 있지 않고 모호하다. 이에 따라 한정된 예산의 효율적 투자와 성과를 담보하지 못하고 있다.

일곱째, 각 부처별로 고유 임무에 따라 개별적 융합정책을 시행하는 관계로 국가와 사회의 전반적인 목표 달성과 문제 해결이라는 큰 틀에서의 접근과 연계가 부족하다. 융합의 성격상 범부처 차원의 협력과 연계가 필수적이나 부처 간 칸막이와 예산구조 상의 한계 등으로 인해 대응전략과 추진체계가 미흡한 실정이다. 정부 스스로의 진단을 통해서도 부처 간 협력이 미흡함을 지적하고 있다. 그간 부처 간 분업(소관분야 R&D는 해당 부처가 추진, 기초 원천 vs 응용 개발)이 강조되어 효과적인 연구개발에 한계가 있다는 것을 인정한 바 있다.[16]

---

16 관계부처합동, 2014a: 5.

현재 미래창조과학부는 융합기술 관련 정책을, 산업통상자원부는 산업융합 관련 정책을 주도하고 있다. 정책수립 과정에서 관계부처 간의 협의는 이루어지고 있지만, 부처별 영역 확보와 이해관계라는 측면에서 분절적인 사업추진이 이루어지고 있어 부처 간 협력이 얼마나 실효성을 가지는지 장담하기 어렵다. 예를 들면 나노융합 기술개발과 나노융합산업의 연계를 위해서는 각 부처 간의 협력과 조정이 제대로 이루어지고 있느냐 하는 것이다. 융합으로 포장을 하고, 실제 사업은 부처별로 나누어서 진행되는 일은 없는 지 살펴봐야 한다. 기술과 산업의 분야를 넘나드는 융합을 추진하고, 융합이 '기술-제품 서비스-산업'으로 이어지는 범부처 차원의 협력과 연계가 필수적이나 기존의 개별부처 주도형 융합정책으로는 효율적인 전략과 추진체계를 담보하기 어려워 보인다.

여덟째, 융합정책 네트워크의 다양성과 능동성이 좀 부족해 보인다. 융합기술 개발과 산업융합 촉진 등 융합정책을 둘러싼 정책네트워크에서 정부의 주도성이 크게 나타나는 반면에 대기업이나 중소기업의 능동적 참여와 자발적 투자는 미흡하다. 아울러 융합정책이 일반 국민들에게까지 널리 알려지고, 정책과정에 일반 국민의 참여가 활성화될 필요성이 있다. 시민, 정부 부처, 기업, 정부출연연구소 및 대학 등 개별 기관 단위를 넘어서 일반 국민들까지 정책행위자로 활동할 수 있는 융합정책네트워크가 조성 운영될 때 건강한 융합생태계가 조성될 수 있을 것이다.

특히 좀 더 적극적인 기업-정부 간 협력이 필요하다. 미국은 'All Hands on Deck'이라는 모토로 모든 부처와 민관기업의 협력을 강조하고 있으며, 일본이 제시한 대학, 공공기관, 산업계 및 정부가 제휴하여 쌍방향으로 순환하는 '이노베이션 슈퍼 하이웨이'를 참고할 필요가 있다.

제3절 정책기조 발전방향

앞에서 설명하고 분석한 우리나라 융합 정책기조를 토대로 정책기조 자체의 발전과 정책기조의 변화를 담보하기 위해 필요한 발전방향을 제안하면 다음과 같다.

첫째, 융합기술에 대한 정책기조는 융합기술을 폭넓게 인식하는 것이 필요하다. 즉, 융합기술을 신기술간 또는 이들과 기존 산업·학문 간의 상승적인 결합을 통해 새로운 가치를 창출함으로써 미래 경제와 사회·문화의 변화를 주도하는 기술로 인식할 뿐만 아니라 삶의 질 향상과 실용화 · 산업화도 중시하는 것이 필요하다. 산업융합에 대한 정책기조는 산업융합을 기존산업을 혁신하거나 새로운 산업을 창출함으로써 미래 경제와 산업의 변화 및 국가혁신을 주도하는 활동으로 인식하는 것이 바람직하다.

둘째, 우리나라가 융합을 기술부터 산업에 이르기까지 포괄적이며 광범위하게 접근하고 있는 만큼 실제 정책 수립에서도 융합기술과 산업융합을 분리 접근하는 것이 아니라 통합 접근하는 방식으로 정책기조의 변화가 필요하다. 융합기술 개발이 단순히 기술개발에 그치지 않고 산업융합으로 진화 발전하여 경제에 기여하도록 하기 위해서는 좀 더 미래지향적이고 적극적인 기조 전환이 긴요하다.

셋째, 기존의 '산업융합촉진법'을 '융합기술 및 산업융합 촉진법'으로 개정할 필요가 있다. 2011년에 제정된 산업융합촉진법은 산업융합을 저해하는 기존 법 제도상의 한계를 보완하고 산업융합을 미래 먹거리 창출의 핵심 기반으로 확고히 하기 위하여 제정되었기 때문에 융합기술 개발에서 산업융합에 이르는 일련의 과정을 전반적으로 지원하는 측면에서 한계가 있다. 따라서 융합기술 발전과 산업융합 촉진을 아우르는 법률로 개정하여 융합을 종합적인 시각에서 접근하여 지원하고 육성할 필요가 있다.

넷째, 융합기술 발전과 산업융합 촉진을 연계하여 통합된 국가계획 즉, '융합기술 및 산업융합 기본계획'을 세워야 한다.[17] 기존의 '창조경제 실현을 위한 융합기술 발전전략'은 '제1차 산업융합 발전 기본계획'과 상호보완 관계에 있다. 그러나 이러한 계획에서는 융합기술과 산업융합 간, 각 사업 간의 논리적 연계성이 명확하게 표현되어 있지 않다. 융합기술은 많은 부분이 산업융합과 연결되어 있고, 사회문제 해결 등을 위한 융합기술도 궁극적으로는 산업융합과 연계시킬 수 있는 부분이 많다. 또한 융합기술과 산업융합을 포괄적으로 이해하고 구체적으로 연계시켜 통합된 국가계획을 세울 때 좀 더 큰 시너지 효과를 기대할 수 있다. 따라서 융합기술과 산업융합을 통합한 국가계획의 수립이 긴요하다. 아울러 이러한 통합된 계획에는 세부적인 단계별 목표와 추진일정을 포함하는 로드맵이 포함되어야 할 것이다.

다섯째, 융합기술과 산업융합은 좀 더 긴 호흡과 시야로 접근해야 한다. 융합은 시간이 소요되고 장기적인 시각으로 접근할 필요가 있기 때문이다. 단기성과 위주로 접근할 경우 융합이 궁극적으로 추구해야 할 비전과 목표를 간과할 우려가 있기 때문이다.

여섯째, 융합정책에 관한 관계부처 간의 긴밀한 협조가 필요하다. 특히 미래창조과학부와 산업통상자원부 간의 협력이 필수적이다. 관계부처 간 협동이 기술과 산업의 분야를 넘나드는 융합을 추진하고, 융합이 '기술-제품 · 서비스-산업'으로 연쇄적으로 확산되는 과정에 중요한 요소로 작용하기 때문이다. 이를 위해 각 부처별 접촉창구를 일원화하고, 관련되는 주요 사안에 대한 사전협의 및 사후관리의 체계화를 제도화할 필요성이 있다.

---

17 황병상, '융합기술 · 산업융합 국가계획 일원화해야' (전자신문, 2015.12.27).

일곱째, 융합정책의 정책네트워크가 보다 광범위한 정책행위자들로 구성되고, 수평적 · 개방적 · 능동적 정책네트워크로서 기능할 필요가 있다. 중장기적으로 정부 주도가 아니라 다양한 정책행위자가 참여하고 능동적으로 활동하는 정책네트워크를 기대한다. 특히 대기업과 중소기업 등 기업의 역할이 중요하며, 좀 더 적극적인 기업-정부 간 협력이 필요하다. 미국의 'All Hands on Deck'이라는 모토와 일본의 '이노베이션 슈퍼 하이웨이'를 참고하여 기업과 정부 간 협력이 강화되어야 한다. 융합정책의 성패는 결국에는 정부투자에 이어 민간기업의 활발한 투자와 성공에 달려 있기 때문이다.

궁극적으로는 그동안 정부가 '위에서 아래로의(top-down)' 방식으로 주도해 온 융합정책을 일반국민이 참여하고 민간이 주도하는 '아래에서 위로의(bottom-up)' 방식으로 전환해 나가야 할 것이다. 이를 통해 바람직한 융합생태계가 구축되고, 융합의 성과가 한 층 더 구현될 것이기 때문이다.

제6장 융합 정책목표 분석 및 발전방향

이 장에서는 융합기술과 산업융합을 촉진하기 위한 융합정책의 목표에 대해 분석하고 발전방향을 제시하고자 한다.

제1절 정책목표 현황

1. 융합기술 정책목표

노무현 정부 말기인 2007년에 세워진 '국가융합기술 발전 기본방침'에는 목표를 '융합기술 강국 실현을 통한 국가경쟁력 제고 및 미래 성장동력 창출'로 명시하고 있다. 아울러 기본방향을 ① 기술전략을 기존 산업발전을 뒷받침하는 모방형·개량형·추격형에서 신산업을 창출하는 창조형·가치창출형·선도형으로 전환하며, ② 투자계획은 기술중심의 투입·공급 중심형에서 서비스 중심의 성과·수요 중심형으로 바꾸어 나가는 것 등을 설정하고 있다. 융합기술 발전을 위한 기본방침으로는 ① 범부처 조정 지원 시스템 구축 ② 창조적 융합기술 전문인력 양성 ③ 개방형 공동협력연구 강화 ④ 첨단 융합신산업 창출 ⑤ 원천융합기술의 조기 확보 ⑥ 윤리적 사회적 수용성 제고 등을 제시하였다.

이명박 정부에 들어서서 2008년에 수립된 '국가융합기술 발전 기본계획(2009~2013)'에는 목표를 ① 원천융합기술 수준을 선진국과 대비하여 2007년 50~80%에서 2013년 70~90%로 향상시키고, ② 미래주도형 융합 신산업 창출을 통해 제조업 수출액 중 첨단기술제품 비중을 2008년 7위에서 2013년 5위로 상승하는 것을 명시하고 있다. 이를 위한 추진전략으로는 ① 원천융합기술의 조기 확보 ② 창조적 융합기술 전문인력 양성

③ 융합 신산업 발굴 및 지원 강화 ④ 융합기술 기반 산업 고도화 ⑤ 개방형 공동연구 강화 ⑥ 범부처 연계·협력 체계 구축을 제시하였다.

2010년 9월에 수립된 'NBIC 국가융합기술지도'에서는 바이오의약품, 고효율 저공해 차량 등 15개 추진과제별로 목표, 동향 및 기술수준 등을 제시하였다. '바이오의약품'의 경우 '바이오의약품(핵산치료제, 항체치료제, 줄기세포치료제) 개발 분야의 창조적 원천 BT, IT, NT 융합기술 선점을 통한 신성장 동력 창출 및 글로벌 경쟁력 제고'를 비전으로 설정했다. 목표는 2016년까지 ① 핵산치료물질을 이용한 차세대 핵산치료제 전임상 시험 완료 및 3개 이상 개발 ② 뉴 타겟의 항체치료제 전임상 시험 완료 및 4개 이상 개발 ③ 줄기세포 배양 및 분화 기술을 활용한 세포치료제 전임상 시험 완료 및 3개 이상 개발로 명시하였다. 세계 최고국 대비 우리나라의 현 기술 수준을 47.7%로, 기술격차를 6.3년으로 파악하였다.

'고효율 저공해 차량'의 경우는 '2013년 그린카 4대 강국, 2018년 세계 자동차 4강 도약'을 비전으로 설정했다. 목표는 ① 클린디젤 고효율 연소를 위한 엔진부품 핵심기술 및 차세대 배기가스 후처리 시스템 개발 : 클린 디젤 자동차 등 고효율 친환경차 실용화 ② 자동차용 전지핵심기술 및 전기구동 하이브리드 동력전달시스템 개발 : HEV, PHEV 등 저공해 자동차 실용화 ③ 연료전지 시스템 핵심 기술 개발 및 수소연료 저장기술 개발, 수소연료 충전 인프라 구축 및 안전 표준화 규정 확립 : 무공해 수소연료전지차 실용화로 명시하였다. 기술수준은 세계 최고국 대비 70.0%로, 기술격차는 3.3년으로 파악하였다.

박근혜 정부에서 2014년 2월에 수립된 '창조경제 실현을 위한 융합기술 발전전략'은 목표를 ① 창조적 R&D를 통한 융합기술 선도국 도약으로 설정하고, 국내 융합기술 수준을 2012년 선진국 대비 70~80%에서 2018년에 80~90%로 향상시키며, ② 체계적 융합연구 기반 구축을 통한 융합연구 활성화로 정했다. 이를 위해 15대 국가전략 융합기술을 선정하고, 개발전략으로 ① 미래유망 원천기술 개발 및 기술사업화 추진 ② 사회적 문제 해결을 위한 융합기술 연구 본격 추진 ③ 인문학과 과학의 융합 확대 ④ 창의적 융합인재 양성 ⑤ 융합인프라 고도화 등 5대 전략을 명시하였다.

15대 국가전략 융합기술은 제 4장에서 살펴본 바와 같이, 경제성장 분야에 ① 빅데이터 기술 ② 차세대 반도체 기술 ③ 융합형 콘텐츠 기술 ④ 스마트 자동차 기술 ⑤ 융합서비스 로봇 기술 ⑥ 첨단 생산시스템 기술 ⑦ 차세대 다기능 소재 기술 등 7개가 선정되었고, 국민행복 분야에 ⑧ 건강관리 서비스 기술 ⑨ 유전체 정보 이용 및 신약 개발 기술 ⑩ 신체기능 복원 및 재활 기술 ⑪ 온실가스 저감 및 관리 기술 ⑫ 오염물질 제어 및 처리 기술 ⑬ 신재생 에너지 기술 ⑭ 식량자원 보존 및 식품안전성 평가 기술 ⑮ 재난 재해 예측 대응 기술 등 8개가 선정되었다. 각 기술 별로 세계최고 수준대비 2012년 수준과 2018년 목표 수준을 정해두었는데, 예를 들면 빅데이터 기술의 경우 2012년 78.0%에서 2018년 85%로 목표를 정했다.

2. 산업융합 정책목표

이명박 정부에서 2009년 3월에 수립된 '나노융합산업 발전전략'은 목표를 ① 세계 나노융합산업 시장 15% 점유(2천 3백억 달러 수준) ② 나노기술 전문기업 500개, 글로벌 중핵기업 10개 육성 ③ 30개 이상 세계 최고 나노융합기술 확보 및 혁신제품 창출로 정했다. 이를 달성하기 위한 중점 추진과제로는 ① 수요지향형 나노융합산업기술 R&D 추진 ② 나노 인프라 활용기반 구축 및 나노인력 양성 ③ 산·학·연 협력 강화의 추진주체 정립 ④ 민간투자 활성화를 통한 시장기반 조성 ⑤ 나노융합기술 산업화 촉진 시스템 구축을 명시하였다. 15개의 세부 추진과제를 정하고, 2009년 부터 2013년까지의 일정과 부처별 분담방안을 마련하였으나, 재원 투자계획은 명시하지 않았다.

2010년 6월에 발표된 'IT융합 확산전략'은 목표를 2015년까지 ① 글로벌 IT융합 신제품의 10% 창출 ② IT융합 부품 국산화율 35% 달성(2009년 10%) ③ 85조 원 규모의 IT융합 내수시장 창출(2010년 44조 원)로 명시하였다. 주요 추진과제로는 ① 창의적 IT 융합 역량 강화 ② IT융합 부품산업 육성 ③ IT 융합 시장 창출 ④ IT 융합 인프라 조성으로 정했으며, 세부과제는 총 12개로 구성하였다. 추진 일정과 담당부처를 명기하였으나, 재원 투자계획은 명시하지 않았다.

2011년 4월에 제정된 '산업융합촉진법'은 제1조에서 이 법률의 목적을 "산업융합의 촉진을 위한 추진체계와 그 지원에 관한 사항 등을 규정하여 산업융합의 기반을 조성하고 산업경쟁력을 강화함으로써 국민 경제의 지속적인 발전과 국민의 삶의 질 향상에 이바지함"으로 기술하고 있다. 정책목표적인 성격도 포함하고 있으나, 법률이라는 성격상 구체적인 목표를 명시한 것은 아니다.

산업융합촉진법에 따라 2012년 8월에 수립된 '제1차 산업융합 발전 기본계획(2013~2017)'은 목표를 ① 인문과 기술의 소통으로 '더 앞서가는 산업 강국' ② 건강하고 편리한 '더 풍요로운 생활 부국' ③ 인간과 자연이 동행하는 '더 든든한 안심 대국'으로 제시하였다. 이를 위한 실천과제로 ① 더불어 풍요로운 산업융합 강국 견인 ② 스마트 융합으로 살기 좋은 생활 구현 ③ 녹색융합을 통한 지속성장 역량 강화 ④ 창의적이고 열린 국가 융합 인프라 기반 조성으로 정하고, 관리과제로 총 34개 과제를 정했다. 추진시기와 관련 부처를 정해 두었으나, 기본계획이라는 성격상 재원투자 계획은 포함하지 않았다. 재원투자 계획은 매년도 실행계획에 명시하고 있다.

2012년 9월에 발표된 'IT융합 확산전략(2013~2017)'은 목표를 ① 산업의 새로운 성장동력을 확보하고, ② 국민의 삶의 질을 획기적으로 개선하며, 이를 통해 반복적 세계 경제위기, 저성장 기조 등 불안요소에 대응하고 극복할 수 있는 안정적 성장기반을 확보하는 것으로 정하였다. 추진일정과 소관부처를 정해 두었으나, 재원투자 계획은 명시하지 않았다.

2012년 12월에 발표된 '나노융합 확산전략'은 목표를 ① (시장) 세계 나노융합산업 시장 10%(2천 5백억 달러) 점유 ② (기업) 글로벌 강소기업(Nano-Giant) 20개 육성 ③ (제품) 세계 1등 스타 나노제품 30개 개발로 정했다. 추진과제로는 ① 전 산업과 융합·혁신하는 나노 ② 세계시장을 선도하는 나노 ③ 생활 속에 스며드는 나노 ④ 다함께 성장하는 나노로 구분하고, 세부추진과제로 13개 과제를 명시하였다. 추신과제별 일정을 명기하였으나, 재원투자계획은 명시하지 않았다.

박근혜 정부에 들어와서 2013년 8월에 발표된 '농식품 ICT 융복합 확산대책'은 목표를 ① ICT 융복합을 활용하는 농가를 7,000농가로 확산시키고, 생산성 20% 향상 및 선진국 대비 기술수준을 82%로 끌어올리며, ② 직거래 통합정보시스템 등 유통경영체를 100개소에 보급하며, ③ ICT 활용 6차산업화 주체 50개 마을을 육성하는 것으로 명시했다. 1단계(2013), 2단계(2014~2015) 및 3단계(2016~2017)로 구분하여 단계별 추진과제를 제시하였다. 추진전략으로는 ① ICT 융복합 성과모델 개발·확산 ② ICT산업 생태계 조성 ③ 기초 인프라 확충을 채택하였다. 투자예산과 주요 실천과제 별 추진 부서와 완료시기를 정해 두었다.

2014년 5월에 발표된 '정보통신 진흥 및 융합 활성화 기본계획'은 목표를 명기하지 않았다. '초연결 창조 한국 구현'이라는 비전을 달성하기 위한 4대 전략으로 ① 소프트웨어 중심으로 정보통신기술 산업 생태계 강화

② 융합 확산으로 창조경제 가속화 ③ 정보통신기술 활용으로 국민행복 실현 ④ 창의역량 확충으로 글로벌 리더로 도약을 제시하였다. 이를 구체화한 16대 추진과제를 명시하였으며, 다시 세부과제별로 추진일정과 소관부처를 정하였다.

2014년 6월에 제정된 '농촌융복합산업 육성 및 지원에 관한 법률'은 제1조에서 "농업의 고부가가치화를 위한 기반을 마련하고 농업·농촌의 발전, 농촌경제 활성화를 도모하여 농업인과 농촌 주민의 소득증대 및 국민경제의 발전에 이바지함"을 목적으로 밝혔다. 정책목표적인 성격도 포함하고 있으나, 법률이라는 성격상 구체적인 목표를 명시한 것은 아니다.

제2절 정책목표 분석

위에서 정리한 국가계획과 법률에 기술된 융합 정책목표와 실제 정책 현장에서 드러나는 현상을 종합하여 특징과 문제점을 중심으로 분석하면 다음과 같다.

첫째, 융합기술 전략에는 산업융합에 관한 목표가, 산업융합 계획에는 융합기술에 관한 목표가 혼재하고 있다. 2007년 '국가 융합기술발전 기본방침'에는 기본방향 중에 '기술전략을 신산업을 창출하는 창조형으로 전환하며'와 '첨단융합 신산업 창출'을 명시하였다. 2008년 '국가융합기술 발전 기본계획(2009~2013)'의 목표에는 '미래주도형 융합신산업 창출'이 들어 있다. 2014년의 '창조경제 실현을 위한 융합기술 발전전략'에는 기술개발 전략 중 하나로 '기술사업화 신산업 창출 촉진'을 포함하고 있다. 아울러 2009년의 '나노융합산업 발전전략'에는 목표 중 하나로 '30개 이상의 세계 최고 나노융합기술 및 혁신 제품 창출'을 들고 있다. '2014년도 산업융합

발전 실행계획'에는 '세계 최고 수준의 융합 원천기술 확보', '고위험-고수익형 융합원천기술개발' 등을 주요 추진내용으로 명시하고 있다. 이와 같이 융합기술과 산업융합의 정책 목표가 그 내용면에서 서로 섞여 있다.

둘째, 미국이나 EU 등의 융합정책은 대부분 해결해야 할 뚜렷한 목표를 제시하고 있는데 비해, 우리나라는 선진국 대비 융합기술 수준 향상이나 국가경쟁력 제고 또는 융합연구 활성화 같은 모호하거나 막연한 목표를 제시하고 있다. 2008년의 '국가융합기술 발전 기본계획(2009~2013)'에는 목표 중 하나가 '원천융합기술 수준 향상 : 선진국 대비 50~80%(2007년) → 70~90%(2013년)'으로 표현되어 있고, 2014년의 '창조경제 실현을 위한 융합기술 발전전략'에는 목표 중 하나가 '창조적 R&D를 통한 융합기술 선도국 도약 : 국내 융합기술 수준을 (2012년) 70~80% → (2018년) 80~90%'으로 되어 있다. 선진국 대비 우리나라의 융합기술 수준평가는 국내전문가들에 대한 델파이기법의 설문조사를 통해 이루어지고 있다. 이러한 평가결과는 평가자들의 주관성이 개입되어 있어 객관성 측면에서 약점을 가지고 있는 것이 사실이다. 따라서 선진국 대비 몇% 수준이라는 목표는 모호하며, 최종 목표가 될 수 없는 것이다.

셋째, 융합기술 전략의 정책목표를 '융합기술 수준 향상'이나 '융합기술 선도국 도약'과 같은 중간목표 성격의 목표를 설정하는 것도 문제다. 2008년의 '국가융합기술 발전 기본계획(2009~2013)'에는 목표 중 하나가 '원천융합기술 수준 향상'이며, 2014년의 '창조경제 실현을 위한 융합기술 발전전략'에는 목표 중 하나가 '창조적 R&D를 통한 융합기술 선도국 도약'으로 되어 있다. 정부 스스로도 그간 기초·원천 기술 자체의 우수성 확보(상위 논문 게재 등)를 중시해 실용화·사업화 연계에 소홀했으며 이로 인해 신산업 창출과 기존 산업 고도화에 한계가 있었음을 지적하고 있다.[1]

1 관계부처합동, 2014a: 5.

따라서 융합기술 수준 향상이나 융합기술 선도국 도약을 정책목표로 세우는 것은 바람직하지 않다. 이것은 중간 목표는 될 수 있어도 최종목표가 될 수는 없다. 융합기술을 개발하고, 융합기술 선도국이 되어 무엇을 어떻게 하겠다는 목표가 최종목표가 되어야 한다. 무엇을 위한 융합기술 개발인가를 생각해서 그것을 정책목표로 세워야 할 것이다. 예를 들면 융합기술을 산업융합으로 발전시켜서 국가혁신을 이루거나 사회문제 해결 또는 인간 삶의 질 향상 등이 정책목표가 되는 것이 바람직하다.

넷째, 정책목표의 계층화가 미흡하다. 정책목표는 최종목표가 있고 이를 달성하기 위한 중간목표, 다시 이를 달성하기 위한 하위목표 등으로 계층화되어 있다. 그러나 융합기술과 산업융합을 위한 국가계획에는 정책목표의 계층화가 명료하게 표현되어 있지 못하다. 예를 들면 2012년에 수립된 '제1차 산업융합 발전 기본계획(2013~2017)'은 목표로 '인문과 기술의 소통으로 더 앞서가는 산업 강국' 등 세 가지를 제시하고 이를 달성하기 위한 34개의 실천과제를 수립하고 있으나, 최종목표, 중간목표 그리고 하위목표 간의 계층화는 잘 표현되어 있지 않다.

다섯째, 정책목표 수준을 퇴보시켜 설정하는 경우도 있다. 2009년의 '나노융합산업 발전전략'은 목표를 '세계 나노융합산업 시장 15% 점유(2천 3백억 달러 수준)'으로 설정한 반면에, 2012년의 '나노융합 확산전략'에는 목표를 '(시장) 세계 나노융합산업 시장 10%(2천 5백억 달러) 점유'로 설정하여 15%에서 10%로 하향하였다. 물론 시장규모는 2천 3백억 달러에서 2천 5백억 달러로 증가하였지만 시장점유율은 하향 설정한 것이다. 동일한 지식경제부가 3년 사이에 같은 산업에 대한 목표를 입안한 것임에도 불구하고 왜 하향 설정했는지에 대해 이해할 수 있는 자료가 불충분하다.

여섯째, 당초 세운 정량적 정책목표가 달성되지 않는 경우에는 정성적

목표로 대체시켜버리는 경우도 있다. 2008년의 '국가융합기술 발전 기본계획(2009~2013)'의 목표 중 하나는 '제조업 수출 중 첨단기술제품 비중'을 2008년 세계 7위에서 2013년에는 5위를 달성하는 것이었다. 그러나 IMD 세계경쟁력 평가지표에 따르면, 우리나라는 2010년 6위, 2011년 5위, 2012년 6위, 2013년 7위, 2014년 7위, 2015년 6위로 제자리 걸음을 하게 된다. 이렇게 되자 2014년 '창조경제 실현을 위한 융합기술발전 전략' 수립 시에 이 목표를 대신해 '체계적 융합연구 기반 구축을 통한 융합연구 활성화'라는 정성적 목표로 변경했다.

일곱째, 융합기술 전략과 산업융합 계획이 동일한 연구개발사업을 근거로 하고 있다. '2015년도 융합기술 발전전략 시행계획' 중 세부투자계획과 '2014년도 산업융합발전 실행계획'의 세부추진과제를 비교해 보면, 동일한 사업이 양 계획에 같이 들어있는 것을 알 수 있다.[2] 중복이 되는 대표적인 사업으로는 뇌과학 원천기술개발사업, SW컴퓨팅산업 원천기술개발, 글로벌 프로티어사업, 나노소재기술 개발사업, 미래유망융합기술 파이오니아사업, 로봇산업융합 핵심기술개발, 신기술융합형 성장동력사업, 신산업 창조프로젝트, 나노융합 2020사업, 산업핵심기술 개발사업, 신재생에너지융합 핵심기술개발, 해양청정에너지기술 개발사업, 산업융합촉진사업, 중소기업 융·복합기술 개발사업, 해양CCS기술 개발사업, 기반형 융합연구사업, 나노융합기술인력 양성사업 등이 있다. 이와 함께 명칭이 유사한 사업도 상당수 존재한다. 이로써 융합기술 전략과 산업융합 기본계획이 같은 사업을 기반으로 하고 있다는 것을 알 수 있다.

여덟째, 2014년 '창조경제 실현을 위한 융합기술 발전전략'의 15대 국가전략 융합기술 및 기타 내용은 2013년 '제1차 산업융합 발전 기본계획

2 관계부처합동, 2015a: 48-55; 산업융합발전위원회, 2014: 26-68.

(2013~2017)' 주요 추진과제의 내용을 살펴보면 서로 연결되어 있다는 것을 알 수 있다. 즉, 융합기술 전략과 산업융합 기본계획은 내용면에서 연계성을 가지고 있는 것이다. 따라서 융합기술과 산업융합을 포괄하는 종합계획 수립이 필요하다는 것을 알 수 있다. 〈그림 6-1〉은 이것을 도식화 한 것이다.

〈그림 6-1〉 융합기술 발전전략과 제1차 산업융합발전 기본계획의 연결성

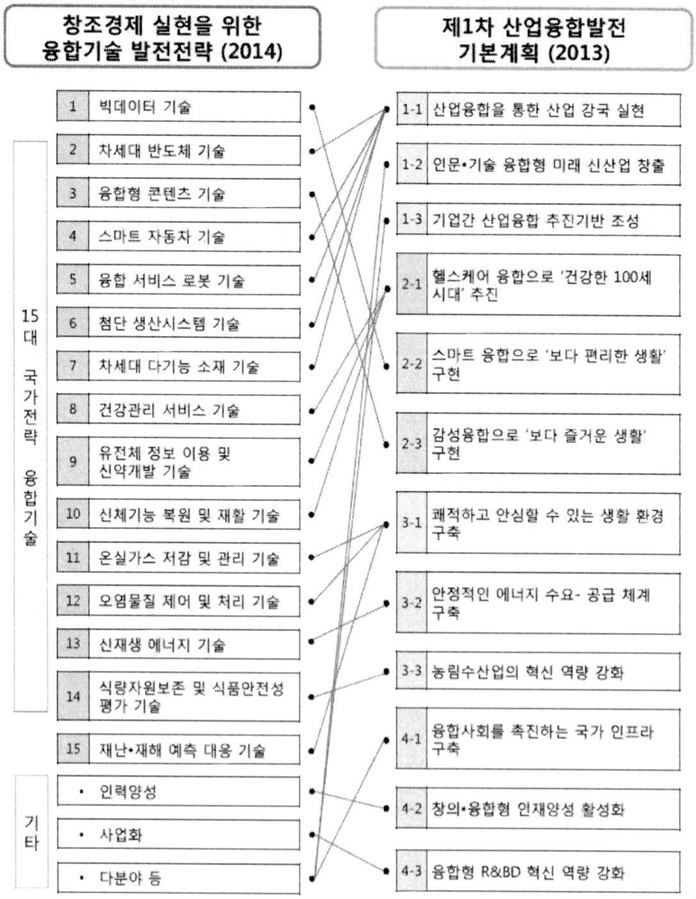

아홉째, 융합기술 계획의 목표를 '융합연구'로 설정하는 것은 적절하지 않으며, 오히려 혼란을 초래한다. 2014년의 '창조경제 실현을 위한 융합기술 발전전략'에는 목표 중 하나가 '체계적 융합연구 기반 구축을 통한 융합연구 활성화'이다. 융합기술 발전을 통해 달성할 목표가 '융합연구'일 수는 없다. 융합연구란 '두 학문분야 이상의 공동연구, 교류 등을 통한 연구활동'을[3] 의미하는 것으로 융합기술 개발을 위한 방법 중 하나이지 목표가 될 수는 없다. 정책수단을 정책목표로 혼동하고 있는 것이다.

열째, 산업융합 발전 실행계획은 산업융합촉진법 제6조에 따라 매년 수립하게 되어 있으나, 2015년도 실행계획은 11월 18일에야 공고가 되었다.[4] 연초에 세우는 것이 마땅한 실행계획이 연말에 수립된 것이다. 2014년도 실행계획이 2014년 2월에 확정된 것과 대비가 된다. 같은 맥락에서 2015년도 실행계획도 2015년 초에 세우는 것이 정상이다. 실행계획의 틀을 변경하려면 2014년 하반기부터 미리 계획을 세워 준비하여 2015년 초에 실행계획을 수립하는 것이 맞다. 산업통상자원부의 업무추진이 정책의 주요한 가치 중 하나인 적시성(適時性)을 상실하고 있다는 점에서 매우 안타깝게 생각한다.

열한째, 정책목표를 실제로 어느 정도 달성했는지에 대한 평가가 잘 이루어지지 않고 있다. 정책평가의 예로는 2014년에 '창조경제 실현을 위한 융합기술 발전전략'을 세우면서 2008년에 세운 '국가융합기술 발전 기본

---

3 한국과학기술기획평가원, 2008: 4.

4 필자가 2015년 9월 초순 산업통상자원부에 이에 관한 질의를 하자 산업정책과로부터 다음과 같은 답변이 왔다. "올해에는 실행계획이 범부처 융합정책의 근간이 되도록 위상을 정립할 필요가 있어, 규제시스템 개선 및 제조업 · IT융합 등을 포함한 정책중심으로 실행계획의 큰 틀을 변경하게 되었습니다". 한 마디로 실행계획 자체의 위상강화를 위해 틀을 변경하는 중이기 때문에 늦어지고 있다는 것이다. 그러나 그렇더라도 시기적으로 너무 늦게 발표된 것은 분명하다.

계획(2009~2013)'의 목표 달성도를 평가한 것을 들 수 있다.[5] 이외에도 '국가융합기술 발전 기본계획(2009~2013)'의 매년도 시행계획이나 '제1차 산업융합 발전 기본계획(2013~2017)'의 연도별 실행계획을 세울 때 전년도 성과를 간략히 정리하고 평가하기는 하나 이것을 제대로 된 평가로 보기는 어렵다. 이런 예를 제외하면 융합기술과 산업융합에 대한 정부계획 상의 정책목표의 달성여부를 제대로 명확하게 평가한 것을 찾기가 어렵다. 정책목표를 세운 후 정부가 바뀌거나, 장관이 바뀌면 다시 세우는 일이 반복되고 있다. 심지어 2009년의 '나노융합산업 발전전략'과 2012년의 '나노융합 확산전략'은 같은 분야를 다루고 있지만, 2012년에 전략 수립 시 2009년 전략에서의 목표 달성여부를 평가한 것을 찾을 수 없다.

열두째, 정부나 사회가 모든 분야에서 융합을 지나치게 강조하는 분위기 속에서 융합 자체가 목적인 것처럼 인식될 우려가 있다. '융합을 위한 융합'과 같은 부작용이 우려된다. 이것은 2014년의 '창조경제 실현을 위한 융합기술 발전전략'에 목표 중 하나로 '융합연구 활성화'가 설정된 것도 원인이 될 수 있다. 융합기술 개발을 통한 경제사회 혁신이나 문제 해결이 최종목표가 되는 것이 아니라 '융합연구' 자체에 초점이 갈 수 있기 때문이다.

아울러 이광호 외(2013: 175-176)는 대부분의 국내 융합사업들이 기술을 도구이자 결과로 보기 때문에 '기술을 위한 기술'을 계획하고 연구하지만, 그 '기술'이 불러오는 '문제'는 당장의 관심사가 아닌 것을 우려하고 있다. 최근 들어, 여러 사회적 이슈들을 반영하여 전략을 수립하긴 하지만

5 평가 결과 '2013년에 선진국 대비 융합기술 수준 70~90% 달성'이라는 목표는 전문가 설문조사를 통한 델파이 기법 적용 결과 50~85%(평균 74.8%)를 달성한 것으로 나타났으며, '2013년에 제조업 수출 중 첨단기술제품 비중 세계 5위 달성'이라는 목표는 2012년에 6위로 조사되었다(관계부처합동, 2014a: 2).

여전히 '기술을 위한 기술'을 준비하고 있다. 이렇게 되면, 과학기술자 입장에서만 기술을 바라보게 되고, 기존의 연구 관성에 따라 연구하기 쉽기 때문에 새로운 아이디어나 창의적인 생각을 얻기에 한계가 있을 수밖에 없다.

제3절 정책목표 발전방향

앞에서 설명하고 분석한 우리나라 융합정책 목표를 토대로 정책목표의 발전방향을 제안하면 다음과 같다.

첫째, 융합기술과 산업융합을 위한 국가계획을 통합하여 융합기술과 산업융합을 연계한 정책목표를 세워야 한다. 융합기술과 산입융합이 흐름을 가지고 연계되어 발전하기 위해서는 현재와 같은 분리 접근 방식이 아니라 통합 접근 방식으로 바뀌어야 하며, 이에 따라 정책목표도 새롭게 수립되어야 한다.

둘째, 뚜렷한 정책목표를 세워야 한다. 미국이나 EU의 융합관련 정책이나 이니셔티브처럼 명확한 정책목표를 설정해야 한다. 모호하거나 막연한 정책목표는 힘을 한 군데로 모으는 구심력이 약하고, 목표로서의 기능을 하기 어렵기 때문이다. 선진국 대비 몇% 수준을 달성한다든가, 융합연구 활성화 같은 모호한 목표가 아니라 우리 사회가 직면한 중요한 문제를 해결하는 명확한 정책목표를 세워야 한다.

참고로 미국의 '지식, 기술 및 사회의 융합(CKTS)' 보고서는 융합이 다음과 같은 인간의 노력에 상승적인 편익(synergetic benefits)과 부가된 가치(added value)를 제공할 수 있다고 한다.

① 건강의 증진과 인간 개발(Improve wellness and human

development)

② 생산성 향상과 경제개발의 촉진(Increase productivity and promote economic development)

③ 사회적 지속가능성 달성(Achieve societal sustainability)

④ 개인과 커뮤니티의 권한 증대(Empower individuals and communities)

⑤ 인간의 지식 및 교육의 확장(Expand human knowledge and education)

⑥ 혁신적이고 공평한 사회의 구현(Achieve an innovative and equitable society).[6] 이상의 여섯 가지는 우리나라에서도 융합의 정책목표로 고려할 수 있을 것이다.

셋째, 정책목표는 일관성을 유지하여야 한다. 2009년의 '나노융합산업발전전략'에서 세웠던 목표를 2012년의 '나노융합 확산전략'에서 하향 조정하는 식의 퇴보는 지양되어야 한다. 아울러 정책목표를 수정하는 경우에는 왜 그렇게 해야 하는지에 대한 이유를 제시하여야 할 것이다.

넷째, 법률에 따라 수립하게 되어 있는 연도별 실행계획은 매년 초에 세워야 한다. 연초에 세워야 할 계획을 연말에 수립하는 것은 의미가 없다. 모든 일이란 때에 맞추어 해야 하는 것이다. 동양의 고전인 주역(周易)에도 '여시해행(與時偕行)'이라는 구절이 있다. 행함에는 때가 있다는 것이다. 정책의 주요한 가치 중 하나는 적시성(適時性, timeliness)이다. 때에 맞는 정책수립이 필요하다. 따라서 산업융합촉진법 제6조에 따라 매년 수립하게 되어있는 산업융합 발전 실행계획을 2015년도에는 11월 18일 공고한 것은 정책의 적시성 측면에서 문제가 아닐 수 없다. 이와 같은 일이 차후에 반복

6 Roco, M.C. et al., 2013: 17-26.

되지 않도록 정부는 각별한 주의를 기울여야 할 것이다.

다섯째, 정책목표의 달성 정도를 정기적으로 점검할 필요가 있다. 3년 내지 5년 단위의 국가계획은 종료 후에 달성정도를 평가하고, 매년 실행계획의 경우에도 차년도 실행계획 수립 시 전년도의 정책목표 및 국가계획 상의 최종목표에 대한 달성정도를 좀 더 엄밀히 평가하는 것이 정례화 되어야 한다. 정책목표를 세운 후 달성정도에 대한 엄정한 평가 없이 정책목표를 다시 세우는 일이 반복되어서는 발전을 담보하기 어렵기 때문이다.

여섯째, 정책목표의 계층화가 필요하다. 융합기술과 산업융합을 위한 국가계획 수립 시 정책의 최종목표, 중간목표 그리고 하위목표 간의 합리적인 계층화를 통해 정책목표가 잘 달성될 수 있도록 해야 할 것이다.

일곱째, '융합을 위한 융합'을 경계하여야 한다. 융합기술 개발이나 융합연구 자체를 목적으로 인식해서는 안된다. 융합은 어디까시나 바람직한 정책목표를 위한 수단으로 인식되어야 한다. 이런 의미에서 2014년의 '창조경제 실현을 위한 융합기술 발전전략'의 목표 중 하나로 설정된 '융합연구 활성화'는 수정되는 게 맞다. 왜냐하면 경제사회 혁신이나 사회문제 해결 등이 최종목표가 되는 것이 아니라 '융합연구' 자체에 초점이 갈 수 있기 때문이다. 아울러 융합기술과 산업융합을 과학기술자 입장에서만 바라보고 기존의 연구 관성에 따라 연구하는 것은 지양되어야 한다. 사회의 다양한 시각을 수용하고 인문사회분야 연구자들까지 포함된 융합연구를 통해 기술과 산업이 가져오는 문제도 함께 인식하면서 연구개발과 산업화를 추진해야 할 것이다.

제7장 융합 정책수단 분석 및 발전방향

제1절 집행기구 분석 및 발전방향

정책수단은 문자 그대로 정책목표 달성을 위한 수단으로서 실질적 정책수단과 실행적 정책수단으로 대별된다. 실행적 정책수단에는 첫째, 순응확보수단 둘째, 집행기구 셋째, 집행요원 넷째, 자금 다섯째, 공권력 등이 있다.[1] 이 책에서는 정책의 종류에 따라 내용이 달라지는 실질적 정책수단보다는 거의 모든 정책에 동일하게 적용되는 실행적 정책수단에 의해 분류하여 고찰하고자 한다. 즉 융합정책의 특성을 고려하여 정책수단을 집행기구, 재정, 유인 및 설득으로 구분하여 살펴본다.

1. 집행기구

융합정책의 수립과 집행에는 많은 행정부처가 관련되어 있다. 예를 들면 2007년 4월에 발표된 '국가융합기술 발전 기본방침'은 국가과학기술위원회에서 심의되었으나, 과학기술부를 비롯하여 교육인적자원부, 산업자원부, 정보통신부, 보건복지부, 농림부, 환경부 등 10개 정부부처가 합동으로 제안하였다. 2012년 8월에 발표한 '제1차 산업융합 발전 기본계획(2013~2017)' 또한 지식경제부를 비롯하여 기획재정부, 교육과학기술부, 행정안전부, 문화체육관광부, 농림수산식품부, 보건복지부, 환경부, 국토해양부, 방송통신위원회, 국가과학기술위원회, 중소기업청 등 12개 행정부처가 합동으로 제안하였다. 개별 부처가 수립한 융합정책이라 하더라도 실제 융합정책을 집행하는데 있어서는 관련 부처의 협력이 불가피하였다. 예를 들면, 농림축산식품부가 2013년 8월에 발표한 '농식품 ICT 융

1 정정길 외, 2003: 64-68.

복합 확산대책'에서 융복합 원천·응용 신기술 개발은 미래창조과학부와 협력하도록 하였다. 이는 융합이라는 속성 자체가 다양한 분야와 연결될 수밖에 없기 때문이다.

행정부처 이외에도 융합정책의 집행을 지원하는 전담기관과 산하기관, 융합기술을 개발하는 정부출연연구기관, 융합인재를 양성하는 대학, 융합의 특정 목적을 달성하기 위한 조직 등 융합정책을 집행하는 기구는 매우 다양하고 광범위하다.

본서에서는 융합기술과 산업융합의 정책집행기구를 구분하여 소개하지만, 실질적으로 두 분야의 집행기구를 명확하게 구분하기는 쉽지 않다. 융합기술에 대한 정책에는 산업융합의 활성화를 위한 추진 과제들이 포함되어 있으며, 산업융합에 대한 정책에도 융합기술의 수준 향상을 위한 연구개발 과제들이 포함되어 있기 때문이다. 또한 국가계획을 합동으로 제안한데서 알 수 있듯이 정부부처의 경우 대부분 융합기술 정책뿐만 아니라 산업융합 정책을 모두 집행하고 있다.

따라서 융합기술 집행기구에서는 기술정책의 주도권을 가지고 있는 정부부처와 관련 기관을 중심으로, 산업융합 집행기구에서는 산업정책의 주도권을 가지고 있는 정부부처와 관련 기관을 중심으로 살펴보고자 한다.

1) 융합기술 분야[2]

(1) 미래창조과학부 등 정부부처

2003년 참여정부 출범 후 국민소득 2만 달러 시대로의 도약이 중요한 화두로 부상하면서 과학기술 혁신이 주도하는 경제성장 체제가 필요하다는 공감대가 형성되었다. 정부는 2004년 7월에 국가 과학기술혁신체계를 효과적으로 구축하기 위한 방안을 마련했고, 이에 따라 2004년 10월 과학기술부가 부총리 부서로 격상되면서 그 안에 차관급 정무직을 본부장으로 하는 과학기술혁신본부가 신설되었다.

2007년 4월 발표된 '국가융합기술 발전 기본방침'에서는 과학기술혁신본부에 융합기술 관련 국내·외 동향 및 환경을 조사·분석하여 관계부처의 융합기술 육성을 지원하고 부처간 연계·협력 및 중복 발생시 R&D사업을 종합적으로 협의·조정 하도록 하였다.

즉 과학기술혁신본부는 융합기술과 관련하여 부처간 R&D사업 또는 영역 등에 중복이 발생할 경우 부처간 역할분담에 따라 관련 전문가를 활용하여 총괄·조정하는 역할을 담당하였다. 이를 위해 본부 내에 '융합기술 전문위원회'를 설치하였다.[3] 과학기술혁신본부는 이명박 정부의 정부

---

2 융합기술 관련 집행기구는 매우 다양하다. 정부조직의 형태뿐만 아니라 위원회 형태도 존재한다. 본서에서는 활동결과가 있는 기구를 중심으로 살펴보고자 하며, 활동 결과가 명확하지 않은 경우 설명에서 제외하고자 한다. 예를 들어 정보통신부는 2005년 5월 정보통신부가 2006년부터 2015년까지 추진하게 될 'IT 기반 BT · NT 융합기술 발전전략'을 수립하기 위해 전문가로 구성된 'IT · NT · BT융합기술 발전전략 수립추진위원회'(위원장, 포항공대 박찬모 총장)를 구성하였다. 동 위원회는 약 70여명의 산 · 학 · 연 전문가가 참여하여 융합기술 전략분야 도출, 기술개발 및 산업화 전략을 연구했고, 8월 'IT기반 융합기술 발전전략' 워크숍을 개최하여 초안을 발표한 바 있다. 그러나 동 발전전략은 최종 정부정책으로 수립되지 못하고, 이명박 정부 출범이후 New IT전략 등 다양한 기술전략으로 발전하였다(ZDNet Korea, '정통부 「IT · BT · NT융합추진위원회」 구성', 2005. 5. 4.; 디지털타임즈, '정통부, BT · NT 융합기술 발전전략 전문가 의견 듣는다', 2005. 8.25).

3 관계부처합동, 2007: 19.

조직 개편에 따라 2008년 2월 폐지되었다.

융합정책이 2007년부터 2015년 현재까지 오랫동안 지속되는 동안 융합기술 정책을 주도했던 행정부처도 여러 차례 변화되어 왔다. 2007년 '국가융합기술 발전 기본방침'을 주도했던 과학기술부는 2008년 2월 교육인적자원부와 통합되어 교육과학기술부로 출범하였다. 이때 정보통신부가 폐지되고 정보통신부의 기능이 방송통신위원회와 지식경제부로 분리·이관되면서 주요 정보통신기술 관련 정책이 지식경제부로 이관되었다. 교육과학기술부는 '국가 융합기술발전 기본계획(2009~2013)'과 'NBIC 국가융합기술지도' 수립을 주도하였다.

2013년 박근혜 정부 출범을 계기로 교육과학기술부와 국가과학기술위원회의 과학기술업무, 방송통신위원회와 지식경제부의 정보통신 관련 업무 일부를 통합하여 미래창조과학부가 신설되었으며, 미래창조과학부는 과학기술 정책을 담당하는 제1차관과[4] 정보통신 정책을 담당하는 제2차관으로 조직되었다.

미래창조과학부는 과학기술 정책의 수립·총괄·조정·평가, 과학기술의 연구개발·협력·진흥, 과학기술인력 양성, 원자력 연구·개발·생산·이용, 국가정보화 기획·정보보호·정보문화, 방송·통신의 융합·진흥 및 전파관리, 정보통신산업, 우편·우편환 및 우편대체에 관한 사무를 관장하는 중앙행정기관이다.[5]

미래창조과학부의 융합기술 관련 정책은 제1차관 연구개발정책실의 융합기술과가 전반적으로 주도하고 있지만, IT기반의 융합기술 정책은 제2차관

---

4 미래창조과학부는 2015년 9월 25일 국가연구개발의 종합 · 조정 기능을 강화하기 위하여 기존의 창조경제기획국 심의관, 과학기술정책국, 연구개발투자조정국 및 평가혁신국을 과학기술전략본부로 개편하였다.

5 미래창조과학부와 그 소속기관 직제(법제처 국가법령정보센터, http://www.moleg.go.kr) 참조.

정보통신산업정책관 정보통신방송기술정책과에서 담당하고 있다. 미래창조과학부는 '창조경제 실현을 위한 융합기술 발전전략' 등을 수립하였다.[6]

융합기술 정책에 있어서 미래창조과학부는 주로 핵심 융합기술에 대한 원천기술 개발과 기술간 융합을 통한 신산업·신서비스 창출, 융합기술 개발 결과의 사업화 지원, 융합기술을 통한 사회 및 글로벌 이슈 해결, 융합인재의 양성, 융합을 위한 IT인프라 구축 및 IT기술을 기반으로 한 융합의 활성화 등에 집중하였다.

그러나 미래창조과학부 이외 각 부처에서도 2015년 현재 시행 중인 '창조경제 실현을 위한 융합기술 발전전략'을 중심으로 14개의 행정부처가 융합기술 관련 정책을 집행하고 있다(〈표 7-1〉 참조).

〈표 7-1〉 융합기술정책 집행부처

부처	정책 추진내용
미래창조과학부	- 미래유망 원천융합기술 확보를 위한 융합기술 개발 추진 - 융합기술 사업화 촉진을 위해 IT인프라 활용 등 실질적 사업화 지원 - 사회문제 및 글로벌 이슈 해결을 위한 융합기술 개발 강화 - 최신 융합기술 교육 강화를 위한 전문 연구인력 양성
중소기업청	- 중소기업 기술개발 로드맵 수립을 통한 선도형 R&D 지원 - 기술사업화에 대한 적극적 지원 - 현장맞춤형 인력양성 및 공급확대
산업통상자원부	- 융합기술 개발을 통한 신시장 구축 및 고부가가치 창출 가속화 - 사회문제해결 목적 연구개발 확대 - 다양한 산업분야의 제품 서비스 창출 가능한 융합인력 육성
교육부	- 기업체 맞춤형 인력 양성, 교육체계 교수채용 방식 등에서 산학 협력 강화
환경부	- 환경문제 해결을 위한 환경융합 기술 개발 및 실용화 지원 - 공해 관리 등 환경분야 사회문제 해결을 위한 기술 개발
국토교통부	- 쾌적한 주거환경 조성 및 안전강국 실현을 위한 융합기술 개발
보건복지부	- 첨단의료 분야 기술 개발, 해외 의존도 높은 기술의 국산화 통한 글로벌 보건 의료 산업 육성 - 사회문제 해결과 사회적 서비스 제공을 위한 융합기술 개발

6 이 외에도 미래창조과학부는 '정보통신 진흥 및 융합 활성화 등에 관한 특별법' 제정과 '정보통신 진흥 및 융합 활성화 기본계획' 등을 수립하였으나, 이 법률과 기본계획은 융합기술보다는 산업융합을 활성화하기 위한 목적이 더 강하다.

농림축산식품부	- 농생명산업 육성을 통해 농식품산업의 첨단 산업화 촉진 - 고부가가치 식품소재 발굴 및 제품화 지원을 통해 식품산업의 글로벌 경쟁력 강화 - 구제역, AI 극복을 위한 전주기 기술 및 동물의약품 개발 지원
농촌진흥청	- 농생물자원 유전체 정보 및 생명공학 기술을 이용하여 친환경 작물육종 소재 개발 - 탈석유 에너지 절감형 청정농업 기반기술 개발 - 기후변화에 선제적으로 대응하여 안정적인 농식품 공급기반을 유지하기 위한 기후변화 적응체계 구축
해양수산부	- 해양수산생명자원 확보 및 이를 활용한 바이오에너지 기술 개발 - 해양수산업의 고부가가치화를 위한 국가전략형 수출 및 수입대체 종자 개발 및 실용화 지원 - 기후변화 대응 및 온실가스 감축을 위하여 CO_2를 환경친화적으로 수송·저장하는 기술 개발
문화체육관광부	- 관광서비스 R&D 역량 강화 등 디지털 콘텐츠와 他 기술·산업의 융합을 통해 경쟁력 강화 - 콘텐츠 분야 융합형 교육을 통한 글로벌 인재 양성
방위사업청	- 민·군협력 강화를 통해 민·군 동시 활용 가능한 첨단기술 및 활용기술 개발
기상청	- 재해·재난의 대형화에 대비한 효율적 재난 위험관리 기술 개발
문화재청	- 과학기술과 인문사회 간 융합연구를 통해 국가 문화유산의 브랜드 가치 제고

* 출처 : 관계부처합동, 2015a: 17-23 재구성.

(2) 국가과학기술심의회

2013년 국무총리 소속으로 국가과학기술심의회가 설립되었다. 동 심의회는 과학기술 정책 및 현안, 범부처 과학기술 정책의 총괄 기획·조정 역할을 수행한다.

동 심의회의 전신은 1999년 1월 대통령을 의장으로 하는 심의기구로 설립된 국가과학기술위원회이다[7]. 동 위원회는 2010년 12월 과학기술기본법 제9조에 근거해 대통령 직속 행정위원회로 승격되었다. 주로 과학기술 기본계획 등 국가 과학기술 정책의 목표와 전략수립 및 시행, 정부가 추진하는 연구개발 사업의 투자 방향 설정, 예산 배분·조정, 국가 연구개발 사업의 성과 평가 및 성과 활용 지원을 담당하였다.

국가과학기술위원회는 2007년 '국가융합기술 발전 기본방침', 2008년 '국가융합기술 발전 기본계획(2009~2013)', 2010년 'NBIC 국가융합기술지도' 등 주요 융합기술 정책에 대해 보고를 받거나 심의하였으며, 국가과학기술심의회는 2014년에 '창조경제 발전을 위한 융합기술 발전전략'을 심의하였다.

국가과학기술위원회는 2013년 3월 국무총리 소속 국가과학기술심의회와 미래창조과학부로 소관업무가 이관되면서 폐지되었다. 국가과학기술위원회 산하에는 위원장과 위원이 모두 민간전문가이고, 간사는 국가과학기술위원회 미래성장조정과장이 맡는 '첨단융복합기술전문위원회'가 있었으며, 동 위원회는 정부의 융합기술 계획에 대해 심사의견을 제시하였다.

현재는 국가과학기술심의회에 있는 'ICT융합전문위원회'가 심의회에 상정되는 과학기술 및 R&D관련 안건을 사전에 검토하고 있다. 즉 ICT융합전문위원회가 IT, NT, SW 등 첨단 융복합 분야와 서비스 R&D 분야에 대한 안건을 사전 검토하고, 정부 R&D 투자방향 및 기술 분야별 투자전략을 마련하는 역할을 수행하고 있다.

국가과학기술심의회의 구성과 운영에 대해서는 홈페이지(www.nstc.go.kr)를 통해 그 내용이 공개되고 있다.

---

7 과학기술진흥법 제5조에 근거해 설립된 종합과학기술심의회(1973년~1996년, 위원장 국무총리), 과학기술장관회의 규정 및 과학기술혁신을 위한 특별법에 따라 설립된 과학기술장관회의(1996년~1998년, 위원장은 1997년까지 재정경제원 장관, 1998년에는 과학기술부 장관)에 이어 과학기술진흥법에 근거해 1999년 대통령을 위원장으로 하는 심의기구로 국가과학기술위원회가 출범하였다. 국가과학기술위원회는 크게 4기로 나누어 살펴볼 수 있는데, 제1기(1999년~2003년)에는 과학기술위원회가 최초로 설립되어 과학기술기본계획 수립과 정부 R&D사업에 대한 조사 · 평가 등 범부처 과학기술정책의 총괄 조정체계를 구축하였다. 제2기(2004년~2007년)에는 위원장을 과학기술 분야 부총리가 맡았으며, 과학기술혁신본부를 설치하는 등 기능을 강화하였고, 심의 대상을 확대(산업, 인력, 지역혁신정책)하였으며, R&D예산의 조정 · 배분권을 부여하여 부처 간 종합조정을 강화하였다. 제3기(2008년~2010년)에는 과학기술기본법에 근거해 위원회를 민간중심의 운영체계로 개편한 것이 특징이다. 제4기(2011년~2013년)는 위원회를 대통령 직속의 행정위원회로 개편한 시기이다.

(3) 융합기술지도 발전 자문위원회

'국가융합기술 발전 기본계획(2009~2013)'의 수립에 따른 후속조치로 'NBIC 국가융합기술지도'를 수립하기 위해 2009년 5월 '융합기술지도 발전 자문위원회'가 구성되었다. 동 위원회는 산·학·연 전문가 14명으로 구성되었으며,[8] 간사는 교육과학기술부 융합기술과장이 맡았다.

동 위원회 산하에는 '정보통신', '바이오·의료', '에너지·환경' 등 3개의 융합기술 실무분과가 운영되었으며, 각 실무분과는 위원장 1인과 4명의 위원으로 구성되었다.[9]

동 위원회는 2009년 5월부터 2010년 8월까지[10] 국가융합기술지도 작성을 위해 활동하였으며, 융합기술지도 작성을 위한 대상과제 도출, 중점영역 선정, 우선추진과제 도출, 융합기술지도 작성, 공청회 실시, 자문위원회 운영 등의 업무를 수행하였다.

(4) 국가과학기술연구회

국가과학기술연구회는 과학기술분야 정부출연연구기관(이하 출연(연))을 지원·육성하고, 체계적으로 관리하는 기관으로 '과학기술분야 정부출연연구기관 등의 설립·운영 및 육성에 관한 법률' 제18조에 근거해 설립되었다.[11]

동 연구회는 출연(연)간 협력분야 발굴 및 전략적 수행을 위한 협업체계

---

8 위원장은 당시 국가과학기술위원회 첨단융복합기술전문위원회 위원장이었던 이귀로 한국과학기술원 교수가 맡았다(교육과학기술부, 2010: 55).

9 교육과학기술부, 2010: 56.

10 동 위원회가 언제 해체되었는지에 대한 자료는 없으나, 'NBIC 국가융합기술지도'가 2010년 9월 1일 국가과학기술위원회에 상정된 것을 기준으로 예측하였다.

구축, 한국적 특성을 반영한 '융합연구단'[12] 운영, 융합클러스터 사업 등 출연(연)간의 융합연구 활성화를 추진하고 있다.

융합연구단 사업은 출연(연)간 On-site 융합연구[13]를 통해 국가 사회의 현안문제 해결을 위한 선도적 기술개발(미래선도형)과 단기 사업화가 가능한 기업의 대형 수요기술을 개발(실용화형)하는 것으로 구분된다. 2014년 각 1개씩의 과제가 선정되었으며, 2015년에는 각 4개 이내에서 과제를 선정하여 지원하고, 2017년까지 20개의 융합연구단을 운영할 예정이다.

융합클러스터 사업은 출연(연) 주도의 개방형 연구기획 체계 구축 지원을 통해 실질적 융합연구 활성화를 견인하고 창조적 융합문화를 정착시키기 위해 추진하고 있다. 임무연계형, 산업밀착형, 초기탐색형 등 3가지 유형으로 구분하여 클러스터별로 년 5천만 원에서 2억 원 규모를 2년 동안 지원한다. 현재 융합클러스터는 2014년에 10개, 2015년에 10개 등 총 20개가 선정되어 활동 중이다.

---

11 1999년 '정부출연연구기관 등의 설립 · 운영 및 육성에 관한 법률'이 제정되어 42개 출연(연) 감독관청을 국무총리실로 일원화했으며, 중간관리기구로 5개의 연구회(경제사회연구회, 인문사회연구회, 기초기술연구회, 공공기술연구회, 산업기술연구회)를 설치하였다. 2004년 과학기술분야 기초 · 공공 · 산업기술연구회는 국무총리실에서 과학기술부로 이관되었고, 2005년에는 국무총리실 산하의 경제사회연구회와 인문사회연구회가 통합되어 경제 · 인문사회연구회가 출범하였다. 2008년 공공기술연구회가 해산되면서 기초기술연구회는 교육과학기술부로, 산업기술연구회는 지식경제부로 이관되었으나, 2013년 박근혜 정부 출범에 맞추어 기초기술연구회와 산업기술연구회가 미래창조과학부 산하로 이관되었고, 2014년 6월 양 연구회가 통합되어 국가과학기술연구회가 출범하였다. 경제 · 인문사회연구회에는 26개 출연(연)이, 국가과학기술연구회에는 25개의 출연(연)이 소속되어 있다.

12 정부는 일몰형 연구조직인 융합연구단 사업을 위해 2015년 약 1,000억 원을 투입할 예정이다(관계부처합동, 2015a: 9).

13 On-site 융합연구는 각 출연(연)의 독립성과 고유 연구영역을 존중하면서 자유로운 이합집산을 통해 출연(연)의 우수인력이 한 공간에서 공동으로 연구하는 형태를 말한다(아시아경제, "'On-site형 연구조직'… 융합연구 속도 붙는다", 2014. 9.23).

(5) 융합연구정책센터

'국가융합기술 발전 기본계획(2009~2013)'의 2009년 시행계획에서는 융합기술에 대한 정책연구를 위해 '융합기술정책연구센터'를 설치·운영하도록 하였다.[14] 그러나 동 센터는 2011년 '국가융합기술 기본계획 시행계획'에서 국가 차원의 상시 정책수립 지원 및 16개 실천과제 중심의 이행상황을 점검하도록 '(가칭)융합정책연구센터'를 개설하도록 수정함에 따라 2012년 12월 KIST 내에 '융합연구정책센터(Convergence Research Policy Center, CRPC)'로 설립되었다.[15]

융합연구정책센터는 국가 융합연구 정책 및 전략방안을 수립하는 등 국가 융합연구 정책의 싱크탱크(think tank)로서 국가 융합기술발전 기본계획 및 시행계획을 수립하고 융합연구 사업 기획을 위해 융합기술 수준 및 성과 분석, 융합기술 동향 분석, 융합포럼 개최 및 지원, 융합인력 양성과 교육 지원, 국내·외 융합연구 협력 네트워크 구성 등의 업무를 수행하고 있다.

'2015년도 융합기술 발전전략 시행계획'에서는 범부처 융합기술 정책을 지원하는 '융합연구정책센터'의 역할을 강화하도록 하였다. 이를 위해 융합연구에 필요한 주요 인프라(장비·시설 등)를 지속적으로 확충하고, 운영 효율화를 통한 이용률 및 만족도를 제고한다는 계획이다.[16]

(6) 대학교 및 교육기관

융합을 통한 기초원천 기술개발 촉진과 융합인재의 양성을 위해 다양

---

14 이를 위해 교육과학기술부는 한국표준과학연구원을 통해 "범부처 융합기술 발전 기본계획의 효율적 운영정책 개발 연구"를 진행했으며, 본 용역보고서에서는 융합기술정책연구센터의 구축과 운영에 관한 주요 사항들이 제안되었다(이호성, 2009).

15 융합정책연구센터의 소장은 한국과학기술연구원 미래융합기술연구본부장이 겸임하도록 하였다.

16 관계부처합동, 2015a: 9.

한 교육기관이 참여하고 있다.

첫째, 과학기술연합대학원대학교(University of Science & Technology, UST)는 신생 융합기술 분야의 이공계 전문인력 양성을 위해 2003년 '정부출연연구기관 등의 설립·운영 및 육성에 관한 법률'의 개정에 의해 설립되었는데, 출연(연)의 현장중심형 실용교육을 통해 핵심 융합기술 인력을 양성한다는 목표를 추구하고 있다. 현재 이학, IT, BT, ET, NT, ST 분야 등 77개 전공분야가 있으며, 30개 연구소에 캠퍼스를 두고 있다.[17]

둘째, 교육과학기술부가 2008년 6월부터 추진한 '세계 수준의 연구중심 대학(World Class University)' 육성 사업은 노벨상 수상자 등 연구역량이 탁월한 해외학자를 한국의 대학에 유치하여 대학의 교육 및 연구역량을 강화하고, 미래 국가발전 핵심 분야의 연구와 인력 양성을 목적으로 한다. 지원 분야는 신성장동력 창출을 위한 기술개발 분야로 이·공학 또는 인문·사회 분야에서의 학문간 융복합 분야와 인문사회와 이공학 분야간 융복합 분야이다. 2011년 8월 현재 139개의 연구가 진행되었다.[18] 이 사업은 2013년 지원이 종료되었으며, BK21플러스 사업[19]을 통해 일부 후속 지원되고 있다.

셋째, 선도연구센터 지원사업은 세계적 수준의 창의성과 탁월성을 보유한 우수 연구집단을 발굴 육성하여 과학적 난제 및 사회 이슈 등을 해결하는 창조저수지로 발전시키고, 국가 연구개발을 선도형으로 전환시킬

---

17 과학기술연합대학원대학교 홈페이지(www.ust.ac.kr) 참조.

18 교육부, WCU사업단 현황 자료, 2011. 8.

19 BK21플러스 사업은 BK21과 WCU 사업의 후속사업으로 학문분야별 핵심 고급인력 및 융복합 분야의 고급 전문인력 양성을 위해 2013년부터 2019년까지 7년간 매년 우수 석·박사 인력 약 15,000명 및 신진 연구인력을 지원하는 사업이다. 석사급 월 60만 원, 박사급 월 100만 원, 신진연구자 월 250만 원의 인건비 및 연구비를 지원한다(교육부, 「BK21 플러스 사업」 기본계획', 2013. 5).

뿐만 아니라 집단 연구를 통해 차세대 창의·융합 인재를 양성하기 위해 시작되었다.[20] 선도연구센터 중 융합분야는 국가핵심연구센터(National Core Research Center, NCRC)[21]이며, 〈표 7-2〉와 같이 2004년부터 2010년까지 8개의 연구센터가 설립되어 운영 중이다. 2015년 신규 선도연구센터 지원사업의 신규과제 공모계획을 보면, 공학분야(Engineering Research Center, ERC)와 융합 분야(Convergence Research Center, CRC)로 구분하여 신규과제를 선정한다. 융합분야는 6~10개 센터를 선정하고, 지원기간은 7년으로 하되 예비 CRC(1단계, 2년)와 2단계(5년)로 구성하고, 2단계의 경우 2개의 세부 단계로 구성(1개의 세부 단계는 2~3년으로 설정)하도록 하였다.

〈표 7-2〉 국가핵심연구센터 현황

선정연도	센터명	소재 대학
2004	기초나노의학센터	연세대학교
	시스템바이오다이나믹연구센터	포항공과대학교
2006	세포신호전달계바이오의약연구센터	이화여자대학교
	하이브리드소재솔루션연구센터	부산대학교
2008	극한광응용기술국가핵심연구센터	광주과학기술원
2009	나노소재기반휴먼인터페이스융합연구센터	성균관대학교
2010	개인용 플러그 앤 플레이 디지털 전기 자동차	한국과학기술원
	시스템바이오정보의학연구센터	서울대학교

* 출처 : 한국연구재단 홈페이지

넷째, 서울대학교 융합과학기술대학원은 폭넓은 학제적 지식 기반 위

20 미래창조과학부, '2015년도 선도연구센터지원사업(ERC, CRC) 신규과제 공모', 2015. 3.31.

21 '국가융합기술 발전 기본계획(2009~2013)'은 국가핵심연구센터(NCRC)를 융합특화 연구소로 지정하여 융합기술 연구·교육 프로그램과 교재 개발을 위한 중심기관으로 활용하도록 계획하면서 2008년 7개인 NCRC를 2013년까지 20개 이상으로 확대 추진하고자 했다(관계부처합동, 2008: 26).

에 실용적인 전문성과 국가의 미래 신산업 창출을 위한 IT, BT, NT 등의 신생 융합기술 분야의 창의적인 인력양성 및 학제간 통합의 현장 중심형 전문인력 양성을 위해 2009년 3월 개원하였다. 현재 융합과학부(나노융합전공, 디지털정보융합전공, 지능형융합시스템전공, 방사선융합의생명전공)와 분자의학 및 바이오제약학과가 개설되어 운영 중이다.[22]

다섯째, 한국과학기술원(KAIST)은 바이오융합연구소, IT융합연구소, 복합시스템설계연구소, 나노융합연구소, 재난학연구소를 비롯하여 KI융합연구혁신센터 등과 문화산업의 경쟁력 강화를 위해 문화체육관광부의 지원으로 설립된 문화기술대학원을 운영하고 있다.

아울러 성균관대학교는 자연과학대학 내의 기초과학연구원에 나노바이오융합기술연구소와 정보통신대학에 IT융합연구원을 운영하고 있으며, 부실연구기관으로 바이오나노융합재료연구센터, 신개념융복합에너지과학연구소, 스마트융합디자인연구소 등도 있다. 연세대학교에서는 미래융합연구소[23], 글로벌융합기술원과 글로벌융합공학부를[24], 고려대학교는 한국과학기술연구원(KIST)과 공동으로 첨단의료기술과 BT, IT, NT와의 학문 간

22 융합과학기술대학원(http://gscst.snu.ac.kr)은 차세대융합기술연구원과 상호 협력하고 있다. 차세대융합기술연구원은 서울대학교 내에 있는 융합기술전문연구기관으로 서울대학교와 경기도의 협력에 의해 2008년 3월 설립되었다. 동 연구원에서는 나노융합, 바이오융합, 스마트시스템, 범학문 통합 등 4개 연구소를 중심으로 소별로 여러 개의 센터들이 조직되어 있다.

23 미래융합연구소는 융합 연구 선도를 위해 설립되었으며, 2013년부터 현재까지 총 47개의 연구센터가 다양한 주제로 연구활동을 수행하고 있다(https://icons.yonsei.ac.kr).

24 글로벌융합기술원(YICT, Yonsei Institute of Convergence Technology)과 글로벌융합공학부는 폭넓은 지식과 전문성을 겸비한 혁신적인 '다빈치형 인재' 양성을 위하여 2010년 미래창조과학부(사업자 선정 당시 지식경제부)가 주관한 'IT명품인재양성사업'의 단독 수행기관으로 선정되었다. 2011년 3월 연세대학교 국제캠퍼스(인천 송도 소재)에 개소한 이래, IT기반 융합 분야의 연구와 교육을 유기적으로 결합하는 연구원-학부 협력 체제로, 공학, 인문/사회과학, 예술, 디자인 등 다양한 분야에 걸쳐 넓고 균형 잡힌 교육 · 연구 프로그램을 운용하고 있다(http://yict.yonsei.ac.kr).

융합을 위해 KU-KIST융합대학원을 운영하고 있다.[25] 부경대학교는 해양과 수산 분야에 LED 융합기술을 적용하기 위한 LED-해양융합기술 연구센터를 설치하였으며, 포항공과대학교에는 나노융합기술원이 있다.

이들 대학교 외에도 현재 다양한 형태의 융합기술연구원과 융합관련 학부가 운영되고 있으며, 교육을 통한 인재양성, 융합연구를 위한 교류 활동 등을 활발하게 전개하고 있다.

(7) 정부출연연구기관

융합기술 R&D를 직접 수행하는 연구기관으로 초기에는 KIST의 미래융합기술연구소, 한국생명공학연구원(KRIBB)의 바이오나노연구단, ETRI의 융합기술연구부문 등이 운영되다가 최근에는 연구소별로 다양한 융합연구조직을 설치하여 운영하고 있다.

KIST의 미래융합기술연구소는 현재는 미래융합기술연구본부로 개편된 상태이며, 창의적 융합연구를 통한 재료 소자 원천기술을 개발·보급하는 것이 목표이다. 이 본부는 NT·BT 기반 융합재료와 분야의 세계적 연구성과를 상시 창출할 수 있는 연구체제를 갖추며, 국가적·세계적 과제 해결을 위한 대형 융합연구 네트워크의 시냅스적 역할을 수행하는 등의 목표를 제시하고 있다.

KRIBB의 바이오나노연구단은 현재는 바이오융복합연구소로 개편되었으며, 바이오합성연구센터, 바이오나노연구센터, 슈퍼박테리아연구센터를 두고 있다. 바이오합성연구센터는 바이노-나노-화학 융합을 위한 바이오 부품·회로 및 합성생물학에 대한 기술개발, 바이오나노연구센터는 나노바이오 메디컬 융복합 진단 및 모니터링 기술 개발, 슈퍼박테리아연

---

25 KU-KIST융합대학원은 국내 최초로 '학·연교수제도'를 도입하였으며, 고려대학교(KU)-한국과학기술연구원(KIST)의 기관간 융합, 첨단의료기술과 BT, IT, NT와의 학문간 융합을 통해 융복합 과학기술 분야에서 인재를 양성하기 위한 전문대학원이다(http://kukistschool.korea.ac.kr).

구센터는 슈퍼박테리아 진단·감지 바이오 콘텐츠 확보 및 감염병 제어기술을 개발한다.

ETRI의 융합기술연구부문은 현재 융합기술연구소로 개편되었으며, IT 융합 핵심기술, 즉 자율주행, 해양통신, IoT 플랫폼, 로봇 및 드론 제어, 스마트홈, 스마트팩토리 융합서비스, 융합인프라 등 다양한 IT 신융합 기술을 개발하고 있다.

이 외에도 2005년 설립된 한국로봇융합연구원이 수중 탐사, 의료, 작업 지원, 문화 등 4대 로봇분야 상용화 제품 개발을 위한 다양한 실용화 로봇 연구 플랫폼을 개발하고 있다.

2) 산업융합 분야

(1) 산업통상자원부 등 정부부처

2008년 2월 산업자원부의 산업, 무역·투자, 에너지 정책과 정보통신부의 IT산업 정책과 우정 사업, 과학기술부의 산업기술 R&D 정책, 그리고 재정경제부의 경제자유구역 기획, 지역특화 기획 기능을 통합하여 지식경제부로 설치되었다. 지식경제부는 2013년 3월 IT관련 업무를 미래창조과학부로 이관하고 통상 업무를 외교통상부로부터 넘겨받아 현재의 산업통상자원부로 개편되었다.

산업통상자원부는 상업·무역·공업·통상, 통상교섭 및 통상교섭에 관한 총괄·조정, 외국인 투자, 산업기술 연구개발 정책 및 에너지·지하자원에 관한 사무를 관장하는 중앙행정기관이다. 산업통상자원부의 산업융합 정책은 제1차관 산업정책실의 산업정책과에서 전반적으로 주도하고 있다.

지식경제부 시기에 '나노융합산업 발전전략'과 제1~2차 'IT융합 확산전략', '나노융합 확산전략(나노 PLUS+ 2020)'을 추진하였으며, 산업융합을 본격적으로 추진하기 위해 2011년 4월 '산업융합촉진법'을 제정하고 2012년 8월 '제1차 산업융합 발전 기본계획(2013~2017)'을 수립하여 시행하고 있다.

산업융합 정책의 수립은 산업통상자원부 주도로 추진되고 있지만, 개별 산업별 정책의 집행은 각 행정부처에서 담당할 수밖에 없다. 아래에서 별도로 설명할 미래창조과학부와 농림축산식품부 외에 각 부처에서 수행하는 산업융합 관련 정책은 〈표 7-3〉과 같다.

〈표 7-3〉 산업융합정책 집행부처

부처	정책 추진내용
산업통상자원부	- 산업고도화를 위한 융합기술 개발 - First Mover형 주력산업 혁신 - 산업융합 활성화 기반 구축 - 인문·기술 융합 환경 조성 - 스마트 에너지 역량 강화
미래창조과학부	- 융합원천기술 역량 강화 - 융합형 신산업 창출 - 스마트 융합 네트워크 고도화 - 스마트 융합서비스 확산
안전행정부	- 모바일 전자정부서비스 기반 확대 - 재난 · 안전 대응역량 강화
문화체육관광부	- 융합창작기반 구축 - 문화복지 실현 및 문화공간 조성 - 스포츠 과학 연계 국민 건강증진 도모
농림축산식품부	- 농생명산업 신성장기반 구축 - 농식품산업 고부가가치화 - 농식품 융합연구 활성화
보건복지부	- 스마트헬스케어 인프라 구축 - 복지형 융합제품·서비스 개발
환경부	- 폐기물 관리체계 강화
국토교통부	- 수출·자원 중심 SOC 기반 확대 - 주거복지 및 녹색건설 실현
해양수산부	- 저탄소 녹색융합 역량 강화 - 첨단 해양관측체계 및 안전기반 구축 - 수산분야 융복합 연구 및 인력 양성
특허청	- 지식재산 포괄 취득 지원
중소기업청	- 중소기업 융합기술 개발 지원 - 중소기업 융합혁신 역량 강화
농촌진흥청	- 농축산업 생산성 향상 및 유통·안전관리 체계 고도화 - 농축산 자원 활용 산업소재 발굴

* 출처 : 관계부처합동, 2014d: 17~22 재구성.

(2) 미래창조과학부

이명박 정부에서 지식경제부와 방송통신위원회로 흩어져 있던 정보통신 정책 기능과 창의적인 신산업 분야를 총괄하게 된 미래창조과학부는 정보통신 관련 종합적인 조정체계를 마련하고, 정보통신 기반의 신규 융합 기술·서비스 등에 대한 연구개발 및 연구 성과물의 사업화 지원 등을 수행할 수 있도록 법률적인 근거를 마련하였다. 2013년 8월 제정된 '정보통신 진흥 및 융합 활성화 등에 관한 특별법'이 바로 그것이다.

아울러 동법 제5조에 근거하여 2014년 5월 '정보통신 진흥 및 융합 활성화 기본계획'을 부처 합동으로 수립하였는데, 동 계획은 19개 중앙행정기관(11부, 7청, 1위원회)이 공동으로 집행하고 있다.

'2014·2015년도 정보통신 진흥 및 융합 활성화 실행계획'에 따르면, 4대 전략 16대 과제 중 산업융합과 관련하여 미래창조과학부는 창조경제 비타민 프로젝트를 추진하고 사물인터넷·빅데이터·클라우드 기반의 융합신산업 육성, 기업 및 산업분야별 ICT 활용 수준 측정·평가·공표, ICT 융합 초기시장 창출 지원 등을 핵심적으로 추진한다.

IT기반의 융합신산업 관련 정책은 미래창조과학부 제2차관 정보통신정책실의 정책총괄과와 융합신산업과에서 담당하고 있다.

(3) 농림축산식품부

2008년 이명박 정부는 행정조직 개편을 통해 농림부, 해양수산부의 수산어업정책, 보건복지부의 식품안전진흥정책 부문을 통합하여 농림수산식품부를 설치하였다. 그러나 박근혜 정부에서는 2013년 3월 농림수산식품부를 농림축산식품부로 개편하고 수산 업무는 해양수산부로, 식품안전 업무는 식품의약품안전처로 이관하였다. 농림축산식품부는 농산·축산, 식량·농지·수리, 식품산업진흥, 농촌개발 및 농산물 유통에 관한 사무를 관장한다.

농림축산식품부는 FTA 확산 추세 등 글로벌 경쟁시대를 대비하여 농식품 분야의 경쟁력을 제고하기 위해 농식품 산업 분야에서도 ICT를 적극 활용해 품질을 제고하고 생산성을 향상시킬 필요가 있다고 판단하고, 2013년 8월 정보화담당관실 주도로 농식품 산업의 미래성장 산업화를 위한 '농식품 ICT 융복합 확산 대책'을 수립하였다. 동 계획에서는 2013년 5월 구성된 '농식품 ICT 융복합 자문위원회'를 중심으로 분야별 전문가 풀을 구성하여 ICT 융복합 정책개발, 산업융합 관련 기관간 업무협력과 조율을 하도록 하였다. 또한 '농식품 ICT 융복합지원센터'를 지정하여 표준화 및 기술검증, 모델화 사업관리, 성과평가, 기술지원, 전문가협의회 등을 운영하도록 하고 있다.

2014년 6월에는 시장개방 확대, 고령화, 농가소득 정체 등으로 점차 경쟁력을 상실해 가고 있는 농업의 경쟁력 강화를 위해 농업을 제조·가공·유통·관광 등 타 산업과 연계하여 종합산업으로 육성시키기 위해 '농촌융복합산업 육성 및 지원에 관한 법률'을 제정하였다. 동법은 2015년 6월 4일부터 시행되고 있다.

농촌융복합 산업 관련 정책은 현재 '6차 산업' 형태로 추진되고 있다. 농림축산식품부의 2015년 업무계획에 따르면, 관련 사업 연계·협력을 통한 지역농업의 6차 산업화 촉진을 위해 도별로 1개소의 '6차 산업 활성화 지원센터'를 중심으로 경영체 유형별 맞춤 지원을 하도록 하였다.[26]

(4) 산업융합발전위원회

'산업융합촉진법' 제8조에 근거해 설립된 산업융합발전위원회는 산업융합 정책의 총괄 심의·조정기구로 국무총리를 위원장으로 관계 중앙행

26 농림축산식품부, '2015년 농식품부 업무계획', 2015. 1.

정기관의 장[27] 및 민간위원 등 25명으로 2012년 3월에 설치되었다. 이 위원회의 주요 역할은 산업융합 촉진을 위한 기본계획 등 주요 정책의 수립, 산업융합 관련 재정 확보방안 마련, 산업융합 관련 국가표준 및 인증에 관한 사항, 산업융합과 관련된 기업의 애로 및 건의사항과 산업융합 촉진 옴부즈만이 보고한 사항, 융합 신사업의 지원에 관한 사항 등을 심의·조정하는 것이다.[28] 산업융합발전위원회의 효율적 업무수행을 지원하기 위해 관계부처(4급 이상) 및 주요 분야 전문가 25명으로 구성된 '산업융합발전전문위원회'를 운영하고 있다.

한편, 산업융합발전위원회는 그 구성과 운영 등에 대해 별도의 홈페이지를 통한 정보공개는 하지 않고 있다.

(5) 정보통신전략위원회

'정보통신 진흥 및 융합 활성화 등에 관한 특별법'이 2014년 2월 발효됨에 따라 동법 제7조에 근거해 '정보통신전략위원회'가 2014년 5월 공식 출범했다. 동 위원회는 국무총리를 위원장으로 미래창조과학부 장관 등 정부위원[29] 12명, 민간위원 13명 등 총 25명으로 구성되었다.

출범과 동시에 진행된 제1차 회의에서는 정보통신 진흥 및 융합 활성화 기본계획, 사물인터넷 기본계획, 정보통신 진흥 및 융합 활성화를 위한 법

---

27 관계 중앙행정기관이란 기획재정부, 미래창조과학부, 행정자치부, 문화체육관광부, 농림축산식품부, 산업통상자원부, 보건복지부, 환경부, 국토교통부, 해양수산부, 중소기업청 등이다.

28 산업융합발전위원회가 설립되기 전에 추진된 산업융합 관련 종합계획은 국가과학기술위원회(나노융합산업 발전전략), 위기관리대책회의(제1차 IT융합 확산전략), 중장기전략위원회(제2차 IT융합 확산전략), 나노융합주간 개막식(나노융합 확산전략) 등에 보고 · 발표되었다.

29 기획재정부장관, 교육부장관, 행정자치부장관, 문화체육관광부장관, 산업통상자원부장관, 보건복지부장관, 국토교통부장관, 방송통신위원회 위원장, 국무조정실장, 중소기업청장 및 전략위원회에 상정되는 안건과 관련되어 전략위원회 위원장이 지정하는 중앙행정기관의 장이 해당된다.

제도 개선방안, 네트워크 장비산업 상생발전 실천계획 등을 심의·의결하였다.

동 위원회 산하에는 정보통신 기술 진흥·활성화를 위한 법·제도 개선 및 정보통신기술 관련 단체의 애로사항을 심의하는 '정보통신 활성화 추진 실무위원회'가 구성되었다. 이 실무위원회는 미래창조과학부 제2차관을 실무위원장으로 민간전문가 위주로 구성(민간위원 21명, 정부위원 6명)되었다. 5개 분과(총괄분과, 통신·방송·콘텐츠 분과, 인터넷·정보보호 분과, SW·융합분과, 대중소상생 분과)가 활동 중이다.

(6) 국가산업융합지원센터

산업융합촉진법 제26조에 의해 산업융합의 촉진과 융합 신산업의 발전을 효율적으로 지원하기 위해 산업융합지원센터를 지정할 수 있게 됨에 따라 지식경제부가 한국생산기술연구원(KITECH)을 산업융합지원센터로 지정하였다. 이에 근거해 2012년 1월 한국생산기술연구원 경기지역본부에서 '국가산업융합지원센터'가 개소되었다.

동 센터는 산업융합 촉진, 융합 신산업 발전을 지원하기 위해 정책기획, 기업지원, 정보서비스 등의 업무를 수행한다. 정책지원을 위해서는 융합시장의 조사와 분석, 산업융합 연구개발 사업, 융합산업 활성화 사업, 융합지수 개발 및 적용 등을 수행하고, 기업지원을 위해서는 산업융합 창업 및 경영지원, 융합 신제품 개발 및 전문인력 지원 등을 수행한다. 정보서비스 차원에서는 산업융합통계 구축, 융합비지니스 모델 발굴, 시범사업 등을 추진한다.

(7) ETRI 융합기술연구생산센터

미래창조과학부 연구개발특구 육성사업의 일환으로 설립된 융합기술 산업화의 전초기지로 기업이 융합기술 사업화를 추진할 때 공통적으로 필요로 하는 제품 디자인, 시제품 제작, 시험 등의 지원을 위해 금형, 사출,

목업, SMT(Surface Mount Technology)[30], 테스트베드, 기업연구, 생산공간 및 창업공작소 등을 구축하여 운영하고 있다.

2010년 수립된 'IT융합 확산전략'에서는 동 센터를 통해 융합부품, 융합SW 등의 분야에서 IT융합 기업의 인큐베이팅을 지원하고 융합기술 기업을 양성하도록 하고 있다.

(8) SW융합혁신센터와 IT·SW융합지원센터

'SW융합혁신센터'는 SW중심사회를 전산업 분야로 확산하기 위해 추진하는 사업으로 대·중소기업 R&D 협력을 통해 중소 IT기업 육성 및 SW융합 신시장 창출을 목표로 하고 있다. 중소 IT기업은 정부의 지원 하에 대기업과 함께 필요 기술과 융합 제품을 기획·개발하고, 우수 기술과 제품은 수요 대기업의 양산계획에 반영하여 상용화 한다.[31] 2009년부터 시작된 SW융합혁신센터는 현재 자동차, 섬유, 건설, 조선, 항공, 에너지 등 6개 분야가 구축되었다.[32]

'IT·SW융합지원센터'는 2009년부터 산업별 수요 기업과 중소 IT·SW기업간 교류 및 네트워크 구축을 통해 IT·SW융합 비즈니스 모델 발굴과 수요 연계 기능을 수행하며, 현재 차량, 의료, 섬유, 안전, 에너지, 농업, 복지, 원전, 뿌리산업 등 9개의 지원센터가 구축되어 운영되고 있다. IT·SW융합지원센터는 2011년부터 2013년까지 3년간 11건의 비즈니스 모델을 발굴하여, 계약 체결 67건, 계약금액 166억 원, MOU체결 56건

---

30 SMT(Surface Mount Technology)는 작은 부품을 인쇄회로기판(PCB, Printed Circuit Board) 위에 올려놓는 표면실장기술을 말한다.

31 미래창조과학부 보도자료, "SW중심사회를 에너지 분야로 확산 추진", 2014.10. 1.

32 예를 들어 차량 분야는 차량IT융합산업협회(주관), 현대자동차와 현대모비스(참여) 컨소시엄, 항공 분야는 한국항공우주산업(주관), 한국항공우주산업진흥협회와 한국산업기술시험원(참여) 컨소시엄, 에너지 분야는 한국BEMS협회(주관), 삼성전자(참여)컨소시엄이 선정되어 운영 중이다.

등 총 123건의 사업연계 성과를 냈으며, 제도 개선을 위한 과제 60건을 발굴하여 18건(1~4년간 총 153억 원 규모)에 대해 정부 및 지방자치단체의 연구개발 사업으로 연계하였다.[33]

(9) IoT · 융합사업단

2012년 9월에 발표된 제2차 'IT융합 확산전략(2013~2017)'에서는 IT융합 성장 환경 조성을 위해 부처 간 정책 공유, 규제 개선 등 협력방안을 일관성 있게 추진할 수 있도록 'IT융합 정책협의회'를 설치하도록 하였으며, 정보통신산업진흥원(NIPA)에 IT융합단을 설치하여 간사역할을 하도록 하였다.

이에 따라 설치된 IT융합단은 현재 'IoT · 융합사업단'으로 개편되었으며, IT융합, IoT, 3D 프린팅 등 신성장 산업분야에 대한 스타트업 및 중소전문기업 육성과 신서비스 및 제품 발굴을 목표로 다양한 실증 · 확산 사업 지원, 지역 거점을 통한 기술 지원, 정책연구 및 산업 실태조사 등을 통해 관련 산업의 활성화 및 시장 창출을 추구하고 있다.

(10) 나노융합산업협력기구

2009년 '나노융합산업 발전전략'이 수립된 이후 동년 3월 나노융합 신산업 창출을 위한 기술센터 설립 및 R&D 프로젝트 도입 방안이 마련되면서 동년 12월에 한국기계연구(KIMM)원 내에 '나노융합산업협력기구'가 설립되었다. 나노융합산업협력기구는 나노융합 상용화 플랫폼 촉진 및 활용 사업을 수행(2010~2015년, 총 107억 원)하면서 2012년 12월 나노융합산업 통합정보시스템인 '나노인'을 개설하였으며, 2013년 2월 나노융합산업 통계 기반을 구축하였다. 현재 나노융합산업협력기구는 나노융합 산업정책 고도화, 나노융합 산업통계 및 정보시스템 운영, 나노융합 기술

---

33 미래창조과학부 보도자료, "농업 · 에너지 등 9개 산업별 IT(정보통신) · SW(소프트웨어) 융합지원센터 성과보고회 개최", 2014. 4.30.

과 제품 확산 네트워크 구축, 나노융합 제품 표준화 및 인증, 나노기술기반 창업 촉진 및 활성화 등의 업무를 수행하고 있다.

(11) (재)나노융합2020사업단

2010년 11월 '나노융합2020 기획위원회'가 출범한 후 2012년 5월 '나노융합2020 사업추진계획'이 확정되면서 동년 8월 출범한 '(재)나노융합2020사업단'은 연구기관·연구자가 자체 재원 혹은 정부지원 연구사업을 통해 획득한 나노기술(특허화된 기술)을 기업의 수요(제품 아이디어)로 연결하여 사업화할 수 있도록 지원하는 역할을 수행하였다.

'나노융합 확산전략(나노 PLUS+ 2020)'에서는 (재)나노융합2020사업단을 통해 창의자본(지식재산전문회사)과 연계하여 나노분야 중소·중견기업이 보유한 우수 기술·특허에 대한 투자 및 사업화를 지원하도록 했다.[34]

현재 (재)나노융합2020사업단은 우수성과 사업화 지원 사업과 현안해결 나노기술 매칭지원 사업 및 나노기술 산업 동향조사, 나노기술 관련 자료를 제공하고 있으며, 나노기술 산·학·연 교류회 등을 개최하고 있다.

(12) ICT융복합지원센터

2013년 8월 수립된 '농식품 ICT융복합 확산대책'에 따르면, 농식품 ICT 융합정책의 집행 전담기관으로 '농림수산식품교육문화정보원'을 지정하고 있다. 이에 따라 동 정보원은 IT융합팀(2013년 5월 신설)의 역할 강화를 통해 농식품 ICT 융합 관련 표준화 및 기술검증, 모델화 사업관리, 성과평가, 기술지원, 전문가 협의회 운영 등을 지원하고 있다.

이에 현재의 IT융합팀을 중심으로 ICT융복합지원센터의 기능 및 역할을 정립하였으며, 2014년 부터 2015년까지 지원센터를 구축(사업팀, 융합인증, 모델확산, 기술지원 등 4개 팀으로 구성)하여 운영하고, 2016년

---

34 지식경제부, 2012: 11.

부터 2017년까지 지원센터를 더욱 확대할 계획이다. 즉, IT융합팀이 'ICT 융복합지원센터'로 확대 개편되는 것이다.

이 지원센터는 과제 및 세부 기술요소에 대해 DB화하고, 국내·외 IT융복합 현황, 확산 대상 경영체 현황 등 기초통계를 구축하고, 분야별 IT융합모델 시스템 구축 표준 가이드라인 및 센싱, 네트워크, 제어 관련 범용 사용이 가능한 표준 모듈 관리, 시스템 구축 후 농업인들이 효율적으로 사용할 수 있도록 활용 교육, 기술지원, AS 등 사후관리체계를 구축하는 역할을 담당한다.

(13) 전남 농식품 ICT 거점지원센터

전남 농식품 ICT거점지원센터는 농림축산식품부가 정보통신기술 확산 사업 농가의 경영안정화를 지원하기 위하여 2014년부터 추진하고 있는 사업이다. 전라남도가 농림축산식품부의 융복합모델화 공모사업에 선정되어 정보통신기술 거점지원센터를 전남농업기술원에 설치한 것이다. 대학교, 시군 농업기술센터, 컨설팅 전문업체와 협력체계를 통해 서비스 체계를 구축하였다.

이 센터는 2015년에 정보통신기술 확산사업으로 복합 환경관리 제어시스템을 활용한 농가 34호를 대상으로 환경관리 제어기술 및 생육전반에 관한 전문컨설팅을 추진했다. 아울러 ICT의 농업분야 적용확대를 위하여 환경관리 시스템을 이용한 농가 110호를 대상으로 활용실태를 조사하고 애로사항을 발굴해 사업에 반영할 예정이다.[35]

(14) 기술인문융합창작소

기술인문융합창작소(Techno Humanities Atelier)는 2011년 11월 개

35 원예산업신문, 2015. 9. 7.

최된 'tech+ 2011'[36]에서 지식경제부 장관이 '따뜻한 R&D 36.5℃' 전략 발표를 통해 기술인문 융합연구를 체계적으로 추진하기 위한 전문연구기관이 설립될 필요가 있다고 한 후, 2012년 4월 서울 동숭동 대학로에 개소되었다.[37]

2012년의 '제1차 산업융합 발전 기본계획(2013~2017)'에서는 인문(인문·사회·예술 등)과 기술(IT·BT·NT·CS 등 융합기술)의 만남을 지원하기 위해 기술인문융합창작소의 기능을 활성화하도록 하고 창작소와 유관 대학 및 연구기관간의 연계체계를 구축하여 운영할 수 있도록 하였다.

동 창작소에서는 기술인문융합형 지식의 창출·공유·확산을 위해 'tech+'와 '창의융합콘서트'를 개최하고 있으며, 기술인문융합형 교육 프로그램 개발 및 보급, 기술인문융합형 정책 연구(신사업 기획, 융합사례조사 분석 등), 산업기술 문화 확산(청소년 창의공작 플라자, 청소년 창의기술인재센터, 산업기술 저변 확충을 위한 대한민국 기술대상) 등도 수행하고 있다.

이 중에서 가장 활발하게 이루어지고 있는 '창의융합콘서트'는 산업기술과 인문학 전문가를 통해 한가지 산업 이슈(주제)에 대한 두 가지 관점을 나누고 참가자와 직접 소통하는 참여형 지식 콘서트 형태로 2012년 8월부터 월 1회~2회 정기 콘서트를 운영하고, 페이스북, 블로그, 유튜브 등 접근성이 용이한 온라인 플랫폼을 활용하여 지속적으로 성과를 공유하고 있다. 2015년에는 총 34회차까지 운영되었다.

---

36 'tech+ 2011'은 2011년 11월 9일부터 10일까지 지식경제부와 한국산업기술진흥원이 개최하였으며, 국내·외 문화예술 및 기술 분야 전문가들이 강연을 하는 지식콘서트이다. 이 행사는 2009년부터 개최되었다.

37 동 창작소는 한국산업기술진흥원 산하기관이다.

2. 집행기구 분석

앞에서 살펴본 융합정책의 집행기구를 분석해 보면 다음과 같은 특징이 있다.

첫째, 융합기술, 산업융합, 정보통신 진흥 및 융합 활성화 정책의 최고 심의·의결 기관의 성격이 매우 다양하다. 융합기술 정책은 국가과학기술심의회에서 '심의'하고, 산업융합 정책은 산업융합발전위원회에서 '심의'한다. 그러나 정보통신 진흥 및 융합 활성화 정책은 정보통신전략위원회에서 '심의·의결'한다. 3개 위원회 모두 국무총리 소속이고, 위원회 구성 방법이나 업무의 특성도 유사하지만 2개의 기관은 심의 권한만 있는 반면, 1개의 기관은 심의·의결기관인 것이다.

둘째, 제5장과 제6장에서 살펴본 바와 같이, 융합기술과 산업융합 정책 간의 연관성이 높고, 이로 인해 어떤 경우에는 두 분야의 정책이 유사한 정책목표와 정책수단, 동일한 사업을 대상으로 함에도 불구하고 서로 다른 위원회에서 심의·의결하고 있다는 것이다. 초기 기술간 융합을 중심으로 융합정책이 추진되면서 기술관련 부처인 과학기술부를 중심으로 융합기술 정책을 결정·집행하였고, 2010년 이후 산업융합에 대한 관심이 증가하면서 산업융합 정책은 산업관련 부처인 지식경제부를 중심으로 결정·집행되었다. 이에 따라 융합기술 정책(기본계획)의 심의·조정은 과학기술기본법에 근거해 국가과학기술심의회에서, 산업융합 정책(기본계획)의 심의·조정은 산업융합촉진법에 근거해 산업융합발전위원회에서 하고 있다. 또한 정보통신 관련 융합 정책은 미래창조과학부가 중심이 되어 수행하고, 이에 대한 심의·의결은 정보통신 진흥 및 융합 활성화 등에 관한 특별법에 근거해 정보통신전략위원회에서 한다.

물론 산업융합촉진법 제8조에서 산업융합발전위원회가 산업융합 관련 정책을 심의·조정할 때에 과학기술 관련된 사항에 대해서는 국가과학기술심의회와 미리 협의하도록 하고 있다. 그러나 상호 관련성이 높고, 유사한 정책목표와 수단, 동일한 사업 등을 대상으로 하는 정책을 서로 다른 기관에서 수립하고, 서로 다른 기관에서 심의 또는 의결하는 것은 각 정책 간의 조정이나 협의를 어렵게 할 뿐만 아니라 관할 업무에 대한 갈등, 절차의 복잡성, 정책의 추진력 저하, 업무의 중복, 시간·비용의 낭비 등 다양한 측면에서 비효율성을 증가시킬 수 있다.

셋째, 심의회와 각 위원회 산하에는 실질적인 심의·조정 업무를 지원하기 위해 전문위원회 또는 실무위원회 등을 두고 있으나, 전문위원회 또는 실무위원회의 구성이나 관련 정보의 공개 등의 측면에서 매우 상이하다. 국가과학기술심의회는 각 20명 이내로 구성된 9개의 전문위원회를 운영하고 있으며, 이 중에서 'ICT·융합전문위원회'를 두고 운영위원회에 상정할 안건에 대해 실무적으로 검토하도록 하고 있다. 산업융합발전위원회도 전문위원회를 구성하여 산업융합 관련 정책 심의 안건에 대해 검토 및 조정하도록 하였으나, 위원회 구성에 대한 구체적인 내용은 공개되지 않고 있다. 정보통신전략위원회는 27명으로 구성되는 '정보통신 활성화 추진 실무위원회'를 두고 산하에 5개 분과를 운영하고 있으며, 융합에 대해서는 SW·융합분과에서 담당하고 있다.

넷째, 융합정책 수립을 위한 전문가의 활용이 일시적이고, 단일목적 지향적이다. 융합 정책의 수립에 있어서 전문가는 대부분 자문위원 형태로 활용되었고, 기본계획이나 종합계획이 수립되면 해체되었다. 국가융합기술 발전 기본계획 수립을 위해 구성된 '융합기술 실무추진위원회'는 2007년 10월 구성되어 2008년 10월 해체되었고, NBIC 국가융합기술 지도 수립을 위해 구성된 '융합기술지도 발전 자문위원회'는 2009년 5월 구성되어 2010년 8월 해체되었다. 또한 '나노융합 확산전략'을 수립한 '나노융합

2020 기획위원회'는 2010년 11월 출범하여 2012년 5월 해체되었다.

기본계획을 수립하기 위해서는 많은 정보와 자료를 수집하고 분석하기 때문에 자문이나 위원회 활동을 통해 더 높은 전문역량을 쌓을 수 있다. 또한 융합정책의 특성상 해당 분야에 대한 지식과 연구 경험은 다른 융합정책의 수립과정에서도 새로운 대안의 개발이나 정책의 중복 방지 등 많은 기여를 할 수 있다. 그러나 자문이나 위원회 활동이 일회성으로 끝나기 때문에 비록 다른 기본계획이나 정책 수립에 다시 전문가로 참여한다 해도 기존에 축적한 전문 역량과 연구결과를 활용하는데 한계가 있게 된다.

다섯째, 융합정책이 2007년부터 현재까지 9년간 추진되는 동안 주도적으로 정책을 추진해 온 정부부처가 여러 차례 개편되고 최고 정책결정자도 다수 교체되었다. 융합정책의 대표적 집행기구인 미래창조과학부와 산업통상자원부는 각각 3회의 조직개편을 겪었고, 각각 6, 7명의 장관이 교체되었다. 심지어 이명박 정부의 산업융합을 주도했던 지식경제부는 5년 동안 총 4명의 장관이 교체되었다.[38] 이 경우 융합정책과 같이 대부분 관계부처 합동으로 추진되는 정책은 일관성과 연속성 확보는 물론 정책의 집행 성과를 추적하는 것도 쉽지 않다.

여섯째, 융합기술, 산업융합, 정보통신 융합, 농업 ICT융합 정책을 지원하기 위한 전담기관이 개별적으로 설치되어 있을 뿐만 아니라 소속도 연구기관이나 전담기구의 부설 센터나 조직의 한 단위 형태로 되어있다. 융합기술 정책지원 기관인 '융합연구정책센터'는 한국과학기술연구원, '국

---

38 미래창조과학부와 산업통상자원부의 조직개편과 장관 역임 내용은 다음 표와 같다.

융합기술			산업융합		
과학기술부	김우식	2006.02.10.~2008.02.28.	산업자원부	김영주	2007.0.29.~2008.02.28.
교육과학기술부	김도연	2008.02.29.~2008.08.06.	지식경제부	이윤호	2008.02.29.~2009.09.18.
	안병만	2008.08.06.~2010.08.30.		최경환	2009.09.19.~2011.01.26.
	이주호	2010.08.31.~2013.03.11.		최중경	2011.01.27.~2011.09.27.
미래창조과학부	최문기	2013.04.17.~2014.07.05.		홍석우	2011.11.17.~2013.03.11.
	최양희	2014.07.16.~현재	산업통상자원부	윤상직	2013.03.13.~2016.01.13.

가산업융합지원센터'는 한국생산기술연구원의 소속기관이다. 'IoT·융합사업단'은 정보통신산업진흥원, 'ICT융복합지원센터'는 농림수산식품교육문화정보원의 일부 조직에 해당된다. 물론 이는 근거 법률, 소속 행정부처, 업무의 영역과 특성 등이 서로 다르기 때문에 그 자체만으로 문제가 있다거나 개편이 필요하다고 말할 수는 없다. 다만 향후 융합정책의 위상 변화와 융합정책 거버넌스 개편 등에 의해 영향을 받을 수 있다.

일곱째, 정부의 융합기술 교육과 융합인재 육성 정책의 연속성과 융합성이 부족하고, 각 대학의 융합 관련 대학(학부), 대학원, 연구소 구성이 특성화 측면에서 미약하다. 예를 들면 노벨상 수상자 등 연구역량이 탁월한 해외 학자를 한국 대학에 유치하여 대학의 교육 및 연구역량을 강화하고 미래 국가 발전 핵심 분야 연구와 인력을 양성하기 위해 추진한 '세계 연구중심 대학(WCU)' 사업은 5년 동안 지속되다 폐지됨으로써 이 사업으로 인해 개설된 학과의 운영에 차질이 발생하게 되었다.[39] 출연(연) 현장 중심의 실용화 교육을 통해 핵심 융합기술 인력을 양성하기 위해 설립된 과학기술연합대학원대학교는 현장 중심의 실용화 교육이라는 측면에서는 소기의 목적을 이루고 있으나, 출연(연)을 연계한 융합교육은 크게 활성화되지 못하고 있다. 또한 서울대학교, KAIST, 연세대학교 등 주요 대학에서 운영하는 대학(학부), 대학원, 부설연구소 등은 대부분 NT, BT, IT 분야의 융합을 유사하게 연구하고 있어 중복적일 뿐만 아니라 대학 내와 대학간, 학부와 대학원 및 연구소간의 연계 체계가 미흡한 실정이다.

여덟째, 출연(연)간의 융합연구는 주로 정부 주도로 이루어지고 있다. 현재 출연(연)간 융합연구 사업은 국가과학기술연구회가 추진하고 있는

39 이 사업을 통해 학과를 개설한 학교의 경우 신입생을 추가로 뽑지 못하는 등의 문제가 발생했다(전자신문, "후속관리 안되는 정권형 연구사업…WCI사업 외국인 떠나고, 예산 축소되고", 2014.11.20).

융합연구단이 대표적이다. 출연(연)의 특성상, 연구를 위한 재원이 정부의 출연금 또는 연구과제중심제도(PBS, Project Base System)로 이루어져 있어 출연(연)간 융합연구를 위해서도 별도의 재원이 필요하다. 그러나 정부의 재원에만 의존하게 되면, 융합연구의 다양화와 융합연구의 실용화를 꾀하기 쉽지 않다.

3. 집행기구 발전방향

융합기술 및 산업융합 정책의 집행기구에 대한 현황과 분석을 토대로 향후 융합기술 및 산업융합의 활성화를 위한 발전 방향을 제시하면 다음과 같다.

첫째, 융합정책을 총괄하기 위해 국무총리가 위원장인 현재의 산업융합발전위원회를 '융합기술 및 산업융합 발전위원회'로 확대 개편해야 한다. 이 위원회는 융합기술에서 산업융합에 이르는 제반 융합정책을 심의·조정할 뿐만 아니라 의결하는 기능도 갖추는 것이 필요하다. 심의 기능 이외에 의결 기능을 추가하는 것은 총괄적인 정책결정 기관으로 힘을 실어 주어야 정책집행의 추진력을 확보할 수 있기 때문이다. 이러한 체제하에서 국가과학기술심의회와의 협의, 정보통신전략위원회와의 업무 조정 등이 이루어지는 것이 바람직하다. 아울러 '융합기술 및 산업융합발전위원회'로 개편될 경우 이 위원회의 홈페이지를 별도로 구축하여 구성, 운영 및 심의 안건 등에 대한 정보를 공개하여 대국민 홍보를 강화해야 할 것이다.

둘째, '융합기술 및 산업융합 발전위원회' 산하의 전문위원회 체계를 강화함으로써 실질적인 통합 정책이 수립될 수 있는 기반을 갖추어야 한다. 전문위원회는 IT, BT, NT 등의 융합기술 뿐만 아니라 기술간, 기술과 산업간, 산업간, 기술·산업·학문간 융합이 자연스럽게 이루어질 수 있도록 세부 전문위원회를 구성하고, 관련 행정부처의 공무원과 민간전문가로 구성하도록 한다. 또한 전문위원회를 통해 실질적인 '융합기술 및 산업융합 기본계획'이 수립되고, 이의 집행은 관계 정부부처에서 매년 관련 분야의 시행계획을 수립하여 시행하도록 한다. 전문위원회는 매년 융합정책의 집행성과를 점검·평가하여 차년도 시행계획에 반영할 수 있도록 한다. 이런 체제가 구축되면, 정부부처의 조직개편이나 장관의 교체에 영향을 받지 않고 일관성 있고 체계적인 융합정책을 수립할 수 있게 될 것이다.

셋째, 전문위원회의 바람직한 정책수립을 지원할 수 있도록 전문가들이 참여할 수 있는 다양한 연구반을 운영하는 것이 필요하다. 연구반은 미래사회와 기술 전망, 인구구조·산업구조의 변화와 파급효과 분석, 사회문제 탐구, 융합의 효과와 적용 가능성 분석 등 융합정책을 수립하는데 필요한 주제별로 구성하고, 기본계획의 수립 여부와 관계없이 독립적이고 지속적으로 활동할 수 있도록 보장해야 한다. 또한 한 명의 전문가가 하나의 연구반에만 참여하기보다는 2~3개의 연구반에 중복적으로 참여함으로써 주제 간의 연결성을 확보하며, 연구반의 연구결과는 융합정책의 수립뿐만 아니라 국가의 다른 중요한 정책 수립에도 활용될 수 있도록 개방성을 확보하는 것도 중요하다. 물론 연구반에는 산·학·연·관의 기술전문가 및 산업전문가, 거시 및 미시경제 전문가, 시장 분석 전문가, 미래학자, 인문사회학자, 디자인 전문가 등 다양한 전문가가 참여하도록 구성하는 것이 필요하다.

넷째, '융합기술 및 산업융합 발전위원회'와 전문위원회를 중심으로 융합정책이 수립되는 체계로 개편되면, 각 행정부처 산하의 정책지원 기관도 업무 조정 및 특성화가 필요하다. 또한 전문위원회의 정책 수립 역량을 강화할 수 있도록 전문위원회와 정책지원기관과의 연계성을 확보할 수 있는 체계도 갖추어야 한다.

다섯째, 융합기술 교육과 융합인재 육성을 위한 정책은 지속적이고 안정적으로 추진하는 것이 바람직하다. 교육이나 인재육성은 단기간에 이루어질 수 없기 때문에 정권에 따라 새로운 정책을 추진하기 보다는 기존 정책의 성과를 향상시킬 수 있도록 정책이나 제도를 보완하는 방향으로 접근하는 노력이 필요하다.

여섯째, 융합기술 교육이나 융합인재 육성을 담당하고 있는 대학이나 교육기관은 학부-대학원-연구소가 상호 연계될 수 있도록 교육 프로그램을 설계할 필요가 있다. 기관 자체적으로 이러한 연계 프로그램이 어렵다면 타 기관과의 제휴나 협업을 적극 활용하는 것도 바람직하다. 융합인재는 단기간, 개별적인 교육으로 얻을 수 있는 것이 아니기 때문이다.

일곱째, 기술개발에 있어서는 상호 경쟁이 기술 수준을 향상시킬 수 있다는 점에서 여러 기관이 동일한 주제로 다양한 방법을 활용하여 연구하는 것이 필요하다. 그러나 교육에 있어서는 상호 경쟁보다는 상호 협력이 더욱 바람직하다. 따라서 대학이나 교육기관의 경우 유사한 융합관련 학과, 대학원, 연구소를 상호 경쟁적으로 신설 또는 운영하기 보다는 특성화 등을 통해 상호 협력함으로써 응집력 있고 다양한 역량을 갖춘 융합인재를 양성할 수 있는 방안을 모색하는 것이 필요하다.

여덟째, 출연(연)의 융합연구 활성화를 위해 민간기업이나 지방자치단체 등과의 교류가 더욱 활발하게 이루어질 필요가 있다. 최근 사회문제 해결이나 중소기업 역량 강화를 위한 출연(연)의 역할 요구가 증가하고 있다. 이러한 요구에의 대응은 정부 주도의 하향식(top-down) 접근방식보다는 현장 중심의 상향식(bottom-up) 접근방식이, 출연(연) 개별적 대응보다는 출연(연)간 협력적 대응이 문제해결을 위한 창의적인 대안 개발이나 중소기업 수요의 혁신적 해결에 더 효율적이고 효과적이라 판단된다.

제2절 재정 분석 및 발전방향

1. 연구개발 및 산업 활성화 투자

1) 연구개발 및 산업 활성화 투자 현황

정책수단으로서의 '재정'은 정책의 실행력을 확보해 줄 뿐만 아니라 정책 우선순위와 중요성을 짐작하게 해주고, 정책의 집행성과를 직·간접적으로 산출해 낼 수 있기 때문에 매우 중요하다.

융합기술과 산업융합에 대해 정부는 2009년도부터 지속적으로 예산을 투입해 왔으며, 다부처가 관련된 융합정책의 특성상 재정 투입 규모 및 개별 사업 현황은 매우 크고 광범위하다. 정부의 융합기술 및 산업융합 관련 기본계획만을 대상으로 보면,[40] 융합정책에 대한 예산을 투입하기 시작한 2009년부터 2015년까지 투입된 정부 재정규모는 총 21조 966억 원 규모이고, 세부 사업 또는 중점 추진 사항도 대략 200여개 이상이 된다.[41]

본서에서는 이것을 모두 세부적으로 다루기보다는 융합기술에 대한 연구개발투자는 '국가융합기술 발전 기본계획(2009~2013)' 과 '창조경제 실현을 위한 융합기술 발전전략'을 근거로 하여 핵심 전략 중심으로 살펴보고, 산업융합에 대한 재정 투입은 '제1차 산업융합 발전 기본계획(2013~2017)', '나노융합 확산 전략' 및 2013년부터 시행하고 있는 '농식품 ICT 융복합 확산 대책'에 근거해 살펴보고자 한다.

---

40 '국가융합기술 발전 기본계획(2009~2013)', '창조경제 실현을 위한 융합기술 발전전략', '제1차 산업융합발전 기본계획(2013~2017)'이 이에 해당된다.

41 '국가융합기술 발전 기본계획(2009~2013)'의 6대 54개 세부사업, 창조경제 실현을 위한 융합기술 발전전략의 2015년 122개 사업, 2014년도 산업융합발전 실행계획의 30여개 부처별 중점 추진사항을 말한다.

(1) 융합기술 분야

가. 국가융합기술 발전 기본계획(2009~2013)

이 계획은 융합기술에 대해 실질적으로 세운 첫 번째 국가계획으로 볼 수 있으며, 융합기술을 정의하고 융합기술을 분류하는 등 융합기술 정책의 뼈대를 세운 매우 중요한 계획이다. 이 계획에는 원천융합기술 수준 향상과 미래 주도형 융합 신산업 창출을 목표로 6대 전략, 54개 세부사업을 구분하고 있다. 이를 위해 〈표 7-4〉에서 보는 바와 같이 2009년부터 2013년까지 5년 간 총 8조 8,117억 원을 투자하였다. 융합기술 (R&D)정책에 투자한 비중은 정부 전체 (R&D) 투자의 평균 11.9%를 차지하였으며,[42] 이 비중은 년도별로 약간의 차이는 있지만 큰 변동은 없었다.

〈표 7-4〉 정부의 연도별 융합기술 R&D 투자현황 (단위 : 억 원, %)

구 분	2009년	2010년	2011년	2012년	2013년	합계
융합기술R&D 투자(A)	15,472	15,312	17,628	19,331	20,374*	88,117
전체 R&D 투자(B)	124,145	136,827	148,528	159,064	169,139	737,703
정부 융합기술 R&D 투자 비중(A/B)	12.5	11.2	11.9	12.2	12.0	11.9

* 2013년도 융합기술R&D 투자현황은 투자계획임.

* 출처 : 관계부처합동, 2013b: 3.

융합기술 정책에 대한 부처별 투자금액을 보면, 〈표 7-5〉에서 보는 바와 같이 미래창조과학부와 산업통상자원부를 중심으로 투자가 이루어졌다. 2013년 투자 계획을 보면, 미래창조과학부가 1조 573억 원으로 전체 융합기술 R&D 투자규모의 51.9%를 차지하였고, 산업통상자원부가 4,165억 원으로 20.4%를 차지하여 두 부처가 융합기술 전체 R&D 예산

42 R&D 투자에는 연구개발사업에의 투자뿐만 아니라 융합 관련 산업활성화, 기반 조성, 인력양성에의 투자도 포함되어 있다.

의 72.3%를 운용하였다. 특히 미래창조과학부의 경우 R&D 투자규모가 2013년에 크게 증가하였는데, 이는 정부조직 개편과 함께 SW관련 사업이 지식경제부와 방송통신위원회로부터 이관되었기 때문이다.[43]

〈표 7-5〉 부처별 융합기술 R&D 투자현황 (단위 : 억 원)

구 분	2009년	2010년	2011년	2012년	2013년 계획
미래창조과학부	4,637	4,787	5,278	7,552	10,573
교육부	–	–	1,393	558	770
문화체육관광부	769	860	870	977	257
농림축산식품부	75	166	183	214	226
산업통상자원부	7,449	6,670	5,943	5,808	4,165
보건복지부	455	394	497	518	521
환경부	190	258	357	365	353
국토교통부	1,493	1,625	1,654	1,479	1,377
해양수산부	–	–	13	13	14
농촌진흥청	404	552	820	1,025	896
중소기업청	–	–	620	823	1,222
합 계	15,472	15,312	17,628	19,331	20,374

* 출처 : 관계부처합동, 2013b: 31.

‘국가융합기술 발전 기본계획(2009~2013)’의 6대 전략 별 중점 추진사업은 〈표 7-6〉과 같다.

〈표 7-6〉 6대 전략별 주요 중점 추진 사업

6대 전략	주요 중점 추진사업(예시)
원천 융합기술 조기 확보	– 차세대 통신 네트워크 산업언천 기술개발 사업 – 신기술 융합형 성장동력 사업 – 글로벌 프론티어 사업 등

43 김홍영 외, 2015: 54.

창조적 융합기술 전문인력 양성	- 세계수준의 연구중심대학(WCU) 육성사업 - 선도연구센터(국가핵심연구센터) 지원 등
융합 신산업 발굴 지원 강화	- 국제과학비즈니스벨트 조성 사업 - 첨단 융복합 콘텐츠 기술개발 사업 - 로봇산업 원천기술 개발 사업 - 정보통신미디어산업 원천기술 개발 사업 등
융합기술 기반 산업 고도화	- SW·컴퓨팅산업 원천기술 개발 사업 - 도시건축연구사업(구, 첨단도시개발 사업) - 플랜트연구사업(구, 플랜트기술 고도화 사업) 등
개방형 공동연구 강화	- 파스퇴르연구소 운영지원 사업 - 글로벌 연구네트워크 지원 사업 - 학제간 융합연구 지원 사업 등
범부처 연계 협력 체계 구축	- 대학 및 연구소의 융합분야 우수 유망기술 DB 구축 사업

* 출처 : 관계부처합동, 2013b: 35-39.

이 중에서 뒤에서 별도로 다룰 '창조적 융합기술 전문인력 양성' 전략을 제외하고 각 전략 별 추진 사업을 살펴보면 다음과 같다.

첫째, 원천 융합기술의 조기 확보를 위해 〈표 7-7〉에서 보는 바와 같이, 2009년부터 2013년까지 총 2조 6,107억 원이 투입되었다. 2009년과 2013년의 세부 중점사업별 예산(일반 예산과 기금을 포함)을 기준으로 볼 때, 16개 사업에 총 4,025억 원이 투입된 2009년에 가장 많은 예산이 투입된 사업은 '차세대 통신 네트워크산업 원천기술 개발 사업(988억 원)'이었고, 그 뒤를 이어 '바이오 의료기기산업 원천기술 개발 사업(801억 원)', '소규모 기초·원천 기술개발 사업(658억 원)', '신기술 융합형 성장동력 사업(430억 원)'이었다. 그러나 17개 사업에 총 6,183억 원이 투입된 2013년에는 '바이오·의료기술 개발 사업(1,347억 원)'이 가장 많고, '바이오 의료기기산업 원천기술 개발 사업(882억 원)', '글로벌 프론티어 사업(770억 원)', '방송통신인프라 원천기술 개발(665억 원)' 순으로 예산이 배정되었다.[44]

44 관계부처합동, 2013b: 13-15.

원천 융합기술 개발 사업은 미래 유망 융합기술 파이오니어 사업, 신기술 융합형 성장동력 사업, 바이오·의료 기술개발 사업 등이 포함되어 있는 '미래기술 및 시장 선점을 위한 원천 융합기술 발굴 및 지원' 영역이 80.0%(2조 899억 원)를 차지하고 있으며, 다른 영역의 예산은 감소해 온 반면, 이 영역의 예산은 크게 증가하였다.

〈표 7-7〉 '원천 융합기술의 조기 확보' 연도별 투자계획 (단위 : 억 원, %)

구 분	2009년	2010년	2011년	2012년	2013년	계
삶의 질, 미래환경을 향상시키기 위한 융합 신기술 개발	387.8	458.1 (18.1)	443.3 (-3.2)	371.6 (-16.2)	283.8 (-23.6)	1,944.6
미래기술 및 시장선점을 위한 원천 융합기술 발굴·지원	2,926.3	3,210.5 (9.7)	4,353.2 (35.6)	5,090.0 (16.9)	5,319.5 (4.5)	20,899.5
창의적·도전적 융합연구 지원 강화	711.4	638.0 (-10.3)	664.9 (4.2)	667.6 (0.4)	579.6 (-13.2)	3,261.5
합계	4,025.5	4,306.7 (7.0)	5,461.3 (26.8)	6,129.2 (12.2)	6,182.9 (0.9)	26,106.6

주 : ( )는 전년 대비 증감율
* 출처 : 관계부처합동, 2013b: 13.

기후변화에 따른 수산업 대응 방안 연구·수산환경 관리체제 구축, 차세대 맞춤의료 유전체 사업단·첨단의료기술 개발 사업, 한국인 유전체 분석 기반 연구 등을 포함하고 있는 '삶의 질, 미래환경을 향상시키기 위한 융합 신기술 개발' 영역은 2009년부터 2013년까지 총 1,944억 원이 투입되어 이 전략 부문 예산의 7.4%를 차지하였으며, 뇌과학 원천기술 개발 사업과 소규모 기초·융합연구과제를 지원하는 '창의적·도전적 융합연구 지원 강화' 영역에는 총 3,261억 원이 투입되어 12.5%를 차지하였다.[45]

원천 융합기술의 조기 확보를 위해 매년 16개 내지 19개의 사업들이 추진되었는데, 이들 가운데 대부분의 사업은 2009년부터 5년 연속 지속적

45 관계부처합동, 2013b: 35.

으로 수행되었으나, 차세대 맞춤의료 유전체 사업단·첨단의료기술 개발 사업과 방송통신 인프라 원천기술 개발 사업은 사업 추진 중에 세부 사업명이 변경되거나 신규 사업으로 추진되었으며[46], 글로벌 프론티어 사업[47]은 2010년부터 신규로 추진되었다. 또한 만성병 관리기술 개발 연구와 감염병 관리기술 개발 연구는 2013년부터 신규로 편입되었다.

둘째, 융합 신산업 발굴 및 지원 강화 사업은 〈표 7-8〉에서 보는 바와 같이, 2009년부터 2013년까지 총 2조 9,029억 원이 투입되었다. 2009년과 2013년의 세부 중점사업별 예산(일반 예산과 기금을 포함)을 기준으로 볼 때, 25개 과제에 총 4,266억 원이 투입된 2009년에 가장 많은 예산이 투입된 사업은 '정보통신미디어 산업원천 기술개발 사업(693억 원)'이었고, 그 뒤를 이어 '지식서비스·USN 산업원천 기술개발 사업(610억 원)'[48], '로봇산업 원천기술 개발 사업(528억 원)', '교통체계 효율화 사업(496억 원)'이었으나, 17개 사업에 총 8,347억 원이 투입된 2013년에는 '국제과학비즈니스벨트 조성 사업'이 1개의 단일 사업임에도 불구하고 가장 많은 2,930억 원이 투입 되었으며, '국가 농업생명공학기술 종합육성

---

46 보건의료 유전체·보건의료 기술 연구개발 사업이 완료되고 차세대 맞춤의료 유전체 사업단·첨단의료기술 개발 사업이 신규로 추진되었으며, 전파방송위성 원천기술 개발 사업은 방송통신 인프라 원천기술 개발 사업으로 변경되어 추진되었다(관계부처합동, 2013b: 14-15).

47 글로벌 프론티어 사업은 2020년까지 녹색성장을 선도할 수 있는 세계 최고 수준의 원천기술력을 확보하고, 세계적 수준의 지명도를 가지는 기초·원천 연구거점 네트워크 5개 이상을 육성하는 것을 목표로 한다. 2010년부터 2021년까지 12년 동안 총 2조 3,820억 원을 투자하는 연구개발 사업이다. 2008년 8월 성균관대학교, 과학기술정책연구원(STEPI), ㈜테크노베이션파트너스 등 3개 기관이 각각 1,000만 원 규모로 경쟁 기획을 시작하여 2008년 11월 ㈜테크노베이션파트너스의 기획연구 결과가 선정되었으며, 2008년 12월에 교육과학기술부의 2009년도 상반기 예비타당성조사 대상 사업으로 선정되었다(한국과학기술기획평가원, 2009.10: 1-3).

48 이 사업은 2011년부터는 '융합기술 기반 산업 고도화' 전략으로 추진되었다(관계부처합동, 2011: 33).

사업'에 809억 원, 2011년부터 편입된 '중소기업 융복합 기술개발 사업'이 782억 원, '로봇산업 원천기술 개발 사업'이 689억 원 순이다.[49]

〈표 7-8〉 '융합 신산업 발굴 및 지원 강화' 연도별 투자계획

(단위 : 억 원, %)

구 분	2009년	2010년	2011년	2012년	2013년	계
성숙기에 접어든 주력산업을 대체할 새로운 융합 신산업 발굴	3,457.8	3,110.7 (−10.0)	4,133.8 (32.9)	4,135.5 (0.0)	4,591.4 (11.0)	19,429.2
쾌적한 생활환경 구축을 위한 에너지·환경·교통 융합 신산업 육성	739.0	892.3 (20.7)	968.3 (8.6)	873.8 (−9.8)	826.1 (−5.5)	4,299.5
국제과학비즈니스벨트를 활용한 융합 신산업 창출 촉진	70.0	−	100.0	2,200.0 (2100.0)	2,930.1 (33.2)	5,300.1
합계	4, 266.8	4,003.0 (−6.2)	5,202.5 (30.0)	7,209.4 (38.6)	8,347.5 (15.8)	29,029.2

주 : ( )는 전년 대비 증감율

* 출처 : 관계부처합동, 2013b: 18.

융합 신산업 발굴 및 지원 강화 사업은 〈표 7-8〉에서 보는 바와 같이, '성숙기에 접어든 주력산업을 대체할 새로운 융합 신산업 발굴', '쾌적한 생활환경 구축을 위한 에너지·환경·교통 융합 신산업 육성', '국제과학비즈니스벨트를 활용한 융합 신산업 창출' 등 3개 영역으로 구분되어 추진되었다. 이 중에서 첨단 융복합 콘텐츠 기술개발, 로봇산업 원천기술 개발 사업, 정보통신미디어산업 원천기술 개발 사업 등이 포함되어 있는 '성숙기에 접어든 주력산업을 대체할 새로운 융합 신산업 발굴' 영역이 이 전략 부문 전체 예산의 78.5%(1조 9,429억 원)를 차지하고 있다. 특히 단일 사업으로 구성된 '국제과학비즈니스벨트를 활용한 융합 신산업 창출 촉진' 영역은 2012년부터 사업이 본격적으로 추진되면서 예산이 크게 증가하였다.

49 관계부처합동, 2009: 26; 2013b: 37.

융합 신산업 발굴 및 지원 강화 사업 중, '테라급 나노소자 개발', 'ITS 통합서비스를 위한 표준 플랫폼 기술개발' 등은 2009년에 추진되고 향후 시행계획에서는 빠졌으며, 'CT 경쟁력 강화', '콘텐츠 창작기반 기술개발', '미래 콘텐츠 기술개발' 등의 사업은 '첨단 융복합 콘텐츠 기술개발' 사업으로 통합되어 추진되었다. 또한 '무인 자동화 및 동식물 생산공장 시스템 개발 사업', '첨단 융합분야 중소기업 기술혁신 개발 사업', '중소기업 융복합 기술개발 사업' 등은 2011년부터 계획에 신규로 편입되었으며, '나노 메카트로닉스 기술개발 사업', '나노소재·21세기 프론티어 사업', '나노종합팹 시설구축 사업' 등은 2012년 수립된 '나노융합 확산전략'으로 편입되었다.

셋째, 융합기술 기반 산업 고도화 사업은 〈표 7-9〉에서 보는 바와 같이, 2009년부터 2013년까지 총 2조 224억 원이 투입되었다. 2009년과 2013년의 세부 중점사업별 예산(일반 예산과 기금을 포함)을 기준으로 볼 때, 9개 과제에 총 3,959억 원이 투입된 2009년에 가장 많은 예산이 투입된 사업은 'SW·컴퓨팅 산업원천 기술개발 사업(1,109억 원)'이었고, 그 뒤를 이어 '산업융합기술 산업원천 기술개발 사업(1,003억 원)', '첨단도시개발 사업(731억 원)', '플랜트기술 고도화 사업(190억 원)'이었으나, 14개 사업에 총 3,509억 원이 투입된 2013년에는 'SW·컴퓨팅 산업원천 기술개발 사업(소프트웨어)(1,134억 원)', '도시건축연구사업(구, 첨단도시개발 사업)(551억 원)', '산업융합기술 산업원천 기술개발 사업(551억 원)', '플랜트 연구 사업(구, 플랜트 기술 고도화 사업)(260억 원) 순이다.[50]

50 관계부처합동, 2009: 27; 2013b: 38.

〈표 7-9〉 '융합기술 기반 산업 고도화' 연도별 투자계획

(단위 : 억 원, %)

구 분	2009년	2010년	2011년	2012년	2013년	계
NT, BT, IT 등의 신기술 접목을 통한 기존산업의 고도화	2,168.4	2,435.0 (12.3)	2,364.7 (-2.9)	2,139.0 (-9.5)	1,998.2 (-6.6)	11,105.3
융합 지식서비스산업 발굴 및 육성	1,581.4	1,859.9 (17.6)	1,830.8 (-1.6)	1,410.8 (-22.9)	1,243.4 (-11.9)	7,926.3
건강 · 복지 · 안전 환경 등 삶의 질 향상 관련기술 고도화 사업	209.4	156.7 (-25.1)	273.3 (74.4)	285.8 (4.6)	267.4 (-6.5)	1,192.6
합계	3,959.2	4,451.7 (12.4)	4,468.9 (0.4)	3,835.7 (-14.2)	3,509.2 (-8.58)	20,224.7

주 : ( )는 전년 대비 증감율
* 출처 : 관계부처합동, 2013b: 21.

융합기술 기반 산업 고도화 사업은 〈표 7-9〉에서 보는 바와 같이, 'NT, BT, IT 등의 신기술 접목을 통한 기존산업의 고도화', '융합 지식서비스 산업 발굴 및 육성', '건강·복지·안전 환경 등 삶의 질 향상 관련기술 고도화 사업' 등 3개 영역으로 구분되어 추진되었다. 이 중에서 SW·컴퓨팅 산업 원천기술 개발 사업, 산업융합기술 산업원천 기술개발 사업, 기술사업화 지원 사업 등이 포함되어 있는 'NT, BT, IT 등의 신기술 접목을 통한 기존산업의 고도화' 영역이 이 전략 부문 총 예산의 54.9%(1조 1,105 억 원)를 차지하였으며, 도시건축 연구사업, 플랜트 연구 사업, 지식서비스·USN 산업원천 기술개발 사업 등이 포함된 '융합 지식서비스산업 발굴 및 육성'예산이 39.2%(7,926억 원)를 차지하였다. '건강·복지·안전 환경 등 삶의 질 향상 관련기술 고도화 사업'에는 의료기기 기술개발 사업, 친환경·에너지 절감·수산기술 개발 사업 등이 포함되어 있다.

앞의 두 전략에 투입된 예산이 2009년 대비 2013년 크게 증가한 것에 비해, 융합기술 기반 산업 고도화 사업 부문의 예산은 크게 증가하지 않았으며, 융합 신산업 발굴 및 지원 강화 사업으로 수행되었던 '지식서비

스·USN 산업원천 기술개발 사업'이 융합기술 기반 산업 고도화 사업으로 전환되어 수행된 점을 고려해 보면, 오히려 예산이 감소했다고 볼 수도 있다.

융합기술 기반 산업 고도화 사업 중 'SW·컴퓨팅 산업원천 기술개발 사업'은 2010년부터 정보보호 관련 예산이 별도의 세부 중점사업으로 분리되어 수행되었으며[51], 2011년부터는 '기술사업화 지원 사업'이 새로 편입되었다. 또한 '지식서비스·USN산업 원천기술 개발 사업'은 2013년에는 'USN산업 원천기술 개발 사업'과 '지식서비스산업 원천기술 개발 사업'으로 분리되어 추진되었다.

넷째, 개방형 공동연구 강화 사업은 아래 〈표 7-10〉에서 보는 바와 같이, 2009년부터 2013년까지 총 1,341억 원이 투입되었다. 2009년과 2013년의 세부 중점사업별 예산(일반 예산과 기금을 포함)을 기준으로 볼 때, 5개 과제에 총 231억 원이 투입된 2009년에 가장 많은 예산이 투입된 사업은 '파스퇴르연구소 운영지원 사업(133억 원)'이었고, '글로벌 연구네트워크 지원 사업'에 63억 원이 투입되었다. 6개 사업에 총 254억 원이 투입된 2013년 역시 '파스퇴르연구소 운영지원 사업(143억 원)'과 '글로벌 연구네트워크 지원 사업(66억 원)'에 가장 많은 예산이 투입되었다.[52]

51 2010년에는 'SW · 컴퓨팅 산업원천기술 개발 사업(지경부-방통위 공동분야)'로 2011년에는 'SW · 컴퓨팅 산업원천기술 개발 사업(지식정보보안)'과 '정보보호 원천기술 개발 사업'으로, 2012년부터는 'SW · 컴퓨팅 산업원천기술 개발 사업(지식정보보안)'으로 추진되었다(관계부처합동, 2010:29; 2011: 33; 2012c: 37).

52 관계부처합동, 2009: 27; 2013b: 39.

〈표 7-10〉 '개방형 공동연구 강화' 연도별 투자계획

(단위 : 억 원, %)

구 분	2009년	2010년	2011년	2012년	2013년	계
융합기술 분야의 전문가 네트워크 구축	15.0	50.0 (233.3)	45.0 (−10.0)	26.5 (−41.1)	11.0 (−58.5)	147.5
국제적 융합연구 협력활동의 내실화	83.0	108.0 (30.1)	123.0 (13.9)	99.8 (−18.9)	99.8 (0.0)	513.6
공동협력연구 활성화를 위한 지원체계 구축 및 관련제도 개선	133.0	130.0 (−2.3)	137.0 (5.4)	137.0 (0.0)	143.0 (4.4)	680.0
합계	231.0	288.0 (24.7)	305.0 (5.9)	263.3 (−13.7)	253.8 (−3.6)	1,341.1

주 : ( )는 전년 대비 증감율

* 출처 : 관계부처합동, 2013b: 23.

개방형 공동연구 강화 사업은 〈표 7-10〉에서 보는 바와 같이, '융합기술 분야의 전문가 네트워크 구축', '국제적 융합연구 협력 활동의 내실화', '공동협력 연구 활성화를 위한 지원체계 구축 및 관련 제도 개선' 등 3개 영역으로 구분되어 추진되었다. 이 중에서 파스퇴르 연구소 운영지원 사업만을 대상으로 지원하는 '공동협력연구 활성화를 위한 지원체계 구축 및 관련 제도 개선' 영역이 공동연구 강화 사업 예산의 50.7%를 차지하고 있으며, 글로벌 연구네트워크 지원 사업과 학제간 융합연구 지원 사업이 포함된 '국제적 융합연구 협력활동의 내실화' 영역에 38.3%, 2010년에 신규로 편입된 사이버 융합연구·교육 고도화 사업 및 산업융합 성장동력 사업화 지원 사업을 포함한 '융합기술 분야의 전문가 네트워크 구축' 영역에 10.9%의 예산이 투입되었다. 학제간 융합연구 지원 사업은 2010년과 2011년에는 '인문사회 기반의 융합연구 사업'으로 추진되었으며, 2012년부터는 다시 '학제간 융합연구 지원 사업'으로 추진되었다.

여섯째, 범부처 연계 협력 체계 구축을 위한 '대학 및 연구소의 융합분야 우수 유망기술 DB 구축 사업'은 대학 및 연구소가 국가 R&D사업을 통해 창출한 연구성과 중 기술이전 사업화 가능성이 높은 우수 유망기술

을 선별 DB화하고 기업 등 기술 수요자에게 서비스를 제공하기 위해 교육과학기술부 주관으로 1억 원의 예산 투자계획을 세웠다.

나. 창조경제 실현을 위한 융합기술 발전전략

'창조경제 실현을 위한 융합기술 발전전략'은 2014년부터 2018년까지 5년간 15대 국가전략 융합기술 분야를 중심으로 집중 지원하기로 한 국가계획이다. 실제 예산은 이 전략을 참고로 각 부처가 관련 융합기술 개발계획에 편성하도록 하였으며, 2015년 4월에 수립된 '2015년도 융합기술 발전전략 시행계획'에서 2015년도 투자계획을 밝히고 있다. 이 시행계획에 따르면 14개 중앙행정기관(9부, 5청)[53]의 122개 국가연구개발사업을 대상으로 재정 투자가 계획되어 있다.[54]

〈표 7-11〉에서 보는 바와 같이, 2014년도 융합기술 R&D 투자는 14개 기관 120개 사업에 3조 694억 원이 투입되어 정부 전체 R&D 투자액 17조 7,428억 원의 17.3%를 점유하였다. 부처별로는 미래창조과학부가 9,470억 원으로 30.9%, 중소기업청이 4,487억 원으로 14.6%, 산업통상자원부가 4,247억 원으로 13.8% 순으로 예산 투자가 이루어졌다.[55]

2015년도 융합기술 R&D에 대한 투자는 14개 기관 122개 사업에 3조 2,572억 원이 투입되어 2014년에 비해 6.1% 증가하였으며, 정부 전체 R&D 투자액 대비 융합기술 R&D 비중은 17.3%로 2014년과 동일하다. 부처별로는 미래창조과학부가 1조 377억 원으로 31.7%, 중소기업청 4,842억 원으로 14.8%, 산업통상자원부가 4,478억 원으로 13.7% 순이다.[56]

---

53 교육부, 미래창조과학부, 문화체육관광부, 농식품부, 산업통상자원부, 보건복지부, 환경부, 국토교통부, 해양수산부, 방위사업청, 문화재청, 농촌진흥청, 중소기업청, 기상청.

54 2014년도에 120개 사업이었으나, 2015년에 2개 신규 사업이 포함되었다(관계부처합동, 2015a: 3).

55 관계부처합동, 2015a: 3.

56 관계부처합동, 2015a: 16.

〈표 7-11〉 2014년 및 2015년 정부의 융합기술 R&D 투자계획

(단위: 억 원 , %)

구분	2014	2015	증가율
정부 R&D (A)	177,428	188,245	6.1
융합 R&D (B)	30,694	32,572	6.1
비중 (B/A)	17.3	17.3	

* 출처 : 관계부처합동, 2015a: 16.

〈표 7-12〉에서 보는 바와 같이, 2015년도 5대 중점 추진전략별 투자 내용을 살펴보면, 미래유망 원천융합 기술의 중점육성 전략은 1조 9,758억 원으로 전체 융합기술 R&D 투자액 3조 2,572억 원의 60.7%로 가장 많고, 융합기술을 활용한 사업화촉진 전략은 6,326억 원으로 19.5%, 사회문제 해결을 위한 융합연구 추진 전략은 3,558억 원으로 10.9%, 융합연구 및 산업융합 인재양성 전략은 2,894억 원으로 8.9% 순이다. 융합연구 촉진을 위한 기반 확대 전략에는 별도의 예산이 편성되지 않았으나 정부출연연구기관 인력이 협력하여 과제를 수행한 후 원 소속기관으로 복귀하는 형태의 '일몰형 연구조직'인 융합연구단에 2015년에 약 1,000억 원을 투입한다는 것만 밝히고 있다.[57]

〈표 7-12〉 2015년 중점 추진전략별 융합기술 R&D 투자계획 총괄

(단위: 억 원 , %)

중점 추진전략	실천과제		2015 투자예산	
1. 미래유망 원천 융합 기술의 중점 육성	1-1	시장 선점을 위한 분야별 첨단융합기술 개발	12,912 (39.6)	19,758 (60.7)
	1-2	신산업 창조 및 기존산업 재도약	3,466 (10.6)	
	1-3	환경 문화 융합기술, 민군협력 등 목적중심 융합연구 추진	3,380 (10.4)	

57 관계부처합동, 2015a: 36.

<table>
<tr><td rowspan="2">2.
융합기술을
활용한 사업화
촉진</td><td>2-1</td><td>창조경제 활성화를 위한 중소기업
지원 융합기술 개발</td><td>3,464
(10.6)</td><td rowspan="2">6,362
(19.5)</td></tr>
<tr><td>2-2</td><td>융합연구 성과의 기술사업화 지원 강화</td><td>2,898
(8.9)</td></tr>
<tr><td rowspan="2">3.
사회문제
해결을 위한
융합연구추진</td><td>3-1</td><td>사회이슈 해결을 위한 통합형
연구개발 확대</td><td>2,731
(8.4)</td><td rowspan="2">3,558
(10.9)</td></tr>
<tr><td>3-2</td><td>적정기술 개발, 기후 변화 대응 등
글로벌 공조 강화</td><td>827
(2.5)</td></tr>
<tr><td rowspan="2">4.
융합연구 및
산업융합
인재양성</td><td>4-1</td><td>분야별 수준별 융합연구 인력의 지속 육성</td><td>333
(1.0)</td><td rowspan="2">2,894
(8.9)</td></tr>
<tr><td>4-2</td><td>산업융합 인재 교육 강화</td><td>2,561
(7.9)</td></tr>
<tr><td rowspan="2">5.
융합연구
촉진을 위한
기반확대</td><td>5-1</td><td>분야 간 협동 융합연구 체계 구축</td><td>-</td><td rowspan="2">-</td></tr>
<tr><td>5-2</td><td>융합연구 지원체계 확대</td><td>-</td></tr>
<tr><td colspan="3">합계</td><td colspan="2">32,572 (100.0)</td></tr>
</table>

* 출처 : 관계부처합동, 2015a: 24.

중점 추진전략 중 첫째, '미래유망 원천융합기술의 중점 육성'을 위한 보건복지부 주관의 '첨단의료기술 개발 사업'은 임상적 미충족 수요가 높은 질환에 대한 후보치료제를 발굴하고, 바이오프린팅 실용화 기반기술 개발 및 유망분야 공백기술을 지원하며, 아울러 국내 제약산업의 전략적 육성 및 글로벌 역량 강화를 위한 R&D를 지원하는 사업으로서 2014년에 759억 원을 투입하였으며, 2015년에는 790억 원을 투입하기로 하였다. 2009년부터 지속적으로 중요성이 강화되면서 추진되어온 미래창조과학부 주관의 'SW·컴퓨팅산업 원천기술 개발' 사업은 빅데이터의 고속 저장 및 처리 분석 플랫폼 기술 개발과, 모바일 결제 사기 방지 및 핀테크 활성화를 위한 융합보안기술 확보와 함께 IoT 기반의 웨어러블 디바이스 및 스마트미디어 서비스 구현을 지원하는 사업으로서 2014년에 1,486억 원을, 투입하였고, 2015년에 1,663억 원을 투입하기로 하였다. '글로벌 프론티어 사업' 역시 사회적 파급효과가 매우 큰 고위험 고수익의 원천기술을 개발하고, 의약바이오, 인체감응솔루션, 바이오매스, 멀티스케일 에너지, 나노기반 소프트 일렉트로닉스, 다차원 IT 시스템, 바이오나노 헬스가드 등 10개 대형연구개발사업단을 지원하기 위해 2014년에 770억 원을 투입하였고, 2015년에 908억 원을 투입하기로 하였다.

이 전략에서 신규로 추진하는 '신산업창조프로젝트'는 2년 내 신제품 서비스 창출이 가능하고, 이후 신산업을 견인할 수 있는 플랫폼형 융합과제를 지원하는 사업이다. 페이퍼칩, 심혈관 시뮬레이션, 전기버스, 3D프린팅 등 전문가단을 통한 R&D사업화, 과제 변화관리 및 성과확산을 지원하기 위해 2014년에 105억 원을 투입하였으며, 2015년에는 165억 원을 투입하기로 하였다. 방위사업청 주관의 '민·군기술 협력 사업'은 지식재산권의 공동소유 인정 등 민간의 국방R&D 참여율 제고 노력, 민간수요를 고려한 국방기술 민수사업화 지원, 국방기술 활용 청년 창업 및 민간친화형 기술이전 활성화를 위해 2014년에 590억 원을 투입하였고 2015년에 660억 원을 투입하기로 하였다. 이 외에도 '고부가가치 식품 기술개발 사업', '신재생에너지 융합 핵심 기술개발', '첨단 생산기술 개발 사업', '글로벌탑 환경기술 개발 사업', '문화기술 연구개발 사업' 등이 추진되고 있다.[58]

둘째, 융합기술을 활용한 사업화 촉진을 목적으로 중소기업청이 주관하는 '중소기업 융복합기술 개발 사업'은 기술융합도나 시장성 등이 우수한 과제의 발굴 기획을 지원하고, 기술수요조사 등을 통해 발굴된 첨단 융복합기술 과제와 지역별 중소기업 융합지원센터를 통해 발굴 기획된 융복합 기술 분야의 우수 과제 등을 지원하기 위해 2014년에 652억 원을 투입하였고, 2015년에 685억 원을 투입하기로 하였다. 해양수산부 주관의 '수

58 관계부처합동, 2015a: 25-29.

산실용화 기술개발 사업'은 친환경 고부가 양식기술 및 수산물 질병관리 기술에 대한 지원확대를 통한 안전한 수산물의 공급 및 어민소득 증대 추진, 해마류의 상품화 연구, 수산 무척추 동물 양식용 수중 가두리 시스템 개발, 노로바이러스 프리(free) 고부가가치 굴 및 가공품 개발 등을 지원하기 위해 2014년에 166억 원을 투입하였고, 2015년에 199억 원을 투입하기로 하였다. 이 외에도 '산업융합촉진 사업' 등이 추진되고 있다.[59]

셋째, 사회문제 해결을 위한 융합연구로 국토교통부 주관의 '물관리 연구사업'은 지역간 물격차 해소, 대체 수자원 확보 기술개발 등을 통한 안정적 수자원 확보, Smart Water Grid 핵심기술의 실규모 실증을 통한 지능형 수자원 관리, 지속 가능한 하천관리, 기후변화 대응 수재해 예방 등을 지원하기 위해 2014년에 304억 원을 투입하였고, 2015년에 364억 원을 투입하기로 하였다. 환경부 주관의 'CO_2 저장 환경관리 기술개발 사업'은 영국 지질조사소 등 선진연구기관 간 국제공동연구를 위한 방안 마련, 역할분담 부처(미래창조과학부, 산업통산자원부, 해양수산부)와의 협업체계 구축 운영, CO_2 저장기술 관련 법령 정비 방향 제시 등을 지원하기 위해 2014년에 20억 원을 투입하였고, 2015년에 46억 원을 투입하기로 하였다. 이 외에도 '사회문제 해결형 기술개발 사업', '생활공감 환경보건 기술개발 사업', '개도국 과학기술 지원 사업' 등이 추진되고 있다.[60]

넷째, 융합연구 및 산업융합 인재 양성 추진을 위한 사업은 '2. 인력양성투자' 항목에서 별도로 살펴볼 예정이다.

아울러, 박근혜 정부에서는 전 세계에 불어 닥친 사물인터넷, 모바일 열풍과 같은 과학·ICT 기술의 획기적인 발전으로 인해 전통 산업뿐만 아니라 사회 각 분야에서의 융복합 현상이 가속화될 것을 예측하고, 2013

---

59 관계부처합동, 2015a: 30-31.

60 관계부처합동, 2015a: 32-34.

년 11월에 관계부처합동으로 '창조비타민 프로젝트 추진계획'을 수립하였다. '창조비타민 프로젝트'란 외부에서 흡수해야만 하며 결핍 시에는 활력저하 등이 발생하는 비타민처럼, 각 부처의 애로분야에서 과학·ICT 전담부처의 전문적 지원을 통해, 현안 문제 해결 및 해당 산업의 고도화 등에 기여할 수 있도록 하는 국민행복·창조경제 실현의 핵심 정책브랜드이다.[61] 창조비타민 프로젝트는 창조경제 실현을 지원할 융합분야 핵심 사업 중 하나로 현재는 '창조경제 실현을 위한 융합기술 발전전략'에 포함되어 추진되고 있으며, 추진계획이 수립된 2013년부터 본격적으로 실시되고 있다. 창조비타민 프로젝트 지원분야는 〈표 7-13〉에서 보는 바와 같이 농·축산식품, 문화·관광, 보건·의료, 교육·학습, 주력·전통산업, 재난·안전·SOC, 소상공·창업 등과 같은 7개 분야와 과학·ICT가 융합하여 시너지 효과를 창출하기 위한 것이다.

〈표 7-13〉 창조비타민 프로젝트 지원 분야

구분	분 야	비타민
과학 ICT 활용도 높아 비타민 추가처방으로 조기에 고도화 가능 분야	·농/축/수산/식품 ·문화/관광	[비타민 A, F] [비타민 C, T]
현재 활용도는 낮지만, 비타민 집중 처방으로 전략적 사업화 가능 분야	·보건/의료 ·교육/학습 ·주력 전통산업 등	[비타민 H, W] [비타민 L] [비타민 M, E]
비타민 신규 처방을 통한 사회 현안 및 문제해결 수요가 높은 분야	·재난안전/SOC ·소상공업/창업	[비타민 S, I] [비타민 B]

* 출처 : 관계부처합동, 2013c: 5.

이 프로젝트에서 주요 사업의 연도별 재정투입 현황을 살펴보면, 2013년도에 '증강현실 기반 내손안의 고궁 박물관 전시 안내시스템 개발 서비스' 등 15개 과제에 200억 원 규모를 투입하였고, 2014년도 1차에 'ICT

61 관계부처합동, 2013c: 2.

기반 시설원예 에너지 통합관리' 등 23개 과제에 600억 원 규모의 재원을 투입하였으며, 2차에 '카멜레온 섬유개발' 등 19개 과제에 473.5억 원을 투입하였다. 2015년도 1차 과제에는 스마트 축사 관리, 부동산 원스톱 전자계약 시스템 구축, 불법어업 감시 및 국지성 해안재해 대응체계 마련을 위한 무인기(드론) 이용 활성화 등 6개 분야 14개 과제에 177억 원을 투입하였으며, 2015년 2차 과제에는 6개 분야 30개 과제에 836.1억 원을 투입하였다. 이에 따라 창조비타민 프로젝트에 투입된 예산은 2013년부터 2015년까지 총 2,286.6억 원이다.

(2) 산업융합 분야

가. 제1차 산업융합 발전 기본계획(2013~2017)

'산업융합촉진법'에 근거해 수립된 이 기본계획에는 구체적인 재원 투자계획이 포함되지 않고, 매년 실행계획을 통해 재정투자 계획을 수립하도록 하였다. 2013년 2월에 수립된 '2013년도 산업융합 발전 실행계획'에는 분야별 재정투자 계획이 나타나 있는데, '산업융합 강국'에 6,745억 원, '스마트융합 생활 구현'에 3,331억 원, '지속성장 강화'에 9,152억 원, '창의 융합 인프라'에 492억 원 등 총 1조 9,720억 원이 산업융합을 위해 투입된 것으로 되었다.[62]

그러나 〈표 7-14〉에서 보는 바와 같이, 2013년도 산업융합 발전 실행계획 추진을 위해 실제로 투입된 예산은 총 1조 9,227억 원 규모로 '녹색융합을 통한 지속성장 역량 강화'에 8,870억 원(46.1%)으로 가장 많은 예산이 투입되었고, '산업융합 강국 견인'을 위해 6,588억 원(34.3%), '살기 좋은 생활 구현'에 3,429억 원(17.8%), '융합인프라 조성'에 339억 원(1.8%) 순으로 예산이 투입되었다. 당초 계획보다 493억 원이 적게 투입 된 것이다.

---

62 관계부처합동, 2013d: 9.

〈표 7-14〉 2013년 산업융합 발전 실행계획 추진 분야별 재정투자 실적

산업융합 강국 견인	살기 좋은 생활 구현	지속성장 역량 강화	창의 융합인프라 조성	합계(억 원)
6,588.06	3,429.27	8,870.83	339.83	19,227.99

* 출처 : 관계부처합동, 2014d: 14.

부처별로는 〈표 7-15〉에서 보는 바와 같이, 산업통상자원부가 1조 413억 원(54.2%)으로 가장 많고, 미래창조과학부 5,246억 원(27.3%), 국토교통부 784억 원(4.1%), 해양수산부 560억 원(2.9%) 등의 순으로 예산이 투입되었다.

〈표 7-15〉 2013년 부처별 산업융합 재정투자 실적

부처명	예산(억 원)	부처명	예산(억 원)	부처명	예산(억 원)
산업통상자원부	10,413.11	문화체육관광부	471.49	안전행정부	15.64
미래창조과학부	5,246.13	농림축산식품부	306.72	중소기업청	550.81
국토교통부	784.02	보건복지부	344.32	농촌진흥청	535.61
해양수산부	560.14	환경부	-	특허청	-

* 출처 : 관계부처합동, 2014d: 14.

〈표 7-16〉에서와 보는 바와 같이, 2014년도 산업융합 발전 실행계획 추진을 위해 마련된 재정투자 계획은 총 2조 354억 원 규모로 2013년도 재정투자 실적(1.92조 원) 대비 5.86%가 증가하였다. 분야별로 살펴보면, '녹색융합을 통한 지속성장 역량 강화'에 9,408억 원(46.2%)으로 가장 많은 예산이 투입되었고, '더불어 풍요로운 산업융합 강국 견인'을 위해 7,263억 원(35.7%), '스마트융합 확산으로 살기 좋은 생활 구현'에 3,212억 원(15.8%), '창의적이고 열린 융합인프라 조성'에 471억 원(2.3%) 순이다.

〈표 7-16〉 2014년 산업융합 분야별 재정투자 계획

산업융합 강국 견인	살기 좋은 생활 구현	지속성장 역량 강화	창의 융합인프라 조성	합계(억 원)
7,263.04	3,212.56	9,408.08	471.00	20,354.68

* 출처 : 관계부처합동, 2014d: 23.

그러나, 〈표 7-17〉에서 보는 바와 같이, 2014년도 산업융합 발전 실행계획 추진을 위해 실제로 투입된 예산은 총 2조 원 규모로 '산업융합 강국견인'에 7,605억 원(38.0%)으로 가장 많은 예산이 투입되었고 '살기 좋은 생활 구현'에 6,449억 원(32.2%), '녹색융합을 통한 지속성장 역량 강화'에 5,148억 원(25.7%), '융합인프라 조성'에 799억 원(4.0%) 순으로 예산이 투입되었다. 당초 계획보다 354억 원이 적게 투입되었다.

〈표 7-17〉 2014년 산업융합 분야별 재정투자 실적

산업융합 강국 견인	살기 좋은 생활 구현	지속성장 역량 강화	창의 융합인프라 조성	합계(억 원)
7,605.06	6,449.12	5,147.92	798.45	20,000.55

* 출처 : 관계부처합동, 2015c: 6.

부처별로는 〈표 7-18〉에서 보는 바와 같이, 산업통상자원부가 7,205억 원(36.0%)으로 가장 많고, 미래창조과학부 6,040억 원(32.2%), 중소기업청 1,449억 원(7.3%), 보건복지부 1,287억 원(6.4%), 문화체육관광부 1,112억 원(5.6%) 등의 순으로 예산이 투입되었다.

〈표 7-18〉 2014년 부처별 산업융합 재정투자 실적

부처명	예산 (억 원)	부처명	예산 (억 원)	부처명	예산 (억 원)
산업통상자원부	7,204.75	미래창조과학부	6,040.36	중소기업청	1,448.80
보건복지부	1,286.51	문화체육관광부	1,112.03	해양수산부	930.86
국토교통부	847.49	농림축산식품부	445.32	농촌진흥청	366.13
환경부	311.00	국민안전처	7.30	특허청	-

* 출처 : 관계부처합동, 2015c: 6.

〈표 7-19〉에서 보는 바와 같이, 2015년도 산업융합 발전 실행계획 추진을 위해 마련된 재정투자 계획은 총 2조 2,574억 원 규모로 2014년도 재정투자 실적(2조 원)대비 12.9%가 증가하였다. 분야별로 살펴보면, '더불어 풍요로운 산업융합 강국 견인'을 위해 8,557억 원(37.9%)으로 가장 많고, '스마트융합 확산으로 살기 좋은 생활 구현'에 7,691억 원(34.1%), '녹색융합을 통한 지속성장 역량 강화'에 5,477억 원(24.3%), '창의적이고 열린 융합인프라 조성'에 849억 원(3.8%) 순으로 계획되었다.

〈표 7-19〉 2015년 산업융합 분야별 재정투자 계획

산업융합 강국 견인	살기 좋은 생활 구현	지속성장 역량 강화	창의 융합인프라 조성	합계(억 원)
8,556.83	7,691.42	5,476.69	849.07	22,574.01

* 출처 : 관계부처합동, 2015c: 21.

〈표 7-20〉에서 보는 바와 같이, 부처별로는 산업통상자원부가 7,629억 원(33.8%)으로 가장 많고, 이어서 미래창조과학부 7,198억 원(31.9%), 중소기업청 1,587억 원(7.0%), 보건복지부 1,327억 원(5.9%) 등의 순으로 재정투자 계획이 이루어졌다.

〈표 7-20〉 2015년 부처별 산업융합 재정투자 계획

부처명	예산 (억 원)	부처명	예산 (억 원)	부처명	예산 (억 원)
산업통상자원부	7,629.15	미래창조과학부	7,198.13	중소기업청	1,586.72
보건복지부	1,327.30	국토교통부	1,299.68	문화체육관광부	1,229.29
해양수산부	1,132.97	농림축산식품부	479.00	농촌진흥청	345.77
환경부	316.00	국민안전처	30.00	특허청	-

* 출처 : 관계부처합동, 2015c: 21.

나. 나노융합 확산전략

지식경제부는 2012년 12월에 세계 1등 산업강국 도약을 비전으로 하여

유망 나노기술의 상용화 및 나노융합 확산 등의 내용을 담은 '나노융합 확산전략'을 수립하였다. 〈표 7-21〉에서 보는 바와 같이, 나노융합산업 연구개발 투자액은 2012년 6조 6,128억 원으로 2011년(5조 5,450억 원) 대비 19.3%가 증가하였다. 나노융합산업 분야별 투자액 비중은 나노전자가 95.2%로 대부분을 차지하고 있다. 이 전략에는 2013년부터 2020년까지 총 9,300억 원 규모의 투자를 통해 세계 수준의 나노 강소기업 20개를 육성하고 나노융합산업 매출 2,500억 달러 달성과 일자리 5만 개 창출을 추진하기 위한 전략을 내포하고 있다.

〈표 7-21〉 나노융합산업의 투자현황 (단위: 억 원, %)

구분	나노 부문 R&D 투자액				
	2011년		2012년		증감율
	금액	비중	금액	비중	
나노소재	1,539	2.8	1,791	2.7	16.4
나노전자	52,636	94.9	62,958	95.2	19.6
나노바이오 · 의료	247	0.4	278	0.4	12.6
나노장비 · 기기	1,028	1.9	1,101	1.7	7.1
합계	55,450	100.0	66,128	100.0	19.3

* 출처 : 산업통상자원부 보도자료, 2014.6.30(나노융합산업 매출 전년대비 27% 성장).

2014년 산업통상자원부가 실시한 '국내 나노융합산업 실태조사' 보고서에 따르면, 나노융합산업은 매출액 및 고용인원 모두 크게 증가해 국가 신성장산업으로 자리매김한 것으로 평가하고 있다. 2012년도 나노융합산업 매출액은 총 129조 529억 원으로 2011년 대비 27.3% 증가하였고, 고용인원은 13만 8,256명으로 2011년 대비 11.9% 증가한 것으로 조사되었다.[63]

한편 미래창조과학부와 산업통상자원부는 나노 정책의 연계·협력·효

63 산업통상자원부 보도자료 (2014.6.30), '나노융합산업 매출 전년대비 27% 성장' 참조.

융화 등 시너지 창출을 위해 2014년 1월 '미래부-산업부 나노융합 확산 협력 MOU'를 체결하고, '미래부-산업부 나노융합 확산 협력전략'을 발표하였다. 이 협력전략에 따르면, 2013년에는 양 부처가 공동으로 추진하는 '나노융합 2020' 사업에 153.3억 원, 산업통상자원부가 주관하는 '나노융합 상용화 플랫폼 촉진 및 활용'에 44.3억 원, '나노융합 평생교육 사업'에 8억 원 등이 투입되었다.[64]

다. 농식품 ICT 융복합 확산대책

농림축산식품부는 2013년 8월에 농업인들이 ICT 기술을 활용하여 과학적 영농을 할 수 있도록 하는 등 생산·유통·소비 등의 분야에 ICT를 활용하는 '농식품 ICT 융복합 확산대책'을 마련하였다. 이 대책은 관련 기술 개발이 이루어지고 파급효과가 큰 분야를 중심으로 ICT 융복합 보급 확산, ICT산업 생태계 조성 및 기초 인프라 확충 등 3대 분야의 과제들로 구성되어 있다. ICT 융복합 활용 7,000농가 확산 등 목표를 달성하기 위해 〈표 7-22〉에서 보는 바와 같이, 2017년까지 요소기술 개발에 175억 원, 실증모델 개발에 132억 원, 성과모델 확산에 1,576억 원, 확산기반 조성에 366억 원 등 총 2,249억 원의 예산을 투자하기로 하였다.

〈표 7-22〉 농식품 ICT 융복합 확산 연도별 투자예산 (단위: 억 원)

구분	2013	2014	2015	2016	2017	계
요소기술 개발	25	35	40	40	35	175
실증모델 개발	12	30	30	30	30	132
성과모델 확산	-	170	297	487	622	1,576
확산기반 조성	-	51	80	105	130	366
합계	37	286	447	662	817	2,249

* 출처 : 농림축산식품부, 2013: 25.

64 미래창조과학부 외, 2014: 5-7.

원천응용기술 개발을 위해 '온실 복합환경관리 기술' 등 18개 과제, '가상스토어 모바일 통합플랫폼 개발' 등 9개 과제, '농촌어메니티(amenity) 통합관리 기술' 등 8개 과제를 선정하였고, 성과모델 개발을 위해 '양돈사양관리 및 ICT교육농장' 등 15개 모델, '우수축산물 학교급식시스템' 등 13개 모델, '농촌어메니티 자원통합서비스' 등 9개 모델 등을 선정하였으며, 성과모델 확산을 위해 '시설원예 복합환경 제어시스템' 등 14개 과제, '로컬푸드 및 꾸러미 직거래 확대' 등 4개 과제, '농촌관광 및 전자상거래 활성화' 등 2개 과제를 선정하였다. 또한 산업생태계 조성을 위해 '산·학·연·관 협력 네트워크 구축·운영', '표준화 및 통합정보 활용체계 구축', '농식품 ICT 융복합 시장 조성' 등을 전략과제로 선정하였고, 기초 인프라 확충을 위해 '교육·홍보 강화', '법·제도 정비', '평가 검증체계 구축' 등을 전략과제로 선정하였다.[65]

예를 들면, 시설원예 복합환경제어 '스마트 그린하우스'는 IT기술을 활용하여 온도, 습도, CO_2 등 센싱정보수집(H/W)이 가능해지고, 실시간 생장환경, 근권환경 모니터링, 시설물 원격제어, 원격 컨설팅 시스템 등을 활용한 생장관리시스템(S/W)을 도입하고, 측천창 환기 조절, 난방조절, 모터제어 등의 제어시스템 구축이 가능해지고, 생장환경DB를 활용한 데이터분석을 활용할 수 있다. '지능형 축사관리시스템'의 경우 IT기술을 활용하여 온도, 습도, CO_2 모니터링 및 웹캠을 통한 환경 및 위험관리를 통한 환경관리가 가능하고, 사료빈 관리기, 축사별 급이기, 음수관리기 등 제어를 통한 사양관리가 가능하며, 사양관리, 생산계획, 이력관리 등을 통한 경영계획 수립 및 분석이 가능해 진다. '과수 병해충 예찰 및 생장환경 관리시스템'의 경우 IT기술을 활용하여 생산이력관리 기반의 경영정보관

65 농림축산식품부, 2013: 26.

리시스템 구축, USN기반 생장환경 및 냉해/한해 방지시스템 관리, 병해충예찰 시스템 연계·활용(성페로몬트랩의 원격 실시간 모니터링 및 관제)이 가능해 진다. '로컬푸드 직거래 통합관리 시스템'의 경우 IT기술을 활용하여 농산물의 생산에서부터 최종 소비자 공급에 이르기까지 지원센터 담당자의 업무생산성 향상을 위한 경영정보시스템 구축, 통합물류 정보시스템(기초정보관리, 수발주관리, 창고관리, 정산관리, 경영정보관리) 구축 및 생산단계부터 정산단계에 이르는 건강밥상 꾸러미의 유통경로에 대한 효과적인 업무 수행을 지원, 소비자에게 맞춤형 정보를 제공할 수 있다.[66]

2) 연구개발 및 산업활성화 투자 분석

정책목표 달성을 위한 수단으로서 정부의 추진 의지를 강하게 엿볼 수 있는 것은 재정이다. 재정이 투입되지 않으면 정책목표가 한낱 구호에 그칠 가능성 높고, 실질적으로 추진하기 어렵기 때문이다. 정부의 한정된 예산을 어느 정책에 어느 정도를 투입할 것인가를 살펴보는 것만으로도 정부의 정책실현 의지를 알 수 있다. 지금까지 살펴본 우리나라 정부의 융합정책에 대한 재정투자 현황을 분석해 보면 다음과 같다.

첫째, 우리나라의 융합기술 개발을 위한 R&D 투자액에는 연구개발사업뿐만 아니라 인력양성, 인프라 구축 및 산업융합을 포함한 다양한 사업이 포함되어 있다. 이로 인해 실제로 융합기술 R&D에 투자된 예산보다 더 많은 예산이 융합기술 R&D로 분류됨으로써 융합기술 R&D 투자에 대한 잘못된 인식을 심어줄 여지가 있다. 이것은 산업융합을 위한 예산에서도 동일한 현상이다. 이는 융합기술 기본계획에 산업융합과 관련된 내

---

66 농림축산식품부, 2013: 30-33.

용이 포함되어 있고, 산업융합 기본계획에 융합기술 개발에 대한 내용이 포함되어 있는 등 융합기술과 산업융합 간의 구분이 명확하지 않기 때문이다. 예를 들면, '국가융합기술 발전 기본계획(2009~2013)'에 '융합 신산업 발굴 및 지원 강화', '융합기술 기반 산업 고도화' 등의 주요 추진전략이 포함되어 있고, '제1차 산업융합 발전 기본계획(2013~2017)'에는 '산업융합 핵심기술 역량 강화'와 같은 성과목표가 포함되어 있다.

둘째, 전체 R&D투자 대비 융합기술 R&D투자 비율은 거의 변화가 없다는 점에서 융합기술과 산업융합을 위한 연구개발 및 산업활성화 투자를 위해 정부가 별도의 추가적인 재원을 마련하는 데 어려움이 있는 것으로 보인다. 2008년도 '국가융합기술 발전 기본계획(2009~2013)'을 수립할 당시에는 11개 부처의 60~70개 사업을 대상으로 5년간 약 5조 8,900억 원 규모의 R&D재원을 투자할 계획을 수립하였으나 실제적으로 2009년부터 2013년까지 5년 동안 융합기술 R&D에 총 8조 8천억 원의 재정을 투입한 바 있다. 투입된 재원을 분석해 보면 투자액이 2009년에 1조 5,472억 원에서 2013년에는 2조 374억 원 규모로 연평균 7.1% 확대되어짐을 알 수 있다.

그러나 전체 R&D투자 대비 융합기술 R&D투자 비율은 평균 11.9%로 변동 폭이 거의 없었다. 이는 융합정책을 강조하면서도 재원마련에는 한계를 드러내는 것으로 판단된다. 융합사업을 추진하기 위해서는 타분야와의 긴밀한 협조와 공조가 필요하지만 이를 재정투자에 관철시키기가 쉽지 않다는 것을 알 수 있다. 즉 기존 R&D투자 금액 중 융합 정책 투자비로 전환하기 위해서는 '제살깍기식' 예산편성의 한계를 노출시키기 때문이다. 따라서 융합기술 또는 산업융합을 위한 별도의 추가적인 R&D 융합 예산의 확보가 시급하다.

셋째, 융합을 위한 연구개발 및 산업활성화 투자 규모가 부처별로 편중되어 있다. 융합기술의 경우 2013년의 부처별 투자규모를 보면 미래창조과학부가 1조 573억 원으로 51.9%, 산업통상자원부 4,165억 원으로 20.4%, 국토교통부, 중소기업청 순으로 투자계획이 수립되어 있다. 물론 융합기술과 관련된 R&D 예산은 다분히 주무부처인 미래창조과학부에 쏠림현상이 있을 수 있지만 타분야, 타부처와의 융합을 고려해 볼 때 적절한 융합정책에 대한 재정 안배가 필요해 보인다. 산업융합의 경우에도 2013년도에 산업통상자원부가 1조 413억 원으로 54.2%를 차지하여 가장 많고, 이어서 미래창조과학부 5,246억 원으로 27.3%, 국토교통부가 784억 원으로 4.1%, 해양수산부가 560억 원으로 2.9% 등의 순으로 재정투자가 이루어졌다. 2015년의 경우도 산업통상자원부가 1조 1,145억 원으로 54.8%를 차지하여 가장 많고, 이어서 미래창조과학부 5,146억 원으로 25.3%, 해양수산부가 832억 원으로 4.1%, 문화체육관광부가 778억 원으로 3.8% 등의 순으로 재정투자 계획이 되어 있다.

넷째, 이미 정책집행이 완료된 '국가융합기술 발전 기본계획(2009~2013)'을 보면, 기본계획에 의해 5년 동안 지속적으로 추진된 사업이 많지만 신규로 추가되거나 추진 중에 사업명이 변경되거나 추진전략이 변경되어 집행되는 경우도 있다. 예를 들어 원천 융합기술의 조기 확보 전략의 세부 사업인 '기반형 융합녹색 연구'와 '글로벌 프론티어 사업'은 2010년에 신규로 추가되었으며, 융합 신산업 발굴 및 지원 강화 전략에서 2009년부터 2010년까지 추진되던 '지식서비스·USN 산업원천기술 개발사업'은 2011년부터는 융합기술 기반 산업 고도화 전략에서 추진되었다. 정책을 추진하면서 환경의 변화나 사업의 목적달성 등에 따라 사업의 폐지, 변경, 신규 추가 등이 나타나는 것은 매우 자연스러운 현상이고 바람직하다. 그러나 이러한 변화가 왜 일어났는지에 대한 설명이 부족해 궁금증을 자아내게 하는 측면이 있다.

3) 연구개발 및 산업활성화 투자 발전방향

융합을 위한 연구개발 및 산업활성화 투자와 관련하여 몇 가지 발전 방향을 제안하면 다음과 같다.

첫째, 융합정책에 대한 정부투자 규모에 있어서 용어를 명확히 하여 융합기술과 산업융합에 투자된 정부 예산 규모를 정확하게 산출해 내는 것이 필요하다. 융합기술 R&D 예산에 포함되어야 할 요소와 산업융합을 위한 예산에 포함되어야 할 요소를 구분하여 각 영역에서의 예산 투입에 따른 성과를 구분할 수 있어야 추후 정책의 수정이나 새로운 정책의 추진 방향 등을 쉽게 찾아볼 수 있기 때문이다.

둘째, 전체 R&D투자 대비 융합에 대한 재정투입 비중을 늘려나가야 한다. 정부의 R&D 투자 규모는 지속적으로 증가해왔지만 융합 R&D 투자 비율은 제자리걸음을 하고 있다. 정부 R&D 예산은 지난 2009년 12조 4000억 원, 2010년 13조 7,000억 원, 2011년 14조 9,000억 원, 2012년 15조 9,000억 원, 2013년 16조 9,000억 원 까지 증가했다. 반면 '국가연구개발 사업 조사 분석 보고서'에 따르면 융합 R&D 예산이 정부 R&D 예산에서 차지하는 비중은 2009년 12.5%, 2010년 11.2%, 2011년 11.9%, 2012년 12.2%, 2013년 12% 수준으로 대동소이하다. 융합기술과 산업융합의 중요성이 무엇보다 커지고 있는 현실을 감안한다면 정부 R&D 예산 중 융합기술에 대한 투자 비중을 늘려 나가야 할 것이다.

셋째, 기본계획 수립단계에서부터 재원확보 방안을 마련하는 것이 바람직하다. 2009년 수립된 '나노융합산업 발전전략', 2010년 수립된 'IT융합 확산전략', 2014년에 수립된 '창조경제 실현을 위한 융합기술 발전 전략'의 경우와 같이 융합기술과 산업융합을 위한 좋은 계획들을 만들었지만 실제 투입될 예산에 대한 언급이 없거나 별도의 연도별 시행계획에서 재정투자에 대한 내용을 포함하는 사례가 있다. 융합기술 또는 산업융합

관련 기본계획이나 실행계획을 만들어 정책홍보나 보고용으로 사용하기보다는 실제적으로 융합기술과 산업융합을 실행하고 집행하기 위한 투입재원에 대한 예산마련이 뒷받침되어야 할 것이며, 이를 위해 기획재정부 등 예산관련 부처의 적극적인 참여와 인식 전환이 필요하다. 특히 '제살깎기식' 예산편성의 한계를 극복하고 융합 정책을 위한 별도의 재원 마련이 시급하다.

넷째, 융합정책을 위한 재정 투입 기획을 일원화하는 것이 필요하다. 현재 융합기술과 관련해서는 미래창조과학부에서, 산업융합과 관련해서는 산업통상자원부와 농림축산식품부 등으로 이원화 되어있다. 다부처가 관련된 융합정책에 대한 재정계획을 한 부처가 총괄적으로 수립하는 데는 한계가 있다. 물론 기본계획이나 시행계획 수립 시 재정투자 계획 역시 관계부처합동으로 수립하기 때문에 상호 조정이 가능하고, 필요한 경우 새로운 예산의 확보도 가능하다. 그러나 이러한 재정투자 계획은 소극적이고 점진주의적인 한계를 극복하기에는 부족하다고 생각한다. 따라서 앞에서 제안한 '융합기술 및 산업융합 발전위원회'가 구성되면, 이 위원회에서 융합정책을 위한 계획뿐만 아니라 계획을 실천하기 위한 재정투입 계획까지 총괄하고, 각 부처가 시행계획에서 관련된 예산을 반영하는 것이 바람직하다. 이렇게 될 때, 융합정책이 서로 다른 것을 융합이라는 주제 하에 단순히 통합하는 것이 아니라 명확한 목표와 지향점을 가지고 체계적으로 기획·집행할 수 있을 것으로 판단된다.

다섯째, 기본계획에 근거하여 정책을 집행하는 과정에서 환경변화에 따라 매년도 실행계획을 통해 정책의 우선순위가 변경되는 경우에는 충분한 설명이 제공되어야 한다. 정책 및 산업 환경의 변화, 기술의 발전, 사회문제의 중요성 변화 등으로 인해 매년 수립되는 실행계획을 통해 정책의 우선순위나 사업의 내용을 변경하는 것은 자연스러운 현상이다. 그러나 이 경우에도 정책의 우선순위가 변경된 이유, 사업의 폐지와 변경, 신규 사업의 도입 등에 대한 설명이 충분하게 제공될 때 정책추진에 대한 신뢰성과 이해도가 더욱 제고될 수 있을 것이기 때문이다.

2. 인력양성 투자

1) 인력양성 투자 현황

(1) 융합기술 분야

2007년에 수립된 '국가 융합기술 발전 기본방침'에서는 기본방침 중 하나로 '창조적 융합기술 전문인력 양성'을 정했다. 관계기관은 융합기술 인력에 대한 중장기 수요 조사 분석 및 예측을 실시하고, 그 결과를 관련 인력양성계획에 반영하며, 교육과정 및 연구단계 별 맞춤형 융합교육프로그램 개발을 확대 실시하여 창의성과 전문성의 연계를 강화한다는 선언적인 내용이다.

이명박 정부에 들어와서 2008년에 수립된 '국가융합기술 발전 기본계획(2009~2013)'에서도 추진 전략의 하나로 '창조적 융합기술 전문인력 양성'을 설정하였다. 전년도 기본방침에 제시된 것과 같은 것이다. 이를 위한 실천과제로는 ① 융합기술 관련 교육 및 연구개발 프로그램 추진확대 즉, 융합기술 특성화를 위한 전문 교육기관의 운영체계 개편 및 다학제적 핵심연구센터 활용 확대 ② 수요지향적 융합기술 인력양성 즉, 미래 융합수요에 부응하는 고급인력 양성 및 산업수요에 적합한 맞춤형 전문인력 양성 ③ 융합기술 관련 전문인력에 대한 중장기 수요 조사·예측 강화 즉, 융합기술 전문인력에 대한 수요 조사 및 예측 실시, 이공계 인력 육성 지원 제2차 기본계획(2011~2015) 수립과 연계 추진 등을 제시하고 있다. 중점 실천과제별로 연도별 실행로드맵을 작성하였으며, 세계수준의 연구

중심대학(WCU) 육성사업 등 전문인력양성을 위한 10개 사업[67] 별로 추진내용과 주관부처를 밝히고 2009년 부터 2013년까지 총투자규모 1조 7,931억 원의 투자계획을 명시하였다.

실제로는 2009년에 3,438억 원, 2010년에 2,625억 원, 2011년에 2,742억 원, 2012년에 2,118억 원을 투자했으며, 2013년에는 2,081억 원의 투자계획을 수립하여 2009년부터 2013년까지 창조적 융합기술 전문인력 양성을 위해 총 1조 3,104억 원이 투자되었다. 2013년도는 6개 부처가 14개 사업에 투자하였으며(〈표 7-23〉 참조), 이는 전체 융합기술 R&D 정부 투자 중 10.2%를 차지한다. 2011년을 제외하고는 매년 감소하는 추세를 보이는 것이 특징이다. 2009년과 2013년의 세부 사업별 예산(일반 예산과 기금을 포함)을 기준으로 볼 때, 17개 과제에 총 3,438억 원이 투입된 2009년에 가장 많은 예산이 투입된 사업은 '세계 수준의 연구중심대학(WCU) 육성 사업(1,600억 원)'이었고, 그 뒤를 이어 '정보통신 기술인력 양성 사업(824억 원)', '대학중점연구소 지원 사업(340억 원)'이었으나, 14개 사업에 총 2,081억 원이 투입된 2013년에는 '정보통신 기술인력 양성 사업(811억 원)', '세계 수준의 연구중심대학(WCU) 육성 사업(404억 원)', '이공분야 대학중점연구소 지원 사업(266억 원)'순이다.[68] '세계 수준의 연구중심대학(WCU) 육성 사업'이 큰 폭으로 축소되면서 정책의 우선순위가 뒤로 밀린 것으로 판단된다.

---

67 10개 사업은 다음과 같다. ① 세계수준의 연구중심대학(WCU) 육성사업 ② 중점연구소 지원사업 ③ 국가핵심연구센터(NCRC) 지원사업 ④ 지방연구중심대학 육성사업 ⑤ 과학기술연합대학원대학교(UST) 융합전문인력 양성 ⑥ KAIST 학제간융합교육과정 및 기업연계 교육과정 ⑦ KAIST CT대학원 ⑧ 로봇산업 융합기술 전문인력 양성 ⑨ 보건의료기술 연구개발사업(국가임상시험사업단 지원) ⑩ 연구중심병원 구축지원(인력양성)(교육과학기술부 외, 2008: 53-54).

68 관계부처합동, 2009: 27; 2013b: 38.

〈표 7-23〉 '창조적 융합기술 전문인력 양성' 연도별 투자계획

(단위: 억 원, %)

구 분	2009년	2010년	2011년	2012년	2013년	계
융합기술 관련 교육 및 연구개발 프로그램 추진확대	2,192.5	1,564.3 (-28.7)	1,543.1 (-1.4)	1,044.0 (-32.3)	1,026.6 (-1.6)	7,370.5
산업수요에 적합한 맞춤형 전문인력 양성	1,187.8	995.8 (-16.2)	1,115.0 (12.0)	965.1 (-13.4)	950.0 (-1.6)	5,213.7
미래 융합수요에 부응하는 고급인력 양성	58.0	64.9 (11.9)	83.9 (29.3)	109.1 (29.9)	104.1 (-4.6)	420.0
합계	3,438.3	2,625.0 (-23.7)	2,742.1 (4.5)	2,118.2 (-22.8)	2,080.7 (-1.8)	1,3104.3

주 : ( )는 전년 대비 증감율
* 출처 : 관계부처합동, 2013b: 16.

'창조적 융합기술 전문인력 양성' 전략은 〈표 7-23〉에서 보는 바와 같이, '융합기술 관련 교육 및 연구개발 프로그램 추진 확대', '산업수요에 적합한 맞춤형 전문인력 양성', '미래 융합수요에 부응하는 고급인력 양성' 등 3개 영역으로 구분되어 추진되었다. 이 중에서 세계 수준의 연구중심대학(WCU) 육성 사업, 대학-출연(연)간 특화한 분야의 전문대학원 설치·운영, 과학기술연합대학원대학교 운영비 지원, 선도연구센터(국가핵심연구센터) 지원, 이공분야 대학중점연구소 지원 사업 등이 포함된 '융합기술 관련 교육 및 연구개발 프로그램 추진 확대' 영역이 이 전략 부문 총예산의 56.2%(7,370억 원)를 차지하였으며, 정보통신 기술인력 양성 사업, 융복합 로봇 전문인력 양성 사업, 국가 임상시험 사업단/임상 연구 인프라 조성 등이 포함된 '산업수요에 적합한 맞춤형 전문인력 양성' 예산이 39.8%(5,214억 원)를 차지하였다. 연구개발인력교육원 설립 및 교육프로그램 개발 운영, CT대학원 설치·지원 사업, 국내·외 연계 융합형 창의인재 양성 등이 포함된 '미래 융합수요에 부응하는 고급인력 양성'은 3.2%(420억 원)이 투자되었다.

‘창조적 융합기술 전문인력 양성’ 전략 중 ‘나노 측정 및 분석 전문인력 양성 사업’[69], ‘콘텐츠 기술기반 융합인력 양성 및 인프라 구축’, ‘문화콘텐츠 특성화 교육 기관 지원’, ‘문화콘텐츠 아카데미 운영’ 등은 2009년에만 시행계획에 의해 예산이 배정되었으며, ‘융복합 연구센터 지원 사업’과 ‘첨단 사이언스교육허브 개발 사업’은 2011년에 신규로 편입되었다.[70]

한편, 2010년 9월에 발표된 ‘NBIC 국가융합기술지도’에는 인력양성 투자계획이 제시되어 있지 않다.

박근혜 정부에 들어와서 2014년 2월에 수립된 ‘창조경제 실현을 위한 융합기술 발전전략’에는 전략 중 하나로 ‘창의적 융합인재 양성’을 명시하였다. 향후 5년간(2014~2018) 융합 R&D인력 부족(신규수요)은 4만 6천명 수준으로 예상되어 〈표 7-24〉와 같이 융합 대학·대학원 교육, R&D 사업 참여 및 재교육을 통한 인력양성을 제시하였다.

〈표 7-24〉 향후 5년간 융합R&D 인력 수급 방안(안)

구 분		2014년	2015년	2016년	2017년	2018년	계
신규 수요		8,020	8,598	9,221	9,894	10,620	46,353
신규 공급	대학 대학원	3,600	3,800	4,000	4,250	4,500	20,150
	R&D 사업	3,800	4,100	4,400	4,700	5,000	22,000
	재교육	620	698	821	944	1,120	4,203
	소계	8,020	8,598	9,221	9,894	10,620	46,353

* 출처 : 관계부처합동, 2014a: 21.

구체적으로는 서울대 융합과학기술대학원, KAIST 문화기술대학원, 포항공대 창의IT융합공학과 등의 융합인력 육성 규모를 2013년 3,600명에

69 이 사업은 2009년 3월에 ‘나노융합산업 발전전략’이 수립되면서 추진 과제 중 하나인 ‘나노 인프라 활용기반 구축 및 나노인력 양성’으로 편입된 것으로 보인다.

70 관계부처합동, 2013b: 17-18.

서 2018년까지 4,500명으로 늘리고, 정부 융합 R&D 사업에 연구원의 신규참여를 확대함으로써 현장중심 R&D 인력을 2018년도까지 5,000명 규모로 육성하며, 융합인력 재교육 규모를 2014년 620명에서 2018년 1,100명 수준으로 확대하겠다는 것이다.

이와 함께 융합시대의 수요 맞춤형 융합인력 양성을 위한 추진방안으로 ① '미래도전적 모험연구 사업'을 추진하고, ② 과기원(KAIST, GIST, DGIST, UNIST) 및 과학기술연합대학원대학교(UST)를 첨단융합의 세계적 브레인웨어 핵심기지로 육성하며, ③ BK21 플러스 사업비의 20% 이상을 창조경제 핵심분야 및 융복합 분야에 투자하고, ④ 산업·부문별 융합인력 협의체 운영으로 수요중심의 공급체계를 갖추고, ⑤ LINC(산학협력선도대학)를 지역 융합인력 양성 거점화하며, ⑥ 인문학이 강조된 융·복합 교육을 강화하고, ⑦ ICT융합을 주도할 통신, S/W, 콘텐츠, 정보보호 분야의 최정예 전문인력 양성 등을 제시하였다.[71]

'창조경제 실현을 위한 융합기술 발전전략'의 2015년도 시행계획에 따르면, '융합연구 및 산업융합 인재양성'에 총 2,894억 원을 투자하기로 했다. 선도연구센터지원사업에 142억 원 등 분야별 수준별 융합연구 인력의 지속 육성에 333억 원, 산학융합 및 융합기술인력 양성을 위한 6개 사업에 2,561억 원 등이다.[72]

융합 전문인력 양성 실적을 보면, 2011년도에 박사 3,065명, 석사 4,438명을 양성했고, 2012년도에는 박사 3,234명, 석사 5,199명을 배출하였다.[73] 2014년도에는 박사 575명, 석사 1,337명, 학사 1,288명, 기타

---

71 관계부처합동, 2014a: 21-22.

72 관계부처합동, 2015a: 24, 35.

73 관계부처합동, 2013b: 5.

인력(산업체 전문인력 등) 2,758명을 배출한 것으로 조사되었다.[74]

(2) 산업융합 분야

이명박 정부에 들어서서 2009년 3월에 수립된 '나노융합산업 발전전략'에는 중점 추진과제의 하나로 '나노 인프라 활용기반 구축 및 나노인력 양성'을 정했다. 세부사항으로는 인프라 맵 작성을 통한 효율적 인프라 활용 방안 마련, 관련 정보 및 정책 지원을 위한 정보인프라 구축, 나노융합기술 전문인력양성 센터 지정·운영 등을 명시하였다.[75]

2010년 7월에 세워진 'IT 융합확산 전략'에는 세부 추진과제 중 하나로 '융합형 기술혁신을 주도할 창의적 IT융합인재 양성'을 명시하고 장기·중기·단기로 나누어 세부계획을 수립하였다. 장기적으로는 파격적인 교과과정, 창의적 연구환경을 갖춘 한국형 'MIT 미디어랩' 총 2개(10년 1개, 11년 1개)를 대학에 조성하여 민·관합동 램당 년 170억 원을 투지헤 바이오칩, u-헬스, 지능형 로봇, 인공지능 등의 융합연구를 추진한다는 계획이다. 중기적으로는 중소기업과 대학원이 공동으로 IT융합 연구 프로젝트 수행 시 연구비를 지원하여 석·박사급 IT융합인재를 양성하는 방안을 제시하였다. 수요조사를 통해 인력공급이 시급하게 요구되는 의료, 기계, 건설 및 조명 분야 인력양성을 위해 강원대의 'IT융합 스마트 조명시스템 개발' 과제 수행 등을 통해 총 4개 대학에서 5년간(2010~2014) 780명의 인력을 양성할 계획이었다. 중장기적으로는 기계, 의료 분야뿐만 아니라 농업, 바이오, 금융 등 전 산업 분야에서 IT융합인재 2천명 양성 계획도 명시하였다.

아울러 단기적으로는 취업준비자, 산업체 재직자를 대상으로 IT교육을 실시하여 현장에서 활용 가능한 융합인재 양성을 지원한다는 계획이

---

74 관계부처합동, 2015a: 10.

75 교육과학기술부 외. 2009: 13.

다. 구체적으로는 폴리텍 대학(35개 캠퍼스)에 IT기술을 접목한 융합형(crossover) 훈련 직종을 확대하고, 산업별협의체(SC)가 협력하여 융합훈련프로그램을 공동 개발할 수 있도록 지원하며, 대기업, 사업자단체(협회), 대학 등이 중소기업(협력업체 등)과 컨소시엄을 구성하여 특화훈련을 실시할 경우 시설·장비비(년 15억 원, 3년간) 및 전담인력 인건비(년 1.2억 원, 6년간)를 지원하는 등 전략경영·생산기술·R&D 등의 분야에서 전문훈련과정을 운영하고, 중소기업훈련컨소시엄을 통해 실무자 대상의 IT융합 특화훈련을 실시하겠다는 것이다.[76]

2011년 4월에 제정된 산업융합촉진법 제28조에는 정부는 산업융합에 필요한 전문인력을 양성하기 위하여 산업융합 특성화대학, 산업융합 특성화대학원 또는 산업융합 특성화대학부설연구소를 지정할 수 있다고 규정하고 있다.

2012년 8월에 수립된 '제1차 산업융합 기본계획(2013~2017)'에는 실천과제인 '창의적이고 열린 융합인프라 조성'의 세부 과제로 '창의·융합형 인재양성 활성화'를 명시하였다. 목표는 '교육환경·체계 개선을 통해 창의적 융합인재 저변을 확충하고, 융합 신시장을 선도해 나갈 산·학 연계형 융합인력 양성 확대'를 설정하였다. 구체적으로는 ① 창의·융합형 인재양성을 위한 교육환경 구축 : 고급 융합인재 양성을 위한 교육시스템 구축, 인문계와 이공계 간 다양한 융합화 커리큘럼 개발 및 적용, 인문·사회 융합형 인프라 교육프로그램 개발 ② 시장이 원하는 융합형 인재 양성 : 융합신시장을 주도해 나갈 고급 융합인력 양성, 산·학연계 프로젝트의 확산을 통한 실무 융합인력 양성, 산업계 자체적인 융합인력 양성 및 교류 활성화를 위한 기반 마련(산업융합 인력 정보센터 운영 등)을 제시하였다.[77]

---

76 관계부처합동, 2010: 13-14.

77 관계부처합동, 2012a: 67-69.

2012년 9월에 수립된 'IT융합 확산전략(2013~2017)'에는 IT융합 공통 인프라 확충을 위한 과제 중 하나로 '창의 IT융합 인력양성'을 명시하였다. 구체적으로는 2017년까지 매년 2개 이상의 IT융합센터를 설립하는 등 2017년까지 매년 450명 이상의 석·박사급 IT융합 핵심인재를 양성하는 계획을 세웠다. MIT 미디어랩과 같은 IT명품인재 프로그램은 2010년 'IT융합 확산전략'의 내용과 유사하며, SW특성화 대학·대학원 신설계획을 밝혔다.

2012년 12월에 발표된 '나노융합 확산전략'에는 세부추진과제 중 하나로 '글로벌 나노융합산업을 선도할 창의적 인재 양성'을 명시하고 있다. 세부적으로는 ① 글로벌 나노융합산업을 선도할 수 있도록 전문기술과 비즈니스 분석능력을 동시에 갖춘 창의적 나노융합 핵심리더(NT-Midas) 양성을 위해 산·학 연계 프로젝트 중심의 나노분야 '신업융합특성화대학원' 지정 운영, ② 산업체 수요지향적 현장기술인력 양성을 위해 국가 나노인프라기관을 '나노융합 실용화 아카데미'로 지정·운영하며, 기존 제조업과 나노기술의 융합 촉진을 위해 기존 산업체 현장인력을 대상으로 나노교육을 실시하는 4ever NT-School 운영 및 기업이 필요로 하는 현장 기술인력의 지속적 양성을 위해 특성화고 학생 대상 나노기술인력 양성사업 확대 등을 명시하고 있다. 미래 모습으로는 2011년 7천 명에서 2020년 2만 명으로 나노융합산업 전문인력을 양성하겠다고 제시하였다.[78]

박근혜 정부에 들어서서 산업통상자원부는 2013년부터 인문적 상상력과 공학·과학기술의 융합을 통해 산업현장의 창의 혁신을 주도해 나갈 핵심인재 양성을 위해 '창의산업융합특성화대학원'을 선정하여 지원하고 있

78 지식경제부. 2012: 15-19.

다. 2017년까지 '창의융합산업특성화대학원' 10개교를 선정해 360여명의 석사급 창의·융합형 인재 양성을 목표로 하고 있다. 2013년에 3개 대학, 2014년에 3개 대학을 선정했으며, 2015년에 2개 대학을 더 선정할 예정이다. 대학 당 5년간 약 30억 원을 지원하는 계획이다.[79]

2013년 8월에 제정된 '정보통신 진흥 및 융합 활성화 등에 관한 특별법'에는 제11조에 미래창조과학부장관은 정보통신 분야의 전문적인 기술, 지식 등을 가진 인력의 육성에 관한 시책을 수립·추진하여야 하며, 특히 소프트웨어 교육의 저변 확대 및 지역산업의 발전을 위한 소프트웨어 특화교육 활성화를 위하여 노력하여야 한다고 규정했다. 아울러 전문인력의 육성에 관한 시책을 추진하기 위하여 필요한 경우 관련 단체 및 기업 등을 지원할 수 있으며, 체계적인 소프트웨어 실기교육을 통한 전문 소프트웨어 인재 육성을 위하여 한국소프트웨어종합학교를 운영할 수 있다고 명시했다. 제12조에는 대통령령으로 정하는 대학 및 전문대학 등의 정보통신 관련학과에 재학 중인 사람이 2년을 초과하지 않는 기간 내에서 중소기업 및 벤처 등에서 인턴으로 근무할 수 있다고 규정했다. 제13조에는 핵심적인 정보통신 기술, 지식 또는 노하우 등을 가진 해외 우수 인력의 발굴 및 육성을 위한 시책을 수립·추진하여야 하며, 이 시책에는 취업비자 발급 요건의 완화, 이민절차의 완화, 근로조건과 처우의 개선, 범정부적 추진체계의 마련 등을 포함하여야 한다고 명시했다.

이와 관련하여 교육부와 미래창조과학부는 2015년 7월 'SW중심사회를 위한 인재양성 추진계획'을 국무회의에 보고했다. 대학 소프트웨어(SW)교육을 혁신할 선도모델 'SW중심대학' 8곳을 2015년에 선정하고, 2019년까지 총 20개를 육성해 국내·외 산업현장에서 활동할 글로벌 SW

---

79 2013년에 성균관대, 조선대 및 호서대가 선정되었고, 2014년에는 건국대, 단국대 및 한양대가 창의산업융합 특성화 대학원으로 선정되었다(산업통상자원부 홈페이지).

전문 융합인력을 대거 키워낸다는 계획이다. 선정된 대학에는 최장 6년, 연간 최고 20억 원을 지원한다. 이 계획은 고급 SW전문 인력과 SW융합 인력 부족 문제 해결에 초점을 맞춘 것이다. SW중심대학은 기존 SW특성화 대학, 서울어코드 등 기존 사업을 단계적으로 통합한 모델이며, 2018년까지 고급 SW인력 3,700명을 양성할 계획이다.[80]

한편, 2013년 8월 말에 발표된 '농식품 ICT 융복합 확산대책'에는 인력 양성과 관련된 투자계획이 명시되어 있지 않다.

2014년 5월에 수립된 '정보통신 진흥 및 융합 활성화 기본계획'에는 추진과제 중 하나에 '미래형 창의인재 양성'이 포함되어 있다. 주요 내용은 다음과 같다. ① 초·중·등 ICT·SW 교육 및 정보 영재교육 활성화를 위해 2015년부터 SW 영재교육원을 운영하고, ICT 기반의 스마트 과학 실험실(smart-lab)을 구축하여 탐구역량을 강화(비타민 프로젝트 과제로 2015년 시범사업 20개교), ② 산업수요 맞춤형 교육 확대로 ICT 실무역량을 강화 즉, 공과대학의 교육과정에 ICT 분야 캡스톤 디자인·현장실습 등 실무교육 강화로 현장 문제해결능력을 배양하고, 중소기업SW개발자 재교육 지원을 위한 SW교육 바우처 제도를 운영(2014년 6월), ③ 창의적 융합인재 양성을 위해 기존 ITRC·IT융합센터 운영방식의 전면 개편, IT 명품대학(원) 운영 및 SW아카데미 운영(2015년), ④ 기업가 정신·기술사업화 교육 강화를 위해 KAIST 등 과학기술특성화대학 및 지역 거점 대학을 창조경제혁신센터와 연계하여 기업가정신 및 기술사업화 교육 프로그램을 운영하는 것 등이다.[81]

2014년 6월에 제정되어 2015년 6월부터 시행 중인 '농촌융복합산업 육

80 SW중심대학 8개는 가천대, 경북대, 고려대, 서강대, 성균관대, 세종대, 아주대, 충남대로 선정되었다(동아일보, 2015.10. 8).

81 농림축산식품부, 2013: 42-43.

성 및 지원에 관한 법률' 제19조에는 '전문인력의 양성'을 규정하고 있다. 즉, 농림축산식품부장관은 농촌융복합산업의 활성화를 위하여 전문적이고 창의적인 인력을 양성하여야 하며, 전문인력의 양성을 위해 고등교육법 제2조에 따른 학교 등을 농촌융복합산업 전문인력양성기관으로 지정하고 교육 및 훈련에 필요한 비용의 일부를 지원할 수 있다고 규정하였다.

2) 인력양성 투자 분석

융합기술과 산업융합 관련 인력양성에 대한 정부계획의 내용과 함께 현장에서의 문제점을 중심으로 분석하면 다음과 같다.

첫째, 정부계획에서 융합연구와 산업융합을 위한 인력양성을 분리하지 않고 포괄적으로 계획하고 있다. '창조경제 실현을 위한 융합기술 발전전략'의 2015년도 시행계획에는 '융합연구 및 산업융합 인재양성'에 총 2,894억 원을 투자하기로 되어 있다. 이것은 융합연구 뿐만 아니라 산업융합을 위한 인재양성이 포괄적으로 계획된 것이다. 바로 융합기술 개발이나 산업융합을 위한 인력양성에 대해 종합적으로 계획을 세운 것이다. 2012년의 '제1차 산업융합 발전 기본계획(2013~2017)' 역시 고급 융합인재 양성을 위한 교육시스템 구축, 융합 신시장을 주도해 나갈 고급 융합인력 양성 및 산·학연계 프로젝트의 확산을 통한 실무 융합인력 양성 등 융합연구와 산업융합을 위한 인력 양성을 포괄적으로 계획하고 있음을 알 수 있다.

둘째, 2013년 8월에 제정된 '정보통신 진흥 및 융합 활성화 등에 관한 특별법' 제11조 제3항에 체계적인 소프트웨어 실기교육을 통한 전문 소프트웨어 인재 육성을 위하여 '한국소프트웨어종합학교'를 운영할 수 있도록 하고 있으나, 아직까지 진척된 것이 없는 상황이다. 동법 시행령 제11조에는 이 학교는 비학위 과정으로 운영하며, 다음 각 호의 기능을 수행한다고 명시해두고 있다. ① 집중 소프트웨어 교육과정 등 전문 소프트웨어 교육과정의 개발 및 운영, ② 미래창조과학부장관이 전문 소프트웨어 인재 육성을 위하여 위탁하는 업무이다.

이와 관련하여 미래창조과학부는 2013년 7월에 소프트웨어(SW) 산업분야에서 창조인재를 발굴하기 위해 한국예술종합학교격인 'KoSIDA(Korea SW Imagination & Development Academy)'를 새로 신설하기로 결정한 바 있다.[82] 그러나 2015년 10월에 필자가 미래창조과학부에 이와 관련한 질의를 하자 그동안 다양한 방안을 검토했으나 별도의 교육기관 설립보다 대학 SW교육을 혁신하는 것이 우선적이라고 판단하고 대학을 지원하고 있다는 답변이 왔다.[83] 이것은 미래창조과학부가 당초에 정책방향을 잘못 설정했거나 상황변화에 따른 법령 개정을 적절한 시기에 하지 못한 것으로 해석할 수 있다. 법률과 시행령에 나와 있는 내용이 실행되지 못하고 사문화(死文化)되고 있는 것은 개선될 필요가 있다.

셋째, 사회적으로 융합이 강조되면서 공과대학의 경우 기초과목에 대한 교육이 허술한 상태에서 융합 쪽으로 경도된 기현상을 보이고 있다. 서울대학교 공과대학(2015: 41, 342. 444)이 발간한 〈축적의 시간〉은 기초적인 학문에 대한 교육이 무시된 채 무분별하게 난무하고 있는, 소위 준비되지 않은 융합교육에 대해서도 경종의 목소리를 던지고 있다. 현택환 교수는 나노기술의 경우 복합학문이므로 학부에서는 기초과목을 잘 가르쳐서 튼튼한 토대를 만들어줘야 한다고 주장한다. 나노분야를 잘하려면 기

82 뉴스토마토, 2013. 7. 1.

83 미래창조과학부의 답변 요지는 다음과 같다. "별도의 SW교육기관 또는 교육과정을 설립하는 것을 포함하여 다양한 방안들을 검토하였다. 그간의 논의를 종합한 결과, SW중심사회를 이끌 창의적 SW인재를 육성하기 위해서는 별도의 교육기관 설립보다 대학 SW교육을 근본적으로 혁신하는 것이 우선적이라고 판단하고, 2015년 7월에 'SW중심대학 추진계획'을 마련하였으며, 동년 10월에 지원대학 8곳을 선정하는 등 사입을 추진해 나가고 있다"(2015.10.14).

본적인 물리, 수학, 화학, 생물 등이 토대가 되어야 하며, 그런 토대 위에서 대학원 과정을 통해 융합을 하는 것이 옳다는 것이다. 그런데도 나노 관련 학과가 학부에 과도하게 많이 생긴 점을 우려하고 있다. 산업이 완전히 성숙하지 않은 상태에서 학부에서 나노를 전공한 학생들은 취직하기가 애매한 경우가 많기 때문이라는 것이다. 박희재 교수는 공학의 기본기가 안 되어 있는 상태에서 관심이 너무 사이언스 중심의 융합, 첨단 이런 쪽으로만 몰려가 있는 상태를 사상누각으로 표현한다. 기본기가 없으니 남의 것을 그대로 복제해서 한 번은 쓸 수가 있지만, 조금만 바꾸면 응용하지 못한다는 것이다.

넷째, 융합인력 양성 프로그램의 적절성과 효과성에도 의문이 든다. 융합전공 학과들이 전담교수 부족, 융합교재 부족, 전공교수 간 장벽 및 기존 학과(부)의 비협조 등과 같은 문제로 난항 중이다.[84] 융합형 인력 양성에 있어서 관련 부처가 앞 다투어 각종 프로그램과 정책을 내놓고 있지만, 융합형 인력이 갖추어야 할 문제해결 역량보다는 기술적 교과목 편성에 치중하고 있다.[85] 아울러 기존의 융합을 교육하는 학과를 보면, 다양한 배경의 학생들을 모아서 짧은 기간의 수학과정을 거치고 연구현장에 투입하며, 일정기간 융합연구 분야에 참여하다가 기존의 학문적 주류 분야로 돌아가 연구를 수행하는 현상이 발생하고 있다. 또한 다양한 기술적, 학문적 지식을 습득하더라도 기존 기술분류 위주의 인크루트 시장에서 경쟁력을 잃기 때문에 다시 회귀하는 현상도 발생한다.[86]

다섯째, 융합기술 개발과 산업융합이라는 숲을 보고 전체를 이끌어 갈 연구리더가 부족하다. 이런 리더는 융합의 목적을 달성하기 위해 각각의

84 지식경제부, 2011: 8.

85 이광호 외, 2015: 28.

86 김홍영 외, 2015: 211.

기술력을 물론 그 기술들을 연결하는 연결고리 스펙들이 강하며, 아울러 실패사례를 겪으면서 성장한 리더여야 한다.[87] 이러한 연구리더들이 많아야 각 분야의 전문가들을 아울러서 함께 융합의 궁극적인 가치를 실현해 나갈 수 있을 것이다.

여섯째, 과학기술과 인문사회 분야에 종합적이며 균형적인 시각을 가진 인재양성이 요구된다. 탈추격 혁신을 위해 과학기술-인문사회 융합을 한다는 것은 기술혁신을 수행하는 과학기술자가 사회·기술시스템적 인식을 갖는다는 것을 의미한다. 사회와 기술의 동시구성이라는 프레임을 가지고 연구개발 활동을 수행해야 새로운 궤적을 형성하는 선도적 혁신을 수행할 수 있고 사회문제 해결도 이루어질 수 있다는 것이다. 연구자가 이런 복합적 인식을 갖기 위해서는 교육과정에서부터 사회·기술시스템을 통합된 하나의 앙상블로 받아들이는 접근이 필요하다.[88]

일곱째, 융합인재 양성을 위한 국제교류와 국제협력이 좀 더 활성화 될 필요가 있다. 융합기술과 산업융합을 발전시키기 위해 외국과의 인력교류, 공동연구, 국제협력이 더욱 증진될 필요가 있다. 이러한 국제적인 교류와 협력을 통해 융합인재들의 시야를 넓히고 다양한 경험을 통해 지식과 지혜의 폭과 깊이를 더할 수 있을 것이다.

3) 인력양성 투자 발전방향

앞에서 설명하고 분석한 인력양성 투자에 대해 계획 자체의 발전과 함께 현장에서 필요한 발전방향을 제안하면 다음과 같다.

첫째, 융합기술과 산업융합을 위한 인력양성 계획은 통합되어 '융합인력양성 종합계획'으로 수립되어야 한다. 융합기술과 산업융합 분야

---

87 김홍영 외, 2015: 215.

88 송위진 외, 2011: 120.

의 기본계획을 세우면서 별도로 인력양성 계획을 세우는 것은 중복과 혼란을 가중시킬 뿐이다. 이미 '창조경제 실현을 위한 융합기술 발전전략'의 2015년도 시행계획에는 '융합연구 및 산업융합 인재양성'을 위해 총 2,894억 원을 투자하는 계획이 되어있기도 하다. 융합을 위한 분야별 인력양성 계획을 세운다면 '융합인력 종합양성계획'과 반드시 연계하되 세부적이고 구체적인 사항을 중심으로 작성하면 될 것이다.

둘째, '정보통신 진흥 및 융합 활성화 등에 관한 특별법'에 명시된 '한국소프트웨어종합학교'와 관련하여 정책 추진여부를 분명히 할 필요가 있다. 현재와 같이 법률과 시행령에는 명시해둔 채 사문화(死文化)시키는 것은 바람직하지 않다. 별도의 학교 설립보다는 대학의 SW교육 혁신으로 정책방향을 잡았다면 그것을 반영하여 신속하게 법률을 개정하여 이 조항을 삭제하는 것을 검토해야 할 것이다.

셋째, 어떤 인재가 융합인재인가 하는 '융합인재상' 정립이 필요하다. 이와 관련하여 박두희 세종과학예술영재학교장의 다음과 같은 의견을 경청할 필요가 있다. "유연한 사고를 바탕으로 다양한 창의력을 발휘할 인재를 육성하고, 아울러 지덕체를 겸비한 전인적 인간으로서 나눔과 배려를 실천하는 창의적 융합인재를 길러내는 것을 목표로 한다. 창의융합인재는 학문적 기초, 사회와 인간, 자기 정체성에 대한 이해, 그리고 내가 꿈꾸는 세상은 무엇인가에 대한 깊이 있는 이해를 하고 그런 다음에 외적인 성장이 이루어져야 한다고 본다. 국가경쟁력을 넘어 국가공헌력을 높일 수 있는 사람, 인류의 문제를 끌어안고 해결할 수 있는 사람을 지향하자는 것이다".[89]

넷째, 융합인재 양성은 기초과학과 기초공학에 대한 교육을 먼저 튼튼히 해야 한다. 서울대 주한규 교수가 〈축적의 시간〉에서 "요즘 융합을 많

89 사이언스타임스, 2015. 6.23.

이 강조하는 추세입니다. 융합 아니면 안 될 것 같은 분위기마저 있을 정도입니다. 그러나 저는 융합보다 오히려 기초공학과목을 깊고 단단하게 배우는 것이 우선되어야 한다고 생각합니다"라고 한 말을 유념해야 할 것이다.

다섯째, 융합인력 양성 세부프로그램의 적절성과 효과성에 대한 평가와 함께 개선책이 필요하다. 융합인력 양성을 위한 교육이 단순한 지식의 전수에 그치지 않고 현장에서 창조적 응용이 가능하도록 학부 및 대학원 교육의 혁신이 요구된다. 대구경북과학기술원(DGIST)은 신입생들이 무학과 단일학부로 입학해 3년간 기초과학과 기초공학 교육을 받고 4년차에는 자신의 진로에 맞는 트랙별 맞춤교육을 선택해 교육을 받고 있으며, 재학 중 악기 연주와 함께 태권도를 연마하게 하는 사례를 참고할 필요가 있다.

여섯째, 장기적인 시야를 가지고 융합기술개발과 신업융합의 리더를 양성해 나가야 한다. 유능한 융합의 리더는 단기간에 양성할 수 없다. 따라서 대학이나 정부출연연구기관 등에 재직하고 있는 교수 및 연구책임자들이 다양한 연구과제 수행을 통한 문제해결 능력 향상과 실패를 통한 경험 축적 및 리더십 함양 등이 필요하다.

일곱째, 각종 인력양성 프로그램에서 과학기술과 인문사회 분야에 종합적이며 균형적인 시각을 가진 인재 양성을 위한 세부적인 프로그램을 마련해야 한다. 과학기술인이 인문사회와 과학기술에 대한 시스템적 인식을 가질 때 기술 개발에 국한하지 않고 그 기술이 해결한 사회문제까지 폭넓게 알고 접근 할 수 있기 때문이다. 문화예술을 포함한 인문사회와 과학기술은 상호 보완관계에 있다. 인문사회는 과학기술에 창조의 영감과 사회적인 시각을 제공할 수 있다. 애플(Apple)의 스티브 잡스(Steve Jobs)가 아이폰 출시를 알리면서 인문학의 중요성을 강조했던 발언은 아주 많이 알려진 이야기이다.

여덟째, 융합인재 양성을 위한 국제교류와 국제협력 프로그램이 보다 다양화되고 활성화 되어야 한다. 보다 구체적으로는 국제공동연구, 방문연구, 초빙연구, 공동학위제 및 참여연구 등 다양한 방식으로 시도하는 것이 가능하다. 궁극적으로는 융합기술과 산업융합을 위한 연구와 인력교육이 서로 연계되는 시스템 정립이 필요하다.

제3절 유인수단 분석 및 발전방향

1. 유인수단 현황

정부가 주도적으로 수립한 융합정책들의 효과를 달성하기 위해서는 여러 가지 유인책들이 필요하다. 정부의 각종 융합 활성화를 위한 유인정책에는 어떤 것들이 있는지 먼저 살펴보고자 한다.

1) 융합기술 분야

(1) 정부의 융합기술 활성화 기반 조성 노력

정부는 정보통신 진흥 및 융합 활성화를 위해 2013년도에 '정보통신 진흥 및 융합 활성화 등에 관한 특별법'을 제정하여 2014년부터 시행하고 있다. 이 법률 제1조에 '정보통신을 진흥하고 정보통신을 기반으로 한 융합의 활성화를 위한 정책 추진 체계, 규제 합리화와 인력 양성, 벤처육성 및 연구개발 지원 등을 규정함으로써 정보통신의 국제경쟁력을 제고하고 국민경제의 지속적인 발전을 도모하여 국민의 삶의 질 향상에 이바지함을 목적으로 한다'고 밝히고 있다. 아울러, 정보통신 진흥 및 융합 활성화를 위해 별도로 활성화추진 실무위원회를 구성하도록 법제화 하고 있으며, 이 위원회는 대기업과 중소기업 및 벤처 간의 상생협력과 조화로운 발전을 저해하는 법·제도 개선, 국내·외 사업자 간 차별을 발생시키는 법·제도 개선, 정보통신융합 등 기술 서비스 등의 진흥 및 활성화에 걸림돌이 되는 법·제도 개선, 정보통신 관련 기업 및 단체 등의 애로 사항 및 건의 사항 처리, 그 밖에 정보통신 진흥 및 융합 활성화를 위하여 필요한 법·제도 개선 등을 주요 업무로 한다고 명시하고 있다.

이 법률 제15조에는 새로운 정보통신 기술 서비스를 활성화하고 다른 산업 분야와 연계하기 위하여 매년 유망 정보통신융합 등 기술 서비스 등을 지정하여 지원할 수 있도록 명시하고 있다. 제16조에는 정보통신융합 기술 서비스 등의 표준화에 관한 사업을 추진하도록 하고 있으며, 제17조에는 정보통신융합 기술 서비스 등의 편의성·안정성·신뢰성·확장성 등에 관한 인증기준을 정하여 고시할 수 있도록 하고 인증 업무를 효율적으로 수행하기 위하여 인증기관을 지정할 수 있도록 하고 있다. 제18조에는 정보통신 관련 연구개발 사업을 추진함에 있어 해당 사업의 예산 중 일정 비율 이상을 중소기업 및 벤처를 위하여 우선적으로 사용하도록 하고 있으며, 제19조에는 유망 정보통신융합 등 기술 서비스 등에 대하여 사업화에 필요한 지원을 할 수 있으며, 제20조에는 정부가 품질인증한 정보통신융합 등 기술 서비스의 수요를 창출하기 위하여 우선적으로 구매하는 등 필요한 지원시책을 마련하도록 명문화하고 있다. 제30조에서 제34조까지는 벤처 지원 및 기술거래 활성화를 위한 여러 가지 지원 방안을 담고 있으며, 제35조에서는 정보통신융합 등에 대한 국민의 이해를 높이고, 국가사회전반에 정보통신융합 등 문화를 확산시키기 위하여 성공사례 발굴 포상 및 홍보, 정보통신융합 등의 확산과 활성화를 위한 교육 및 세미나 개최 등의 사업을 추진할 수 있도록 명시하고 있다. 제36조와 제37조에서는 신규 정보통신융합 등 기술 서비스의 신속처리와 임시허가제에 대한 내용을 명시하고 있다.

아울러 미래창조과학부는 '정보통신 진흥 및 융합 활성화 등에 관한 특별법'에 근거해 2015년 8월 범정부적 차원의 ICT 정책방향과 주요과제를 제시한 '정보통신 진흥 및 융합 활성화 기본계획'을 수립하여 시행하고 있다. 미래창조과학부를 비롯한 21개 중앙행정기관들이 대상기관이며, 정보통신 진흥 및 융합 활성화를 위한 방안들이 마련되어 있다. 이 기본계획에 융합 확산 및 활성화를 위해 융합 시험 인증제도 도입, 신속처리 임시허가 제도 도입 등을 통해 ICT 융합 제품 서비스의 빠른 시장 출시와 사업화 지원 토대를 구축하는 것과, ICT 중소기업에 저렴한 비용으로 국제적인 시험인증서비스를 쉽고 편리하게 활용할 수 있도록 지원하는 내용 등이 포함되어 있다. 실제로 미래창조과학부는 2014년 시험인증 비용절감액이 1,116억 원, 이용업체수는 794개 업체, ICT융합인증 건수는 3건 등의 성과가 나타난 것으로 평가하고 있다.[90]

(2) 정보통신 융합기술·서비스 품질 인증제도

인증이란 제품 서비스 등이 규정된 요건에 적합함을 평가 증명하는 제도로 인증을 받은 제품이나 서비스에 대해서는 소비자가 신뢰를 가지고 안심하게 사용할 수 있게 된다. 융합 제품이나 기술 서비스에 대해 다양한 인증제도가 운영되고 있다.

정보통신 융합 부문에서는 '정보통신 진흥 및 융합 활성화 특별법' 제17조에 근거해 미래창조과학부 장관은 정보통신융합 기술 서비스 등의 편의성·안정성·신뢰성·확장성 등에 관한 인증기준(품질기준)을 정하여 고시하도록 하고 있다. 이에 따라 미래창조과학부는 정보통신 융합 품질인증제도를 2014년 2월 14일부터 시행하고 있다. 정보통신 융합 품질인증 제

90 관계부처합동, 2015b: 8.

도는 ICT 중소기업의 인증부담 해소를 위해 접수부터 시험 평가 및 인증을 One-Stop으로 지원하는 것으로 인증 받은 제품의 판로 지원을 위해 인증 품목에 대해 공공기관이 우선적으로 구매하도록 하고, 사용자가 손해를 입었을 경우 그 손해배상 담보사업도 병행하여 추진하고 있다.

미래창조과학부는 한국정보통신기술협회(TTA, Telecommunications Technology Association)를 정보통신 융합 품질 인증기관으로 지정하여 인증제도를 운영하고 있다. TTA는 방송통신발전기본법 제34조에 근거하여 1988년 12월에 설립된 비영리기관으로서 ICT 표준화 및 시험인증 업무 즉, 이동통신, 네트워크, 방송융합 등 정보통신 시험인증과 소프트웨어 시험인증 업무를 수행하고 있다. 특히 국가지리정보체계(NGIS, National Geographic Information System), 지능형 로봇, 차세대PC, u-헬스, 그린ICT, 가시광 융합통신 등 정보기술 융합 관련 표준의 제·개성 빛 보급 활동에 힘쓰고 있다.[91]

(3) 신규 융합 기술·서비스의 신속처리(임시허가제)

정부는 신규 정보통신 융합 등 기술 서비스를 개발한 자가 허가 등의 근거가 되는 법령에 해당 기술 서비스에 맞는 기준·규격·요건 등이 없는 경우 또는 허가 등의 근거가 되는 법령에 따른 기준·규격·요건 등을 해당 신규 정보통신 융합 등 기술 서비스에 적용하는 것이 맞지 아니하여 법령상의 각종 허가·승인·등록·인가·검증 등을 받지 못하거나 허가 등의 필요 여부가 불분명한 경우에는 미래창조과학부장관에게 신규 정보통신 융합 등 기술 서비스의 신속처리를 신청할 수 있다.

'정보통신 진흥 및 융합 활성화 등에 관한 특별법' 제36조에 따르면 미래창조과학부 장관은 신규 정보통신 융합 등 기술 서비스의 허가 신청을 받

91 자세한 사항은 한국정보통신기술협회(TTA) 홈페이지(http://www.tta.or.kr)를 참조.

은 경우 신규 정보통신 융합 등 기술 서비스의 신청사실 및 신청내용을 관계 중앙행정기관의 장에게 통보하여야 한다. 관계 중앙행정기관의 장은 통보를 받은 날부터 30일 이내에 신규 정보통신 융합 등 기술 서비스의 소관 업무 여부 및 허가 등의 필요 여부를 미래창조과학부 장관에게 회신하여야 한다. 30일 이내에 회신하지 아니할 경우 소관 업무에 해당하지 아니하거나 해당 중앙행정기관의 장의 허가 등이 필요하지 아니한 것으로 간주한다. 이러한 경우 해당 신규 정보통신 융합 등 기술 서비스의 특성을 고려하여 적합한 기준 규격 요건 등을 설정할 필요가 있는 경우에는 임시로 허가를 할 수 있다. 임시허가의 유효기간은 1년 이하의 범위에서 정하고 1회에 한정하여 연장이 가능하다. 이러한 조치는 신규 융합 기술이나 서비스가 법·제도 때문에 사장되는 것을 막기 위한 보호 조치로 해석된다.

이 제도의 첫 번째 허가 사례로 '블루투스 통신을 활용한 이동식 전자저울 기술 및 농업 모바일 서비스'에 임시허가를 부여한 바 있다.[92]

2) 산업융합 분야

(1) 정부의 산업융합 활성화 기반 조성 노력

정부는 산업융합 활성화를 위해 2011년에 '산업융합 촉진법'을 제정하여 시행하고 있다. 이 법 제11조에는 제조자 등은 산업융합 신제품과 관련된 개별 법령상의 각종 허가·승인·인증·검증·인가 등을 받지 못하는 경우에는 대통령령으로 정하는 바에 따라 소관 중앙행정기관의 장에게 해당 산업융합 신제품의 적합성 인증을 신청할 수 있도록 산업융합 신제품 적합성 인증제를 명시하고 있다. 제16조에는 적합성 인증을 받은 제조자

92 임시허가 대상이 된 기술 및 서비스는 국내 중소벤처기업인 ㈜그린스케일에서 개발한 계량기(저울)와 블루투스 통신기술 간의 융합을 기반으로 하는 새로운 전자저울의 활용 기술과 서비스이다. 전자저울 측정값을 스마트 기기로 전송하여 데이터를 모바일 기반으로 저장 및 관리·분석할 수 있다(미래창조과학부 보도자료, 2015.10.8).

등은 그 산업융합 신제품으로 인하여 소비자가 입을 수 있는 손해를 담보하기 위하여 '산업발전법'에 따른 자본재공제조합, '보험업법'에 따른 손해보험업을 영위하는 보험회사, '무역보험법'에 따른 한국무역보험공사, '중소기업협동조합법'에 따른 중소기업중앙회 등 보험 또는 공제에 가입할 수 있도록 명시하고 있다. 제19조에는 산업융합을 촉진할 수 있는 시험제품 또는 제품을 개발하려는 자를 위한 지식재산권의 중개·알선 등의 지식재산권 관련 지원에 대한 내용을 담고 있다. 제20조에는 국내·외 연구기관 대학 및 기업 간의 연계 교육프로그램의 개발과 시행, 산업 간 연구인력의 교류 활성화, 해외 산업융합 관련 전문인력의 유치, 산업융합 관련 전문인력과 산업융합 연구개발과제 등에 관한 정보체계의 구축 등 산업융합을 촉진하기 위하여 산업 간의 교류 및 협력을 위한 방안을 마련하는 등의 산업간 협력체계 구축 지원을 명시하고 있다.

이 법률 제21조에는 산업융합을 촉진하기 위하여 산업체가 자율적으로 결성하는 협회·단체 또는 연구회 등의 설립과 활동 등을 촉진할 수 있도록 산업융합 연계조직에 대한 데이터베이스를 구축하도록 하고 있다. 제25조에는 국가와 지방자치단체는 환경보호, 고용창출이나 그 밖에 사회적으로 높은 가치가 있는 산업융합 신제품을 구매한 자에게 별도의 필요한 지원을 할 수 있도록 하고 있다. 제29조에는 산업융합 신제품과 관련서비스의 품질 향상과 호환성 확보 등을 위하여 산업융합 신제품과 관련서비스의 표준 개발 및 보급, 산업융합과 관련된 국내·외 표준의 조사·연구 및 개발, 그 밖의 산업융합의 표준화에 필요한 사업 등을 추진할 수 있도록 지원하고 있다. 제31조에는 산업융합이 활성화되고 산업융합 신제품의 개발과 융합 신산업의 발전이 촉진되는 문화의 기반을 조성하기 위하여 산업융합문화 교육과 관련 전문인력의 양성, 산업융합문화의 창달을 위한 홍보, 산업융합문화와 관련된 교육 콘텐츠의 개발 및 보급, 산업융합문화의 창달을 위한 사업이나 활동을 하는 기관 또는 단체의 육성 및 지원, 산업융합문화의 향유와 교류 활성화를 위한 제도와 기반 조성 등 산업융합문화의 기반 조성에 관한 방안을 마련하도록 명시하고 있다.

아울러 농림축산식품부는 농업의 고부가가치화를 위한 기반을 마련하고 농업 농촌의 발전, 농촌경제 활성화를 도모하기 위해 2014년에 '농촌융복합산업 육성 및 지원에 관한 법률'을 제정하여 2015년 6월부터 시행하고 있다. 이 법률 제15조에서는 농촌융복합산업 육성을 위하여 농촌융복합산업 현황에 대한 실태를 조사하고, 농촌융복합산업에 관한 통계를 작성·관리하도록 명문화 하고 있다. 제16조에는 농촌융복합산업 사업자에 대하여 기술 및 산업동향 등 필요한 정보를 제공하고 농촌융복합산업 현황에 대한 체계적 관리를 위하여 제15조에 따른 실태조사를 기초로 하여 농촌융복합산업 종합정보관리시스템을 구축·운영토록 하고 있다. 제20조에서는 농촌융복합산업과 관련된 창업을 활성화하기 위하여 창업을 하고자 하는 농촌융복합산업 사업자에게 창업자금의 지원 및 융자, 농촌융복합산업 연구 개발 성과의 제공, 창업에 필요한 법률, 세무, 회계 등의 상담 및 경영 컨설팅 지원, 농촌융복합산업 사업자의 우수한 아이디어 사업화 지원, 생산된 제품의 성분분석, 품질검사, 상용화 지원 및 시제품 생산 등 창업을 위한 시설 등 공간의 임대 제공 등의 편의를 제공해 주도록 명시하고 있다. 제23조에서는 농촌융복합산업 사업자의 국내·외 시장 개척과 판로 확보를 지원하기 위하여 농촌융복합산업 제품의 국내 유통망 구축과 홍보 판매 또는 사후관리 지원, 농촌융복합산업 사업자의 국내·외 전시 박람회 개최 또는 참가 지원, 국내·외의 거래 알선과 상품 홍보를 위한 정보망 구축 및 운영, 농촌융복합산업 사업자의 국내·외 마케팅 능력 향상 지원 등의 유인책을 제공하도록 하고 있다.

이 법률 제24조에서는 농촌융복합산업의 발전 및 경쟁력 강화와 농촌융복합산업 사업자의 공동이익을 도모하기 위하여 품목별·지역별 단체 또는 전국 단위의 협회를 설립할 수 있도록 하고 있다. 제25조에서는 농촌융복합산업 사업자에 대하여 필요한 자금을 융자·투자하거나 그 밖에 필요한 지원을 할 수 있도록 명시하고 있으며, 농촌융복합산업의 사업 활성화에 필요한 자금의 원활한 조달을 위하여 '농림수산업자 신용보증법' 제4조에 따른 농림수산업자 신용보증기금, '농림수산식품투자조합 결성 및 운용에 관한 법률' 제7조에 따라 설립한 농식품투자모태조합으로 하여금 농촌융복합산업 사업자를 대상으로 하는 보증 또는 투자제도를 수립·운용하도록 하고 있다. 제30조에는 시·도지사가 관할지역의 대표 농촌융복합산업을 육성하기 위하여 농림축산식품부장관에게 농촌융복합산업지구 지정을 신청할 수 있도록 명시하고 있다. 제36조에서는 농촌융복합산업 사업자에 대하여 '조세특례제한법' 또는 '지방세특례제한법'에서 정하는 바에 따라 법인세·소득세·취득세·재산세 및 등록면허세 등의 조세를 감면할 수 있도록 하고 있고, 필요한 경우에는 '농지법', '초지법', '산지관리법'에서 정하는 바에 따라 부담금을 감면할 수 있도록 유인책들을 명시하고 있다.

(2) 산업융합 촉진 옴부즈만 제도

정부는 산업융합의 기반을 조성하고 산업경쟁력을 강화하기 위해 2011년에 산업융합촉진법을 제정하였다. 이 법률 제10조에는 산업융합을 촉진하기 위하여 산업융합과 관련한 기업의 애로와 건의 사항을 접수하여 조사하고, 산업융합과 관련된 제도의 개선 방안을 마련하기 위해 산업통상자원부에 '산업융합촉진 옴부즈만'을 두도록 명시하고 있다. 옴부즈만은 산업융합과 관련된 기업의 애로와 건의사항 접수 및 조사, 산업융합 신제품의 시장출시 애로 사례 발굴 및 해소 지원, 산업융합과 관련된 제도의 개선 방안 마련, 산업융합 관련 규제의 조사, 분석 및 평가 등의 임무를 수행한다. 산업융합 촉진 옴부즈만의 업무 추진 체계는 아래 〈그림 7-1〉과 같다.

〈그림 7-1〉 산업융합촉진 옴부즈만 업무추진 체계

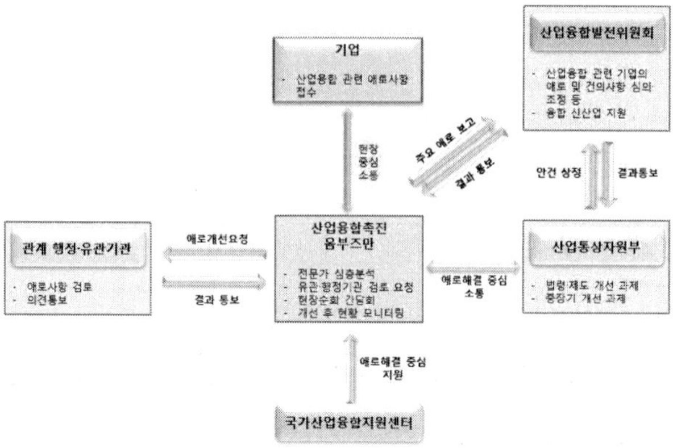

* 출처 : 산업융합 촉진 옴부즈만(www.oico.kr/intro/info_sys.php)

산업융합 촉진 옴부즈만은 2012년 1월 제1대 옴부즈만이 위촉되어 3년 동안 활동했으며, 2015년 1월 제2대 옴부즈만이 새로 위촉되었다.[93] 제1대 옴부즈만은 2012년 6월부터 2014년 11월까지 총 12회에 걸친 산업융합 촉진 워크숍을 개최하여 U-헬스, 스마트카 ITS, 의료기기, 로봇, 디자인 융합 등 다양한 분야의 산업융합을 위한 규제개혁을 논의하였다.[94]

(3) 산업융합 신제품 적합성 인증제도

산업융합 신제품 적합성 인증제도는 기존의 법·제도가 산업융합 신제품 시장 출시에 장애가 되는 것을 해결하기 위한 제도이다. 융합 신제품은 기존 인증체계 기준에 부합하지 않거나 기준이 없는 경우가 많으며, 새로운 인증기준 마련에 오랜 시간이 소요되어 적시에 시장에 출시하지 못하는 문제가 발생하자[95] 융합 신제품에 대한 인증을 Fast-Track으로 진

---

93 2012년 1월에 지식경제부 장관이 산업융합촉진 제1대 옴부즈만으로 위촉되어 활동하였고, 2015년 1월에 제2대 이주연 옴부즈만이 위촉되어 활동하고 있다.

94 산업융합 촉진 옴부즈만(www.oico.kr/intro/info_sys.php) 참조.

95 트럭지게차 인증에 3년 9개월이 소요된 사례가 있다.

행함으로써 기업의 시장 출시에 따른 애로를 해결하기 위해 도입되었다. 산업융합촉진법 제11조는 융합 신제품을 개발하였으나 관련된 개별 법령상 허가·승인·검증·인가 등을 받지 못하는 경우 산업융합 신제품 적합성 인증을 신청할 수 있도록 하고 있다.

산업융합 신제품 적합성 인증은 국가산업융합지원센터에서 수행하고 있으며, 아래 〈그림 7-2〉와 같은 절차를 통해 이루어진다.

〈그림 7-2〉 산업융합 신제품 적합성 인증 절차

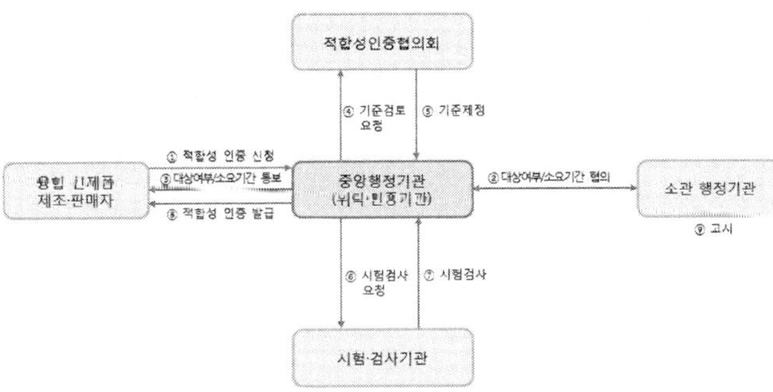

* 출처 : 산업통상자원부, 산업융합 신제품의 적합성 인증제도(브로셔)

산업융합 신제품에 대한 적합성 인증제도 도입에 따라 기존에 2~3년 소요되던 인증 절차가 3~4개월로 단축되었다. 실제로 '융합 안전모'[96]의 산업융합 신제품 적합성 인증 사례를 보면, 2014년 7월에 적합성 인증을 신청하여 2014년 10월에 적합성 인증서를 발급받았다.

조달청은 융합신제품 지원 강화를 위해 융합신제품은 기술 산업간 융합특성으로 일반제품에 적용되는 물품목록 체계와 맞지 않는 경우에 품

96 융합 안전모는 무선통신, 조명, 센서 등이 융합되어 작업의 효율성과 안정성이 향상된 제품이다. 보호구 의무안전고시(제2012-83호)에 명시된 산업용 안전모의 구멍, 무게 등에 대한 일반구조 조항에 의해 안전모 AB 등급 인증 취득이 불가한 상태였으나 산업융합촉진법 제11조에 근거해 적합성 인증서를 발급받게 되었다.

질관련 인증이 없어도 우수조달물품을 신청할 수 있게 했다. 따라서 시험성적서 등 인증 이외의 자료도 품질소명자료로 활용할 수 있게 된다. 아울러, 융합제품의 공공시장을 넓히기 위해 '산업융합 신제품 적합성 인증제품'에 대해선 일정한 가점(최대 3점)도 준다.[97]

'농촌융복합산업 육성 및 지원에 관한 법률' 제8조에 의하면 농업인 등의 신청을 받아 농촌융복합산업 사업자로 인증할 수 있는 제도를 마련하고 있으며, 본법 제11조에 의하면, 인증의 유효기간은 인증을 받은 날부터 3년으로 제한하고 있다.

이외에도 나노융합산업 발전전략에서도 나노융합제품 관련 민간 인증제 및 안정성 검증 시스템을 도입하고 있으며[98], 나노융합산업협력기구에서 나노융합 제품에 대한 표준화 및 인증을 실시하고 있다.

(4) 인증표준콜센터(국번없이 1381) 운영

산업통상자원부 국가기술표준원과 한국화학융합시험연구원에서 인증표준콜센터(국번없이 1381)를 개통하여 주요 수출국의 경우 548개의 인증을 수출초보기업에게 정보를 제공하고 있다. 1381은 국내뿐만 아니라 해외 인증 표준 분야의 모든 문의에 대한 정보를 제공하는 대표 전화번호이다.[99]

(5) 화학융합 제품의 시험 및 인증 지원

융합제품 중 화학융합 관련 제품에 대해서는 시험 및 인증을 통해 시험성적서를 발급하고 있다. 이 업무는 한국화학융합시험연구원(Korea Testing & Research Institute, KTR)에서 수행하고 있는데, KTR은

---

97 아시아경제, 2015. 6. 1.

98 나노제품의 안전관리를 위해 '나노안전관리종합계획'과 더불어 '나노제품 안전관리 지침'을 국가표준으로 제정하였다(지식경제부 보도자료 2011. 5.12), '「나노제품 안정성」 국가표준으로 관리' 참조.

99 자세한 사항은 1381 인증표준콜센터 홈페이지(http://www.1381call.kr) 참조.

1969년 대한고무제품시험검사소로 출발하여 대한화학금속시험검사소, 한국화학시험검사소, 한국화학시험연구원을 거쳐 2010년에 지금의 한국화학융합시험연구원으로 명칭이 변경되었다. KTR에서는 정부의 위탁을 받아 화학융합 관련 각종 시험 및 인증 업무를 대행하고 있다. 의료기기 미생물 품목에 대한 시험 검사업무를 비롯한 헬스케어, 환경안전·환경보건, 자동차·조선, 금속·신소재·토목·건축, 화학·플라스틱·페인트, 전기전자·LED 등에 대한 시험 검사업무를 수행한다. 아울러 국내 융합제품들에 대한 TR마크[100], S마크[101], V-check 마크[102], Q마크, 석면Free인증, 에너지효율등급, 고효율에너지기자재 인증 사업을 시행하고 있으며, CE마크,[103] GS마크[104] 등 해외 인증도 병행하고 있다.[105]

---

100 TR마크는 기술과 신뢰의 인증마크이다. 국민소비생활의 향상과 제품다양화에 따라 위해로부터 소비자를 보호하기 위하여 제조자의 기능성(Function) 제품, 융합(Convergence) 제품, 안전(Safety)이 요구되는 제품 중 기능성 또는 융합 제품 등을 대상으로한다. KTR에서 연구원, 학계, 유관기관 등 전문가로 구성된 심의회를 통하여 인증검사기준 및 심사기준에 적합한 경우 제품에 TR마크를 부착하는 제도이다.

101 S마크는 제품의 다양화에 따른 제품의 품질 향상과 소비생활의 위해로부터 소비자를 보호하기 위하여 시행하는 인증제도로서 KAS(한국제품인정기구)로부터 인정받은 인증마크이다.

102 V-check 마크는 제품의 품질과 성능 향상을 통한 경쟁력 향상과 안전사고로부터 소비자를 보호하기 위해 제품의 안전, 성능, 신뢰성 등에 대해 인증하는 제도로서 KAS(한국제품인정기구)가 공인한 제품인증기관의 통합인증마크이다.

103 CE마크는 'Conformity to European'마크 이다. 유럽에서는 고객의 안전과 건강, 환경에 영향을 미치는 제품에 대하여 강제 지침을 제정하여 유럽단일시장에 판매되는 모든 제품에 대해 이들 지침을 이행하도록 하고 있다. 이에 따라 CE마크를 부착하고 있는 제품은 별도의 검사와 시험 없이도 유럽 내에서 자유롭게 유통될 수 있다. CE마크는 제품의 신뢰성 또는 품질 보증을 의미하는 것이 아니고 그 제품이 건강과 안전 그리고 소비자 보호와 관련된 EC 규정 또는 지침 및 유럽 표준 규격의 필수 요구사항을 준수한다는 것을 의미한다.

104 GS(German Safety) 마크란 독일 노동사회부에서 제정한 것으로 독일에서 안전과 품질을 보증하는 마크이다. 한국의 'KS마크'와 유사하다.

105 자세한 사항은 한국화학융합시험연구원 홈페이지(http://www.ktr.or.kr) 참조.

2. 유인수단 분석

어느 정책이나 정책을 수행하고 소기의 목적을 달성하기 위해서는 적절한 유인수단이 수반되어야 할 것이다. 지금까지 살펴본 우리나라 정부의 융합정책에 대한 유인수단에 대해 현황을 분석하면 다음과 같다.

첫째, 융합정책의 활성화를 위해 각 부처별로 별도의 유인수단들을 제시하고 있어 중복될 수 있는 가능성이 있고, 어떤 인증을 받아야 하는지 혼란스러울 수 있다. 융합기술에 대해서는 미래창조과학부가 관련 법 및 제도들을 통해 여러 가지 유인수단들을 제시하고 있으며, 산업융합과 관련해서는 산업통상자원부, 농촌융복합산업을 위해서는 농림축산식품부에서 별도의 유인책들을 만들어 시행하고 있다. 이러다보니 유인수단을 위한 기관운영이나 관련 예산 지원이 중복될 수 있는 가능성이 있고, 인증을 받고자 하는 개인이나 기업의 경우, 어떤 인증을 받아야 하는지 혼란스러울 수 있다.

둘째, 기존 인증제도에도 불구하고 새로운 인증제도가 계속해서 생기고 있다. 물론 최근에 도입되는 인증제도는 절차의 간소화와 비용의 감소 등 인증을 받고자 하는 개인이나 기업에 혜택을 주기 위한 목적이 분명하지만, 새로운 인증제도를 만들기 보다는 기존의 인증제도를 개선하는 것이 더 필요한 경우도 많다. 예를 들면, 융합신산업이나 바이오헬스 같은 첨단 산업들의 경우 빠른 기술적 변화를 적용하기 위해서는 절차의 간소화가 무엇보다 중요하고 시급한 일일 것이다. 하지만 정부의 각종 인·허가와 각종 규제로 인해 사업화하기가 쉽지 않다. 이러한 폐해를 줄이기 위해 부처별로 각종 인증제나 예외조항 등을 두고 있지만 이 또한 불필요한 요소로 자리매김하고 있다. 일례로, 지난 2015년 11월에 열린 규제개혁장관회의에서 손톱 밑 가시로 여겨져 왔던 불필요하고 중복된 인증제 36개를 폐지하고 77개를

개선하면 3년간 4조 2천억 원의 효과가 있다고 보고한 바 있다.[106]

셋째, 융합과 관련한 기술 또는 제품에 대한 유인수단들이 '정보통신 진흥 및 융합 활성화 등에 관한 특별법', '산업융합촉진법', '농촌융복합산업 육성 및 지원에 관한 법률' 등 여러 법령에 흩어져 있다. 최근 등장하는 대부분의 융합제품 들이 IT기술을 적용하거나 활용한 것이라는 특성이 있기 때문에 이들 융합신제품의 경우 '정보통신 진흥 및 융합 활성화 등에 관한 특별법'의 '정보통신 융합기술·서비스 품질 인증제도'에도 적용되고, '산업융합촉진법'의 '산업융합 신제품 적합성 인증제도'에도 적용될 수 있는 것이다.

3. 유인수단 발전방향

융합정책을 활성화하기 위한 다양한 유인수단들이 실시되고 있지만 앞으로 좀 더 융합정책을 활성화하기 위해 다음과 같은 몇 가지 발전방안을 제시한다.

첫째, 융합에 대한 유인수단의 일원화가 필요하다. 우리나라 융합관련 유인 정책은 소관 부처별로 각각 실시하고 있다. 이러한 현상은 결국 중복투자로 인한 예산과 인력의 낭비요소가 발생하고 효과적이고 시너지 있는 유인 정책 추진이 어려울 수 있다. 앞에서 제안한 바와 같이 융합정책 구조(법률, 위원회 등)의 개편과 함께 융합에 대한 유인 정책도 인증의 성격, 목적, 필요성 등에 기반하여 체계화 하고 부처 간에 협업 체계를 구축하는 노력이 필요하다. 이는 부처 간의 칸막이와 담을 헐고 정부 부처 조직 간의 융합뿐만 아니라 산업과 기술, 학문 간의 대융합을 이루는 시발점이 될

---

106 자세한 사항은 한국화학융합시험연구원 홈페이지(http://www.ktr.or.kr)를 참조.

수 있기 때문이다.

둘째, 유인수단의 확산과 전파를 위한 홍보가 필요하다. 산업통상자원부에서 시행하고 있는 '산업융합촉진 옴부즈만' 제도나 '인증표준콜센터(국번없이 1381)' 운영 등은 산업현장에서 어려움을 겪고 있는 개인이나 기업에게는 매우 유용하고 필요한 수단이다. 그러나 이러한 정책 수단들이 있는지 몰라서 활용하지 못하는 경우도 많다. 따라서 유용한 정책수단들이 널리 활용됨으로써 그 효과가 더욱 제고되고 경제적·사회적으로 폭넓은 파급효과를 산출해 낼 수 있도록 정부의 적극적인 홍보와 캠페인, 제도 운영에 따른 성공사례 등을 지속적으로 알리는 것이 필요하다. 예를 들면, 융합 신제품에 대한 전시회 등에 제품이나 기술의 우수성·안전성·활용성에 대해서만 선보일 것이 아니라 이것들이 사업화 하는 과정에서 정부의 제도들이 어떻게 활용되었는지를 설명할 수 있는 기회를 포함하는 것도 한 방법이다.

셋째, 새로운 인증제도를 도입하기에 앞서 먼저 새로 도입하고자 하는 인증제도의 성격이나 목적 등과 관련성이 높은 기존 인증제도를 개선하여 해결할 수는 없는지를 살펴보는 노력이 필요하다. 성공적인 융합정책을 실현하기 위해서는 유인을 제공받는 대상자들이 피부로 느낄 수 있도록 실질적인 유인수단을 마련하는 것이 필요하다. 이런 의미에서 새로운 제도를 만드는 것보다는 기존에 시행되고 있는 제도 중에서 애로가 되거나 걸림돌이 되는 것이 무엇인지 먼저 파악하여 피부로 느낄 수 있도록 과감한 규제철폐나 제도개선이 이루어져야 할 것이다.

제4절 설득수단 분석 및 발전방향

1. 설득수단 현황

정책수단 중 설득은 정책의 수용성을 높이기 위해 도덕적인 양심에 호소하거나[107] 강연, 협의, 자문적 성격의 조사[108] 등 다양한 방법이 활용되고 있다.

융합기술과 산업융합 정책의 목표를 달성하기 위해 설득 측면에서 활용된 수단들 역시 매우 다양하다. 실질적으로 현재까지 지속적으로 활용되고 있는 수단들을 중심으로 살펴보면, 기술간 융합연구가 가져올 부정적인 파급효과를 최소화하기 위한 윤리헌장의 제정, 상호 다른 분야를 이해하기 위한 교류의 장 마련, 융합 활성화에 적극적으로 참여하도록 하기 위한 아이디어 공모전, 포상, 통계 등 정보제공 시스템 구축 등이 있다.

1) 융합기술 분야

(1) 윤리헌장

융합기술에 대한 광범위한 이해와 윤리적인 공감대 형성을 통해 융합기술 연구에 대한 수용성을 제고하기 위해 융합기술이 인간, 사회, 환경 분야에 미치는 영향을 고려한 윤리헌장을 제정하고 있다.[109]

2007년 '국가융합기술 발전 기본방침'에서 처음 윤리헌장 제정이 제안되었다. 이에 산업자원부는 2007년 세계 최초로 국가 차원에서 로봇 윤리헌장

---

107 정정길, 1997: 62.

108 Doern, 1974: 399.

109 초안이 공개된 로봇윤리헌장의 주요 내용은 주로 로봇을 사용하는 인간과 로봇을 제조하는 인간을 중심으로 한 윤리규범을 정의하고 있다(디지털타임즈, "'로봇 윤리헌장' 2013년 나온다", 2008.12.14); 위키피디아(https://ko.wikipedia.org/wiki/로봇_윤리).

을 제정하기 위해 초안을 마련하여 발표하였지만, 공식화되지는 않았다.[110]

2008년의 '국가융합기술 발전 기본계획(2009~2013)'에서는 교육과학기술부가 '융합기술 윤리헌장'을, 지식경제부가 '로봇 윤리헌장'을, 복지부가 '개인건강 정보보호(U-헬스) 헌장'을 제정하도록 하였다. 지식경제부는 '지능형 로봇 윤리헌장'을 제정하는 내용을 담고 있는 '지능형 로봇 개발 및 보급 촉진법'을 제정하여 공포(2008.3.28)하였으며, 2008년 12월 인간과 로봇의 안전한 공존을 논의하는 '지능형 로봇 윤리 워크숍'을 개최하였다. 그리고 민간전문가로 구성한 '지능형 로봇 윤리헌장 제정위원회'를 중심으로 5년 동안 충분한 논의를 거쳐 2013년에 '지능형 로봇 윤리헌장'을 제정할 계획을 세웠다. 그러나 2015년 10월 현재까지 '지능형 로봇 윤리헌장'은 물론 '융합기술 윤리헌장'과 '개인건강 정보보호 헌장'은 공식적으로 제정되지 않았다.

(2) 융합연구포럼

융합관련 다양한 전문가들이 자발적으로 참여하고 기술·학제간의 벽을 넘어 융합기술 및 산업에 대한 아이디어와 정보를 공유할 수 있는 교류의 장으로서 포럼, 커뮤니티, 네트워크 구축 등이 권장되었다.

2007년 '국가융합기술 발전 기본방침'에서는 융합기술 커뮤니티를 분야별로 구성하여 지원하고, 다양한 전문가 네트워크 구축을 장려하였으며, 과학카페 형태의 커뮤니티 공간을 마련하도록 하였다. '국가융합기술 발전 기본계획(2009~2013)'에서는 융합기술 관련 전문가 DB를 구축하고 이종기술 관련 전문가들의 만남 및 정보 교환이 용이하도록 사이버 공간을 구축하여 활용하도록 하였다.

이에 따라 동 기본계획의 '2009년도 시행계획'에서는 다학제간 전문가들의 아이디어와 정보 공유를 위한 융합기술 분야의 전문가 네트워킹 및

110 제18조(지능형 로봇 윤리헌장 제정 등) 참조.

커뮤니티 활성화를 위해 융합기술 연구자간 '융합연구포럼'을 개최하도록 하였다.

이러한 정부의 정책 방향에 따라 2008년 6월에 사단법인으로 설립된 '과학문화융합포럼(SciArt)'이 과학기술과 인문사회·문화·예술 등 다양한 분야 간의 융합과 접목을 위한 소통의 장으로 활용되었다.[111] 과학문화융합포럼은 2008년 5월부터 2015년 9월 현재까지 총 30회 개최되었다.

융합기술 연구 관련한 포럼 활동은 주로 학계를 중심으로 전개되어 왔다. 서울대학교 융합과학기술대학원은 2009년 11월 "디지로그와 Biomimicry의 발상을 중심으로"라는 주제로 융합포럼을 처음 개최하였으며, 차세대융합기술연구원은 2013년 8월부터 융합연구포럼을 운영하고 있으며, 현재까지도 활발하게 추진되고 있다. 이 외에도 융합과학기술대학원과 차세대융합기술연구원은 융합과학기술학술포럼, 융합문화콘서트, 국제융합기술심포지엄 등을 개최하고 있다.

미래창조과학부도 융합연구정책센터 주관으로 '과학ICT융합포럼'과 '융합연구발전포럼' 등을 개최하고 있으며, 2014년 2월부터는 '창조융합기술포럼', 2014년 10월에는 'R&D 성과확산 대전'과 함께 '미래융합포럼'도 개최한 바 있다.

(3) 전시회

한국과학창의재단에서는 연구자와 예술가가 협업하여 과학의 아름다움을 예술 작품으로 표현해 보는 '과학예술융합전시회'를 개최한다. 2015년 12월에 처음 개최된 이 행사는 과학을 주제로 한 예술 작품의 제작 및 전시와 컨퍼런스를 동시에 진행하였다.[112]

---

111 과학문화융합포럼은 김우식 전부총리 겸 과학기술부 장관이 명예회장을 맡았으며, 과학기술부 차관 출신인 박영일 이화여대 교수와 이명옥 사비나미술관장이 공동대표를 맡았다. 과학기술계 전문가 60여명과 경제, 문화, 예술, 언론계 40여명 등 총 100여명의 전문가가 참여하였다(http://www.sciencetimes.co.kr).

112 한국과학창의재단, "과학예술융합전시회 공고문", 2015. 9.30.

2) 산업융합 분야

(1) 산업융합 관련 포럼

산업융합촉진법 제20조는 산업융합을 촉진하기 위해 산업 간 교류 및 협력을 위한 방안을 마련하도록 하였다. 이에 따라 '제1차 산업융합 발전 기본계획(2013~2017)'에서 인문계와 공학계의 교류, 이종 기업 간의 원활한 소통 등을 위해 산업융합 포럼, 세미나, 융합 카페, 융합 교류회 등을 활성화하도록 하고 있다.

이러한 정책적 지원 하에 2012년 산업현장의 창의적 융합문화 확산을 위해 산·학·연[113]이 함께 민간주도의 자발적 융합의 장으로 '산업융합발전 포럼'을 발족하였다. 그러나 이 포럼은 2013년 산업통상자원부가 적극적으로 지원하면서 창의·혁신 융합 신산업 창출의 의미를 담아 '산업창의융합포럼'으로 명칭이 변경되었으며, 산·학·연·관 융합 관계자 100여명이 참여하고 있다.[114] 2015년의 산업창의융합포럼은 '창의적 융합을 통한 미래 산업의 발굴'을 주제로 7월에 개최되었다.

아울러 로봇산업이 대표적인 융합산업의 특성을 가지고 있는 것을 감안하여 다양한 업종 간에 자연스러운 교류와 협력을 통해 국방, 농업, 의료 등에서의 로봇 활용을 촉진하고 로봇 신시장 창출을 지원하기 위해 2009년부터 정부의 10개 부처[115] 등 전문가가 참여하는 '로봇융합포럼'이

---

113 산업융합 관련 활동에는 한국산업융합학회(2010년 8월 창립), 한국산업융합협회(2010년 10월 창립)의 전문가들이 대부분 참여하고 있다.

114 산업통상자원부 보도자료, "산업부, 산업발전과 신성장동력 창출을 위한 제2회 산업창의융합포럼 개최", 2013.12.12.

115 2009년 7월 13일 교육과학기술부, 국방부, 방위사업청, 소방방재청, 보건복지가족부, 식품의약품안전청, 농촌진흥청, 국토해양부, 문화체육관광부 등 10개 관계부처와 협의하여 8개 분과의 포럼을 구성하였으며, 2009년 9월 30일 로봇융합포럼 창립총회를 개최하고, 2010년 1월 15일 정기총회를 개최하였다(지식경제부 보도자료, "한국형 로봇 통합 플랫폼 필요하다", 2012. 5.25).

운영되고 있다. 이는 '지능형 로봇 기본계획'에 의거한 것이다. 2015년 개최된 로봇융합포럼에서는 중소제조 공정혁신을 위한 로봇 활용 성공 전략(제1차, 2015년 4월)과 재난대응 로봇의 기술현황 및 전망(제2차, 2015년 7월)[116]이 핵심 주제였다.

최근 의료산업과 IT가 융합된 웰니스 산업이 성장하면서 '웰니스융합포럼'도 구성되어 운영되고 있다. 웰니스융합포럼은 2012년 6월 당시 지식경제부 산하의 지식경제R&D전략기획단[117] 주최로 개최된 '글로벌 이노베이션 R&D 포럼'을 통해 웰니스의 산업화 필요성을 인식하면서 국가산업융합지원센터, 기술인문융합창작소, 한국생산기술연구원, 한국전자통신연구원, 전자부품연구원, 산업연구원, 차세대융합기술연구원, 한국디자인진흥원 등이 참여하여 창립하게 되었다. 2015년 포럼은 '웰니스산업의 고뇌와 꿈을 말하다'를 주제로 10월 28일 개최되었다.

(2) 산업융합통계

산업융합촉진법 제7조(산업융합 관련 통계의 조사·작성)는 국내·외 주요 분야·품목을 중심으로 산업융합 현황 및 주요 지표 등 통계 DB를 구축하고, 온라인 기반의 '통계 정보시스템'을 구축하여 운영하도록 하고 있다. 또한 주요 산업융합 신제품·서비스에 대한 '산업융합 지수'를 개발하여 융합 신산업 지원이나 산업융합형 과제의 선정·지원시 산업융합 지수를 활용하도록 하고 있다.

---

116 2015년 제2차 로봇융합포럼은 재난대응로봇을 주제로 개최되었다. 이는 세계 재난로봇대회(DRC)에서 KAIST 참가팀의 우승을 기념한 것이다.

117 지식경제R&D 전략기획단은 2010년 4월 역량 있는 민간전문가를 통하여 산업 기술 R&D 체계 혁신과 질적 성과 향상을 위해 지식경제부 산하 국가 R&D 지원기관으로 설립되었다. 현재는 산업통상자원부 산하의 '산업통상자원 R&D 전략기획단'으로 운영되고 있으며, 산업기술 R&D 투자의 올바른 방향 설정, 예산의 효율적 배분, 정책수립 지원, 미래 먹거리 창출을 위한 선도형 대형 융합과제 발굴, 기획과 더불어 산학연 선순환 시스템 정립 등을 주요 업무로 추진하고 있다.

국가산업융합지원센터는 이에 근거해 2014년부터 '산업융합품목통계'를 조사하여 발표하고 있으며, 산업융합 활성화를 위한 정책통계 조사, 산업융합성 평가, 산업융합 활성화 및 융합신제품 관련 정책수요 조사, 산업융합 분야 규제 및 애로 관련 현황 조사, 산업융합 대국민 인식도 조사 등을 실시하고 있다.

나노융합 분야에서는 나노융합산업협력기구에서 운영하는 나노인(www.nanoin.org)을 통해 나노융합산업 통계, 나노융합제품 DB, 나노융합 정책 정보 등이 제공되고 있다. 또한 중소기업청의 대·중소기업협력재단은 '기술융합지수'를 산출하여 중소기업 융복합 R&D 과제 선정시 활용(평가지표에 반영)하고 있다.[118]

이외에도 농촌융복합산업 육성 및 지원에 관한 법률 제15조도 농림축산식품부 장관은 농촌융복합산업 육성을 위하여 농촌융복합산업 현황에 대한 실태를 조사하고 농촌융복합 산업에 관한 통계를 작성·관리하도록 하고 있다. 이에 따라 통계청은 '필요통계지표'를 개선하여 기존의 농업경영체 등록 현황, 농업법인체 현황, 농작물 생산현황에 농촌융복합산업 현황을 추가하고 연도별, 지자체별 유·무형자원 현황, 농촌융복합 참여경영체 유형 및 경영 현황 등을 조사할 수 있도록 하였다.[119]

(3) 전시회

설득수단 중 전시회는 융합의 성과를 홍보하는 하나의 장(場)으로 활용되고 있다. 본서의 연구기간인 2007년부터 2015년까지 융합과 관련된 전시회는 수없이 개최되었고, '융합'을 주제로 하지 않은 전시회에서도 다양

---

118 기술융합지수는 "특정 기술의 타 기술영역과의 융합의 정도를 나타내는 값"으로 하나의 개발기술 내에 구현된 서로 다른 영역의 요소기술의 수에 의해 결정된다(https://www.cobiz.go.kr/).

119 통계청, '통계기반 정책평가 주간 심사현황('15.3.9~'15.3.15)', 2015. 3.16.

한 융합기술과 제품이 선보이는 경우도 많았다. 따라서 융합과 관련된 전시회를 모두 소개하기보다는 최근에 개최된 행사를 중심으로 몇 가지만 소개하면 다음과 같다.

첫째, 대한민국IT융합엑스포(IT Convergence Expo Korea)는 2006년부터 시작된 첨단 융합 IT 기술과 제품을 전시하는 대규모 국제행사이다. 2015년은 대구 EXCO에서 개최되었으며, 국내외 270개 기업이 700개 부스를 통해 디스플레이와 모바일, 드론, 핀테크, 사물인터넷(IoT), 3D 프린팅, LED 등을 전시하였고, 'IT융합 핫이슈 컨퍼런스'도 동시에 개최되었다.[120]

둘째, 월드IT쇼(World IT Show)는 우리나라에서 2009년부터 매년 개최되는 정보통신 박람회이다. 2015년에는 'Connect Everything'을 주제로 사물인터넷, 핀테크, 드론, 스마트카를 중심으로 국내외 420여개 업체가 1,400여개의 부스를 통해 최신 ICT 제품과 서비스를 선보였다.[121]

셋째, 국제나노융합대전(Nano Korea)은 나노기술의 연구성과 확산 및 정보교류를 통해 나노융합 산업을 육성하기 위해 2003년부터 개최되고 있다. 나노분야 연구성과를 다양한 산업분야와 접목하는 교류와 협력의 장으로써 전시를 목적으로 하는 '나노융합대전'과 학술행사인 '심포지엄'으로 구성되어 있다. 2015년에는 19개국 389개 업체가 575개 부스를 설치해 첨단 기술과 제품을 전시하였고, 나노분야 외에 첨단세라믹, 마이크로·MEMS, 레이저, 3D프린팅, 바이오닉스 등 6개 분야의 신기술이 합동 개최되어 산업기술간 협력과 교류의 범위를 확대하였다.[122]

넷째, 국가산업융합지원센터는 산업융합 활성화를 위해 2011년부터 매

120 전자신문, "'IT융합이 만드는 놀라운 세상' IT융합엑스포 19일 대구서 개막", 2015. 8.18.

121 연합뉴스, "국내 최대 IT박람회 '월드IT쇼' 개막", 2015. 5.27.

122 전자신문, "첨단 나노기술과 제품 한자리에… '나노코리아 2015'", 2015. 6.30.

년 '산업융합컨퍼런스'를 개최하고 있으며,[123] 이 컨퍼런스에서 산업융합 실증사례 공유 및 융합 아이디어 사업화 상담회 개최, 우수사례 시상 등을 하고 있다.

다섯째, 2014년 10월에는 ITU전권회의가 우리나라에서 개최되면서 다양한 전시회도 병행되었다. 이때 '헬스IT융합 전시회(Health IT Show 2014)'가 국내 최초로 개최되었다. 이 전시회는 원격 화상 진료를 통한 건강관리 시스템, 집에서 개인의 건강을 체크할 수 있는 스마트홈 시뮬레이션, 웨어러블 패션쇼 등 우리나라의 첨단 IT기술과 의료를 융합한 신기술들을 선보이는 기회가 되었다.

(4) 포상

2012년 발표된 '나노융합 확산전략(나노PLUS+ 2020)'에서는 나노융합산업 동반성장 문화 확산의 일환으로 우수협력 모델에 대해서는 R&D 가점 부여 등을 통해 기술개발을 우선 지원하고, 우수 성과사례는 포상을 추진하도록 하고 있다.

또한 '정보통신 진흥 및 융합 활성화 등에 관한 특별법' 제35조 '정보통신융합 등 문화의 확산'에 근거해 '정보통신 진흥 및 융합활성화 기본계획'에서도 ICT융합에 공이 큰 기업과 유공자를 포상함으로써 기업 종사자의 사기 진작과 성공 사례 전파를 위해 매년 'ICT 융합 대상'을 시상하도록 하였다.

'농촌융복합산업 육성 및 지원에 관한 법률' 제26조 제2항에서도 농촌융복합산업을 활성화하기 위해 농촌융복합산업 경영 우수자를 발굴하고 포상하는 지원 시책을 마련하도록 하였다.

---

123 산업융합 컨퍼런스는 2011년부터 개최되고 있다. 2011년과 2012년에는 '융복합 국제 컨퍼런스'로, 2013년과 2014년에는 '산업융합 국제 컨퍼런스'로, 2015년에는 '산업융합 컨퍼런스'로 개최되었다. 2015년 개최된 산업융합 컨퍼런스는 "Convergence, Will be Your Business"라는 주제로 기업가정신주간과 연계해 개최되었다(http://www.knicc.re.kr).

이와 같이 포상은 융합을 통한 산업의 활성화를 촉진하기 위한 설득 수단으로 많이 사용되고 있는데, 현재 융합과 관련하여 실제로 시행되고 있는 포상제도에는 우선 산업통상자원부에서 실시하고 있는 '산업융합 유공자' 포상이 있다. 산업통상자원부는 2013년부터 융합신제품 및 서비스 창출, 기술개발, 융합문화 확산 등 산업융합을 통한 산업 경쟁력을 높이고 국가 경제발전에 기여한 유공자(개인부문)와 우수 단체(단체부문)를 대상으로 포상을 실시하고 있다.[124] 2015년 산업융합 유공자는 개인부문 4명과 단체부문 4개 업체·법인이 선정되었다.[125]

미래창조과학부는 1999년부터 시작된 'ICT Innovation 대상'에 융합에 대한 부문을 추가하여 포상하고 있다. 'ICT Innovation 대상'은 본래 ICT·SW 산업 발전 및 SW융합의 보급·확산에 기여한 단체나 유공자를 시상하는 것으로 2015년에는 단체 표창의 수요 부문과 유공자 표창에서 산업에 ICT를 융합·활용하여 경쟁력 향상, 일자리·신시장·신산업 창출 및 기존 산업 고도화 등 국민의 삶의 질 향상과 국가 경제발전에 기여한 단체나 개인에게 대상을 수여한다.[126] 2015년 ICT Innovation 대상에는 단체 부문 30개 기관, 유공자 부문 18명이 수상하였다.[127]

---

124 산업통상자원부, "2015년도 산업융합 유공자 포상 신청 공고"(공고 제2015-454호), 2015. 8.17.

125 11월 18일 개최된 '2015 산업융합컨퍼런스'에서 산업융합 포상 시상이 있었다. 개인부문은 ㈜아하정보통신 곽헌도 연구소장, ㈜KMW 이재원 수석연구원, ㈜먼앤드 솔루션 문희창 대표, 한국생산기술연구원 장희영 전문가, 단체부문은 ㈜그린폴, ㈜캐리마, ㈜케이엔알시스템, (사)한국산업융합기술사협회 등이 수상하였다(www.motie.go.kr).

126 정보통신산업진흥원(http://www.nipa.kr) 홈페이지 참조.

127 단체 부문은 대상(대통령표창)에 보나뱅크(주)와 씨엔티테크, 최우수상(국무총리표창) 3기관, 우수상(미래창조과학부 장관표창) 19기관, 특별상 6기관이며, 유공자 부문은 훈장 1명(이재수 ㈜골드텔 대표이사), 포장 1명(황희 분당서울대학교병원 교수), 대통령표창(윤경모 KT상무보) 외에 국무총리 표창 2명, 장관표창 13명 등이다(미래창조과학부 보도자료, "「2015 대한민국 ICT Innovation 대상」 시상식 개최", 2015.10.30).

중소기업청은 2014년부터 중소기업 교류 및 융합 활동 활성화를 위해 '중소기업 융합대전'을 개최하여, 창의적 융합 신기술·신제품 등을 통한 국가 경제발전 기여자에 대해 포상을 실시하고 있다. 2015년에는 '교류와 융합을 통한 미래창조'를 슬로건으로 10월 28일 개최하였으며, 중소기업 교류·협력 분야와 기술융합사업화 분야에서 우수성과를 창출한 중소기업인과 기술협력지원 분야의 개인 및 기관·단체에 대해 시상했다.[128]

(5) 창의 IT융합 R&D 프로그램

창의 IT융합 R&D 프로그램은 창의적인 아이디어 발굴과 핵심 융합기술개발, 융합신산업 경쟁력 확보 및 신시장 창출을 위한 전략의 일환으로 사용자 중심의 창의적 아이디어를 도출하고, 아이디어의 기술적 타당성과 미래 시장 규모 등을 검토하여 새로운 R&D 과제를 기획하여 기술개발로 연결하기 위한 선행 연구사업이다.[129]

2010년 7월 발표된 'IT융합 확산전략'에서 이 프로그램에 대한 계획을 밝힌 이후 2011년부터 현재까지 지속적으로 운영되고 있다.[130] 초기의 창의 IT융합 R&D 프로그램은 '아이디어 공모전'[131]이 핵심이었으나, 2012년 9월 제2차 'IT융합 확산전략(2013~2017)'을 통해 발명캠프와 창의융

128 교류·협력 분야에서는 동진이공(주)의 김은호 대표(금탑산업훈장) 등이 수상하였으며, 기술융합사업화 분야에서는 이택산업(주) 이두식 대표(동탑산업훈장) 등이, 기술협력지원 분야에서는 개인 부문에서 부경대학교 홍재범 교수(대통령 표창), 기업·단체 부문에서 중소기업진흥공단(대통령 표창) 등이 수상했다(연합뉴스, "중소기업간 교류와 협력의 장, 2015 중소기업융합대전 개최", 2015.10.28).

129 창의 IT융합 R&D 프로그램 사업 추진을 위해 2011년에는 7억 원의 예산이 투입되었으며(한국산업기술평가관리원, "2011년 산업융합기술산업원천기술개발사업의 '창의IT융합 R&D 기획 프로그램' 제안요청서", 2011.5), 2015년에는 4.5억 원이 투입되었다.

130 지식경제부가 처음 도입하였으나, 현재는 업무이관으로 미래창조과학부가 맡고 있다.

131 창의적인 아이디어 공모전은 매우 다양하게 추진되고 있는데, 특히 산업융합기본계획에서는 인문·기술 융합아이디어 공모전을 도입하도록 하고 있으며(관계부처합동, 2012a: 29), 미래창조과학부는 K-ICT 창의 아이디어 공모전을 시행하고 있다.

합 교육 프로그램이 추가되면서[132] 확대되었다.

창의 IT융합 프로그램을 통해 도출된 융합 제품에는 First Eye(스포츠 선수들에게 초경량 카메라를 장착시켜 시청자들이 원하는 선수를 선택하여 해당 선수 1인칭 시점으로 경기를 관람할 수 있게 하는 기술), K 웹툰(웹툰 작품에 더빙을 하여 각국 언어를 선택할 수 있게 하고, 자동 스크롤에 맞추어 음성과 효과음을 넣을 수 있는 녹음 시스템) 등이 있다.[133]

융합에 대한 아이디어 공모전은 창의 IT융합 프로그램뿐만 아니라 융합연구정책센터에서도 '융합연구활성화 아이디어 공모전'을 운영하고 있다.

(6) 나노정보포털

'나노융합산업 발전전략'에서는 나노관련 정보 및 정책지원을 위한 종합정보 인프라를 구축하기 위해 교육과학기술부에서 2002년 8월 운영하기 시작한 나노기술종합정보망 '나노넷'의 콘텐츠를 강화하고 확대 개편하도록 하였다.[134] 이에 따라 2009년 5월부터 2011년 5월까지 교육과학기술부 주관으로 제2차 '나노기술종합정보 및 정책지원 사업'이 수행되었고[135], 2010년 8월 한국과학기술정보연구원(KISTI)을 '국가나노기술정책센터(http://www.nnpc.re.kr)'의 설치기관으로 지정하였다.

국가나노기술정책센터는 현재 정부의 나노기술 정책개발 및 전략 수립을 지원하기 위해 나노 분야의 정보수집·분석을 통해 정책을 연구·개발하고 있다.

---

132 발명캠프는 2011년 실시된 창의 IT융합 프로그램 사업에서부터 시작되었다.

133 한국전자통신연구원 창의미래연구소, 창의미래 뉴스레터(제35호), 2014. 1.20.

134 교육과학기술부는 한국과학기술정보연구원(KISTI) 내에 나노기술정보분석실을 설치하고 나노정보포털 '나노넷'을 운영하고 있었다.

135 제1차 나노기술종합정보지원체제 구축사업은 2003년 7월부터 2009년 4월까지 수행되었다.

2. 설득수단 분석

앞에서 살펴 본 융합기술과 산업융합 정책의 집행을 위한 설득수단을 종합적으로 분석하면 다음과 같은 특징과 문제점을 발견할 수 있다.

첫째, 융합기술 정책의 설득수단보다는 산업융합 정책을 위한 설득수단이 많고 다양하다. 물론 융합기술을 위한 설득 수단과 산업융합을 위한 설득 수단이 분명하게 분리되는 것이 아니기 때문에 문제가 되는 것은 아니다. 그러나 산업융합에 대한 설득에 앞서 그 기초가 되는 융합기술 개발을 위한 설득이 먼저, 그리고 다양하게 전개되는 것이 필요하다.

둘째, 융합기술과 산업융합 정책의 집행을 위해 추진하도록 한 수단들 중에 제대로 집행되지 못하고 있는 것들이 있다. 대표적으로 윤리헌장의 제정이다. 윤리헌장의 제정은 2008년 '국가융합기술 발전 기본계획(2009~2013)'에서 제안되었지만, 여기에서 제안한 융합기술 윤리헌장, 로봇 윤리헌장, 개인건강 정보보호(u-헬스) 헌장 중 현재 제정된 것은 없다. 다만 로봇 윤리헌장 제정을 위한 노력만 지속적으로 이루어지고 있을 뿐이다.

셋째. 융합기술과 산업융합 정책목표 달성을 위한 설득 수단들이 부처별로, 기본계획별로 개별적이고 평행적으로 활용되고 있어 이로 인한 혼란과 예산 낭비가 우려된다. 초기 융합정책은 기술의 융합에 초점이 맞추어져 있었으나, 2011년 산업융합촉진법 제정 이후에는 산업융합이 크게 강조되고 있다. 또한 2008년 조직개편으로 지식경제부에 IT정책 기능이 이관되면서 산업계 주도의 IT와 산업간 융합이 본격 추진되었으며, 2013년 '정보통신 진흥 및 융합 활성화 등에 관한 특별법' 제정으로 IT 주도의 산업융합이 강조되고 있기도 하다. 물론 이것은 조직 개편이나 새로운 정부의 출범 등으로 인해 관할 업무 또는 새로운 정책 수립의 차원에서 다양한 기본계획이 수립된 것에도 원인이 있을 수 있다. 이로 인해 동일한 수단들이 부처별로, 또는 계획별로 개별적이고 평행적으로 집행되는 경우가 발생하면서 동일한 업무가 중복해서 발생하고 있고, 이로 인한 혼란과 예산의 낭비가 우려되는 것이다. 예를 들면, '국가융합기술 발전 기본계획'에서 권고하고 있는 포럼과 '나노융합산업 발전전략'에서 권고하고 있는 포럼, '제1차 산업융합 발전 기본계획(2013~2017)'에서 권고하는 포럼 등이 각각 유사한 형태로 병렬적으로 추진되고 있다.

셋째, 융합기술이나 산업융합의 정의에는 기술과 인문사회 등 타 학문 간의 융합이 포함되어 있지만, 과학과 예술, 과학과 문화의 융합을 위한 활동은 최근에 와서야 나타나고 있다.

넷째, 설득수단으로 통계정보를 제공하고 있는데, 분야별로 분리되어 있어 통합된 정보를 얻기 어려운 상황이다. 일반적인 산업융합 통계는 국가산업융합지원센터에서 제공하지만, 나노융합 분야는 나노인, 농촌융복합 산업 통계는 통계청 등에서 제공하고 있으며, 제공되는 융합통계 정보도 각각의 목적에 따라 상이한 체계를 가지고 있다.

다섯째, 전시회를 통한 융합제품의 소개나 융합성과에 대한 홍보가 IT 분야에 집중되어 있다. 나노분야의 대표적인 국제행사인 국제나노융합대전이 2003년부터 개최되고는 있지만, 대한민국IT융합엑스포, 월드IT쇼, 헬스IT융합전시회 등 최근의 전시회는 IT 중심의 전시회가 대부분이다.

3. 설득수단 발전방향

앞에서 분석한 설득수단을 토대로 좀 더 효율적인 정책목표 달성을 위한 설득수단의 발전방향을 제안하면 다음과 같다.

첫째, 융합기술 연구의 활성화를 위한 설득수단이 더욱 실행력을 갖출 필요가 있다. 융합의 활성화를 통한 새로운 부가가치의 창출을 위해서는 활용적인 측면에서의 산업융합도 중요하지만, 그 기초를 제공하는 융합기술에 대한 연구가 보다 활발하게 이루어지는 것이 필요하다. 현재까지 제정되고 있지 않은 윤리헌장은 융합연구의 활성화를 위해 국민적 합의를 통해 신속하게 제정되어야 한다. 현재 연구과정에서 과학기술인이 준수해야 할 사회적 책임과 윤리의식에 대해서는 2007년 4월 한국과학기술단체총연합회가 주관이 되어 발표한 '과학기술인 윤리강령'이 있다.[136] 따라서 융합기술연구만을 위한 윤리 헌장이 또 필요한가라는 문제의식도 제기될 수 있다. 그러나 융합기술 연구는 일반적인 과학기술에 대한 연구에 비해 불확실성이 높고, 사회문화적으로 미치는 파급효과도 불확실한 것이 분명하다. 따라서 융합기술 연구의 특성을 반영한 윤리헌장의 제정을 통해 이에 대한 관심을 높이고, 다양한 논의가 이루어질 수 있는 분위기를 형성하는 것이 필요하다.

둘째, 정책영역 간(융합기술 정책과 산업융합 정책), 기술 간(BT, NT,

---

136 2005년 생명과학 연구과정에서 발생한 일련의 비윤리성 문제 이후 과학기술부는 국가연구개발사업에 대하여 연구수행기관과 연구지원기관의 역할 및 책임에 관해서 '연구윤리 · 진실성 확보를 위한 지침'을 제정 · 선포하였고, 과학기술인의 연구윤리 강령 또는 규범은 한국과학기술단체총연합회가 주관하여 구체적인 안을 작성하도록 하였다. 이에 동 엽합회는 2006년 1월「과학기술 연구윤리」에 관한 열린포럼을 개최하여 각계로부터 의견을 수렴하고 전문가 회의를 통하여 2006년 12월「과학기술 연구윤리강령(안)」을 마련하였다. 한편, 한국과학기술한림원은 2007년 1월「과학자의 윤리강령에 관한 연구」와 워크숍을 통해 각계 의견수렴을 거쳐「과학자의 보편적 윤리강령(안)」을 준비하였다. 이러한 과정에서 과학기술계가 공통으로 적용할 수 있는 포괄적 윤리강령을 만들어 자율적인 실천을 촉구할 수 있는 윤리규범의 필요성을 인식하고 통일된 안을 제정하기로 합의하였다. 이에 따라 한국과학기술단체총연합회는 한국과학기술한림원, 한국공학한림원 및 UNESCO 한국위원회, 대한의학한림원, 학회대표 등과 공동으로 윤리강령 특별 심의위원회를 구성하여 4개월간의 검토와 토의를 거쳐 「과학기술인 윤리강령」을 작성하였다(한국과학기술단체총연합회, 2007).

IT 등)의 설득 수단들이 통합될 필요가 있다. 앞에서 살펴본 바와 같이 융합은 기술과 산업을 아우르는 하나의 거대한 패러다임으로 향후 정부 정책의 기본적인 정책기조로 작용할 것이기 때문에 보다 효율적이고 체계적인 접근이 필요하다. 이런 의미에서 앞에서 제안한 융합정책에 대한 통합적인 정책 심의 의결 기구가 만들어진다면, 그동안 중복적으로 활용되어 온 다양한 설득의 수단들을 통합적으로 개편하여 그 효과성을 제고할 수 있을 것이다.

셋째, 설득 수단들이 효과를 창출할 수 있도록 체계화하고 특화하는 노력이 필요하다. 윤리헌장 제정, 포럼 지원, 통계 등 산업정보 제공, 정보시스템 구축, 포상, 아이디어 공모전 등 설득 수단들은 현재 부처별로 개별적으로 추진되고 있다. 그러나 융합이 부처의 경계를 초월하여 이루어지고 있기 때문에, 이를 부처별로 개별적으로 추진하는 것은 비효율적이고, 융합의 활성화에 도움이 되지 못한다. 따라서 설득 수단의 성격에 따라 주관 부처를 '융합기술 및 산업융합 발전위원회'와 각 부처별로 나누되, 해당 수단에 대해서는 주관부처가 통합적으로 관리하는 방법이 필요하다. 예를 들어, 윤리 헌장은 종합적·기본적인 성격이 강하고, 포럼은 기술과 산업 간의 교류가 필요하므로 동 위원회에서 제정·지원하는 것이 바람직하다. 특히 포럼은 학계와 연구계가 주축이 되어 운영되는 포럼, 산업계가 주축이 되어 운영되는 포럼 등이 다양하게 활동하게 하되, 1년에 한 번 정도는 전체 포럼이 소통할 수 있는 기회를 만들어 서로 다른 분야에 대한 정보와 새로운 성과들을 공유할 수 있도록 하는 것도 필요하다. 통계정보의 생성과 제공도 현재 산업융합, 나노융합, 농촌융복합산업 등이 각 부처별로 개별적으로 이루어지고 있으나 산업융합에서 나노융합과 농촌융복합산업에 대한 통계를 통합하여 제공하되, 각 부처에서는 통계조사를 통한 정보의 생성 등에 있어서 협력하는 체계를 구축하는 것이 바람직하다.

넷째, 각각의 기술과 산업 간의 균형적인 설득 활동이 이루어져야 한다. 현재까지 정부가 추진한 융합기술 및 산업융합에 대한 정책들은 대부분 NT, BT, IT, CS의 융합에 관한 것이지만, 현실적으로는 NT와 IT를 중심으로 한 융합이 대부분을 차지하고 있다. BT의 경우 바이오 센서와 웨어러블 디바이스 등의 발전으로 향후 개인, 사회, 경제뿐만 아니라 교육, 의료, 국방, 재난·재해 등 매우 다양한 분야에서 융합이 필요하고 융합의 성과 또한 크게 나타날 것이다. CS 분야도 최근 기계학습(Machine Learning), 딥 러닝(Deep Learning) 등 인공지능이 초연결 네트워크, 슈퍼 컴퓨팅, 빅데이터 기술의 발전으로 중요한 미래 사회의 핵심 기술로 부상하고 있어 각국 정부와 관련 기업들이 인공지능에 대한 연구개발을 강화하고 다양한 활용방안에 대해 관심을 기울이고 있다. 그러나 현재까지의 설득 수단들은 주로 NT와 IT를 중심으로 전개되고 있어, 미래 융합기술의 발전과 미래 먹거리의 창출이라는 측면에서 BT와 CS 분야의 연구개발이나 산업간 융합을 위한 다양한 설득 수단들이 도입·활용될 필요가 있다.

다섯째, 융합의 활성화를 위해서는 융합의 성과에 대한 홍보가 필요하다. 융합을 위한 아이디어 발굴이나, 융합제품이나 서비스에 내한 수요는 융합에 대한 성과 즉 매출액 증가나 편익 증대 등을 기업이나 국민이 직접 느낄 수 있어야 적극적으로 참여하고 제품이나 서비스를 이용할 수 있다. 그러나 현재 융합에 따른 경제적 성과는 물론 사회적 편익에 대한 정보는 정부의 기본계획이나 담당기관의 홈페이지 이외에는 찾아보기 어렵다.

그동안 IT융합의 경제적 파급효과에 대해서는 2012년 'IT융합 확산전략(2013~2017)' 수립 당시 한국전자통신연구원에서 국내 10대 제조업 생산규모의 약 3~4%를 IT융합의 파급효과로 산정한 바 있고, 2013년부터는 국가산업융합지원센터에서 산업융합 품목에 대한 통계를 제공하고 있을 뿐이다. 최근에는 정부 R&D의 성과 전시회를 통해 융합 제품을 선보이고 있기는 하지만, 대부분 관련 기관 종사자나 전문가들만이 해당 정보에 접근할 수 있을 뿐이다. 따라서 일반 국민이나 기업이 보다 쉽게 융합에 따른 경제적·사회적 편익을 접하고, 융합의 활성화를 위해 다양한 아이디어를 내고, 그 성과를 누릴 수 있도록 융합에 대한 성과를 측정하고 보여줄 수 있는 체계를 구축함과 동시에 관련된 정보에 대한 다양한 홍보활동을 동시에 추진하는 것이 필요하다.

여섯째, 보다 창의적인 융합을 위해 과학과 예술, 과학과 인문사회과학 간의 소통이 보다 활성화될 필요가 있다. 지금까지 이 분야는 '융합'보다는 '통섭'이라는 용어로 활동이 이루어졌다. 그러나 통섭을 통해 상호 영역에 대해 이해를 넓혔다면 융합을 통해 새로운 가치를 창출해야 한다. 이런 의미에서 한국과학창의재단이 개최하는 '과학예술융합전시회'는 그 성과를 기대해 볼만 하다.

제8장 새로운 미래를 향하여

인류의 역사는 약 1만 년 전 신석기시대에 농업혁명이 시작되어 농경시대가 열렸고, 지금으로부터 260년 전쯤인 18세기 중엽부터 20세기 초에 걸쳐 산업혁명이 일어나 산업화시대가 진행되었다. 1980년대부터 컴퓨터와 통신을 기반으로 한 정보혁명에 따라 정보화시대가 시작되었으며, 1990년대부터는 융합기술과 산업융합을 중심으로 한 '융합의 시대'로 접어들었다. 아마 후세에는 1980년대 이후의 시기를 '정보화와 융합의 시대'로 통칭(統稱)하지 않을까 생각한다.

세계 경제가 성장의 한계에 직면하면서 각국이 새로운 성장동력을 찾고 있고, 지구 전체적으로 나타나는 문제를 해결하기 위한 새로운 방법론에 대한 관심이 높아져 왔다. 이런 가운데 융합이 이러한 상황을 극복할 수 있는 하나의 중요한 돌파구로 인식되기 시작하면서 융합을 통한 새로운 가능성을 높이려는 시도들이 다양하게 전개되고 있다.

미국이 2002년 6월에 수립한 '인간수행 능력 향상을 위한 융합기술 전략(NBIC)'보고서는 융합기술의 중요성을 강조하면서 주목받았다. 미국은 2013년에는 지난 10년간의 융합 추진 성과를 돌아보고 새로운 10년 내지 그 후의 미래를 대비하기 위해 '지식, 기술 및 사회의 융합(CKTS)'전략을 발표하였다. 미국 융합정책의 핵심 키워드는 '삶의 질 제고'와 '국가 혁신'이다. 유럽은 '유럽 사회를 역동적이고 경쟁력 있는 지식기반 사회로 만들고, 디지털 경제로의 도약'을 위해 기술간 융합과 IT 융합을 활용하고 있다. 일본은 경제와 사회에 있어서의 '이노베이션 창출'이 기술간 융합이나 IT융합의 근간을 형성하고 있다. 중국의 융합정책 기조는 산업고도화에 있는 것으로 보인다.

2013년 5월에 맥킨지(McKinsey Global Institute)가 발표한 "Disruptive technologies: Advances that will transform life, business, and the global economy"에서는 정책결정자들이 향후 10

년에 걸친 세계 경제와 사회 변화를 이해하고 이에 대응하는 정책결정을 해야 하는데, 인구의 특성 변화, 노동력 확대, 도시화, 새로운 자본 형성 등 다양한 요인이 경제와 사회의 변화를 초래하지만 최근에는 '기술(technology)'이 성장을 견인하고 경제를 변화시키는 특별한 역할을 담당해 오고 있다고 주장하였다.[1]

이 보고서는 2025년까지 경제적으로 대규모 파급효과를 창출할 것으로 보이는 신기술을 도출하고, 이것이 세상을 어떻게 변화시킬 것이며, 이에 대해 정책결정자들과 기업가들은 어떻게 대응해야 하는지를 정리하고 있다. 여기에 소개된 대부분의 기술은 융합을 촉진하는 기술이거나 기술간 융합으로 등장한 새로운 분야에 속하며, 이러한 신기술들이 경제적 발전뿐만 아니라 사회적 문제의 해결을 위한 중요한 원천(source)을 제공한다고 분석한 바 있다.[2]

물론 융합을 추진하는 과정에서 '융합을 위한 융합'과 같은 부작용이 일부 나타나거나 전통성의 파괴라든가 다이버전스(divergence) 효과의 간과 같은 문제가 생길 수 있는 것도 사실이다. 그러나 이미 융합은 경제와 사회, 학문 등 전분야로 확산되어 대세를 이루고 있으며, 거의 모든 분야에서 부가적 가치와 편익을 제공하고 있다. 특히 융합을 통한 신기술 개발은 제품 서비스로 이어지고 새로운 산업을 창출할 수 있을 뿐만 아니라 사회적 문제 해결에도 기여한다.

1 McKinsey Global Institute, 2013: 1-2.

2 McKinsey는 이를 12대 기술로 소개하고 있다. 즉, 기술진보의 속도 측면에서는 유전자 염기서열 분석과 첨단 재료(소재)공학, 영향력 측면에서는 모바일 인터넷과 사물인터넷, 경제적 가치 측면에서는 첨단 로봇공학과 클라우드 컴퓨팅, 경제적 파급효과와 잠재력 측면에서는 차세대 유전체학과 에너지 저장기술, 첨단 석유 · 가스 탐사 및 발굴 기술, 기타 지식업무의 자동화, 자율주행 자동차, 3D 프린팅 등이다(McKinsey Global Institute, 2013: 3-9).

우리나라는 참혹한 전란의 폐허 위에서 단기간에 산업화와 민주화를 함께 성취한 보기 드문 성공사례로 평가받고 있다. 그러나 지난 2000년대 이후로 IT부문을 제외하면 뚜렷한 신성장산업이 나타나지 않고 있고, 경제성장률도 하락하고 있다. 이와 함께 중국의 추격이 본격화 되어 한국과 중국의 전반적인 기술 격차가 점점 좁혀지고 있다. 최근에는 중국이 해양플랜트, 자동차산업, 가전, 휴대폰 등 거의 전 산업영역에서 전 세계에서 최초의 모델을 제시하는 경우가 많아지고 있고, 일부 주력 수출산업에서도 중국에 밀리고 있는 상황이다.

OECD 보고서(OECD, 2015; 28-31)에 따르면, 1995~2013 동안 국내총생산(GDP) 성장에 기여한 다요소생산성(Multifactor Productivity, MFP)은 한국이 2.92로 조사대상 20개국 중 가장 높다. 다요소생산성이 높다는 것은 기술, 경영체제, 법·제도 등이 포함되는 기술혁신이 GDP 성장에 가장 많이 기여하는 나라라는 것이다. 즉, 우리나라는 융합기술과 산업융합에 의한 새로운 가치 창출이 GDP 성장에 기여할 가능성이 아주 높다.

따라서 기술과 기술 간, 기술과 산업 간, 그리고 산업과 산업 간의 융합에 의한 혁신적 성과 창출을 도모해야 한다. 2013년에 출범한 박근혜 정부가 추구하는 창조경제도 핵심수단의 하나가 바로 융합이다. 융합을 통해 새로운 제품 서비스 및 시장을 만들어 내는 것이 바로 창조경제이기 때문이다.

우리나라는 2007년부터 융합기술(融合技術)과 산업융합(産業融合)을 진흥하기 위한 정책 즉, 융합정책(融合政策)을 수립하여 시행하고 있다. 필자들은 융합을 '경제·사회적 문제해결과 산업혁신을 위한 다양한 기술·산업·학문 간의 상승적 결합'으로 정의 하였다. 아울러 융합기술을 '기술간 또는 신기술과 기존 산업·학문간의 상승적인 결합을 통해 새로운 가치를 창출함으로써 미래 경제와 사회·문화의 변화를 주도하는 기술',

산업융합은 '산업간, 기술과 산업간, 기술간의 창의적 결합과 복합화를 통해 기존산업을 혁신하거나 새로운 산업을 창출함으로써 미래 경제와 산업의 변화를 주도하는 활동'으로 정의 하였다.

본서는 융합기술과 산업융합 관련 정부정책을 정책학적 관점에서 분석하였다. 정책의 핵심적인 구성요소인 정책기조, 정책목표 및 정책수단으로 나누어 분석하였다. 정부의 융합기술과 산업융합 정책이 어떤 내용으로 추진되어 왔는지, 정책을 추진하는 과정에서 나타난 문제점은 무엇인지, 앞으로 이 정책을 어떤 방향으로 발전시켜 나가는 것이 바람직한지에 대해 연구했다. 이를 통해 앞으로 우리나라가 융합의 가치를 실현해 나가는데 필요한 정책대안을 제시하였다. 분석대상기간은 2007년부터 2015년까지 9년간이다. 분석대상은 융합기술에 초점을 둔 '국가융합기술 발전 기본계획(2009~2013)' 등 4개의 국가계획과 산업융합에 초점을 둔 '산업융합촉진법' 등 3개의 법률 및 '제1차 산업융합 발전 기본계획(2013~2017)' 등 7개의 국가계획이다.

융합정책의 정책기조, 정책목표 및 정책수단에 대해 현황 정리와 분석을 통하여 도출한 정책 발전방향을 간추리면 다음과 같다. 먼저 정책기조 측면에서는 첫째, 융합기술에 대한 정책기조는 융합기술을 폭넓게 인식하는 것이 필요하다. 즉, 융합기술을 기술간 또는 신기술과 기존 산업·학문 간의 상승적인 결합을 통해 새로운 가치를 창출함으로써 미래 경제와 사회·문화의 변화를 주도하는 기술로 인식할 뿐만 아니라 삶의 질 향상과 실용화·산업화도 중시하는 것이 필요하다. 둘째, 우리나라가 융합을 기술부터 산업에 이르기까지 포괄적이며 광범위하게 접근하고 있는 만큼 실제 정책 수립에서도 융합기술과 산업융합을 분리 접근하는 것이 아니라 통합 접근하는 방식으로 정책기조의 변화가 필요하다. 셋째, 기존의

'산업융합촉진법'을 '융합기술 및 산업융합 촉진법'으로 개정할 필요가 있다. 넷째, 융합기술 발전과 산업융합 촉진을 연계하여 통합된 국가계획 즉, '융합기술 및 산업융합 기본계획'을 세워야 한다. 다섯째, 융합기술과 산업융합은 좀 더 긴 호흡과 시야로 접근해야 한다. 융합은 시간이 소요되고 장기적인 시각으로 접근할 필요가 있기 때문이다. 여섯째, 융합정책에 관한한 관계부처 간의 긴밀한 협조가 필요하다. 특히 미래창조과학부와 산업통상자원부 간의 협력이 필수적이다. 일곱째, 융합정책의 정책네트워크가 보다 광범위한 정책행위자들로 구성되고, 수평적 · 개방적 · 능동적 정책네트워크로서 기능할 필요가 있다는 것 등이다.

정책목표 측면의 발전방향을 제시하면 다음과 같다. 첫째, 융합기술과 산업융합에 대한 기본계획을 통합하여 융합기술과 산업융합을 연계한 정책목표를 세워야 한다. 둘째, 모호한 목표가 아니라 우리 사회가 식면한 중요한 문제를 해결하는 뚜렷한 정책목표를 세워야 한다. 셋째, 정책목표는 일관성을 유지하여야 한다. 넷째, 법률에 따라 수립하게 되어 있는 연도별 실행계획은 매년 초에 세워야 한다. 다섯째, 정책목표의 달성 정도를 정기적으로 점검할 필요가 있다. 3년 내지 5년 단위의 국가계획은 종료 후에 달성정도를 평가하고, 매년 실행계획의 경우에도 차년도 실행계획 수립 시 전년도의 정책목표 및 국가계획 상의 최종목표에 대한 달성정도를 좀 더 엄밀히 평가하는 것이 정례화 되어야 한다. 여섯째, 정책목표의 계층화가 필요하다. 융합기술과 산업융합을 위한 국가계획 수립 시 정책의 최종목표, 중간목표 그리고 하위목표 간의 합리적인 계층화를 통해 정책목표가 잘 달성될 수 있도록 해야 할 것이다. 일곱째, '융합을 위한 융합'을 경계하여야 한다. 융합기술 개발이나 융합연구 자체를 목적으로 인식해서는 안되는 것이다.

정책수단 측면의 발전방향은 다음과 같다. 먼저 집행기구 측면에서는 첫째, 융합정책을 총괄하기 위해 국무총리가 위원장인 현재의 산업융합발전위원회를 '융합기술 및 산업융합 발전위원회'로 확대 개편해야 한다. 둘째, '융합기술 및 산업융합 발전위원회' 산하의 전문위원회 체계를 강화함으로써 실질적인 통합 정책이 수립될 수 있는 기반을 갖추어야 한다. 셋째, 전문위원회의 바람직한 정책수립을 지원할 수 있도록 전문가들이 참여할 수 있는 다양한 연구반을 운영하는 것이 필요하다. 넷째, '융합기술 및 산업융합 발전위원회'와 전문위원회를 중심으로 융합정책이 수립되는 체계로 개편되면, 각 행정부처 산하의 정책지원 기관도 업무 조정 및 특성화가 필요하다. 다섯째, 융합기술 교육과 융합인재 육성을 위한 정책은 지속적이고 안정적으로 추진하는 것이 바람직하다. 여섯째, 융합기술 교육이나 융합인재 육성을 담당하고 있는 대학이나 교육기관은 학부-대학원-연구소가 상호 연계될 수 있도록 교육 프로그램을 설계할 필요가 있다. 일곱째, 기술개발에 있어서는 상호 경쟁이 기술 수준을 향상시킬 수 있다는 점에서 여러 기관이 동일한 주제로 다양한 방법을 활용하여 연구하는 것이 필요하다. 여덟째, 출연(연)의 융합연구 활성화를 위해 민간기업이나 지방자치단체 등과의 교류가 더욱 활발하게 이루어질 필요가 있다는 것이다.

재정 측면 중 먼저 연구개발 및 산업활성화 투자는 첫째, 융합정책에 대한 정부투자 규모에 있어서 용어를 명확히 하여 융합기술과 산업융합에 투자된 정부 예산 규모를 정확하게 산출해 내는 것이 필요하다. 둘째, 전체 R&D투자 대비 융합에 대한 재정투입 비중을 늘려나가야 한다. 셋째, 기본계획 수립단계에서부터 재원확보 방안을 마련하는 것이 바람직하다. 넷째, 융합정책을 위한 재정 투입 기획을 일원화하는 것이 필요하다. 다섯째, 기본계획에 근거하여 정책을 집행하는 과정에서 환경변화에 따라 매년도 실행계획을 통해 정책의 우선순위가 변경되는 경우에는 충분한 설명이 제공되어야 한다.

재정 측면 중 인력양성 투자는 첫째, 융합기술과 산업융합을 위한 인력양성 계획은 통합되어 '융합인력양성 종합계획'으로 수립되어야 한다. 둘째, '정보통신 진흥 및 융합 활성화 등에 관한 특별법'에 명시된 '한국소프트웨어종합학교'와 관련하여 정책 추진여부를 분명히 할 필요가 있다. 셋째, 어떤 인재가 융합인재인가 하는 '융합인재상' 정립이 필요하다. 넷째, 융합인재 양성은 기초과학과 기초공학에 대한 교육을 먼저 튼튼히 해야 한다. 다섯째, 융합인력 양성 세부프로그램의 적절성과 효과성에 대한 평가와 함께 개선책이 필요하다. 여섯째, 장기적인 시야를 가지고 융합기술 개발과 산업융합의 리더를 양성해 나가야 한다. 일곱째, 각종 인력양성 프로그램에서 과학기술과 인문사회 분야에 종합적이며 균형적인 시각을 가진 인재 양성을 위한 세부적인 프로그램을 마련해야 한다. 여덟째, 융합인재 양성을 위한 국제교류와 국제협력 프로그램이 보다 다양화되고 활성화되어야 한다.

유인수단 측면에서는 첫째, 융합에 대한 유인수단의 일원화가 필요하다. 둘째, 유인수단의 확산과 전파를 위한 홍보가 필요하다. 셋째, 새로운 인증제도를 도입하기에 앞서 먼저 새로 도입하고자 하는 인증제도의 성격이나 목적 등과 관련성이 높은 기존 인증제도를 개선하여 해결할 수는 없는지를 살펴보는 노력이 필요하다.

설득수단 측면에서는 첫째, 융합기술 연구의 활성화를 위한 설득수단이 더욱 실행력을 갖출 필요가 있다. 둘째, 정책영역 간(융합기술 정책과 산업융합 정책), 기술 간(BT, NT, IT 등)의 설득 수단들이 통합될 필요가 있다. 셋째, 설득 수단들이 효과를 창출할 수 있도록 체계화하고 특화하는 노력이 필요하다. 넷째, 각각의 기술과 산업 간의 균형적인 설득 활동이 이루어져야 한다. 현재까지 정부가 추진한 융합기술과 산업융합에 대한 정책들은 대부분 NT, BT, IT, CS의 융합에 관한 것이지만, 현실적으로는 NT와 IT를 중심으로 한 융합이 대부분을 차지하고 있기 때문이다. 다섯째, 융합의 활성화를 위해서는 융합의 성과에 대한 홍보가 필요하다. 여섯째, 보다 창의적인 융합을 위해 과학과 예술, 과학과 인문사회과학간의 소통이 보다 활성화될 필요가 있다.

이상과 같은 정책기조, 정책목표 및 정책수단에 대한 발전방향과 함께 궁극적으로는 융합을 둘러싼 생태계 즉, 융합생태계 차원의 변화와 발전이 필요하다. 융합은 몇몇 연구자나 기술자의 힘으로 이루어지는 것이 아니다. 융합생태계를 구성하는 학·연·산·관의 모든 행위자들의 소통과 협업, 법과 제도의 기반, 문화적 토양 등이 함께 어우러질 때 발전을 담보할 수 있기 때문이다. 아울러 융합은 장기적인 시야와 긴 호흡으로 접근해 나가야 한다. 융합은 단기적으로 승부가 갈리는 경기가 아니라 향후 10년, 20년 그리고 50년, 100년을 내다보는 지혜와 꾸준한 노력이 요구되는 장기전이기 때문이다.

우리나라는 한 세대 만에 산업화와 민주화를 달성하고, 원조를 받던 나라에서 원조를 하는 나라로 발전한 경이로운 업적을 가진 나라이다. 이러한 성과는 독일의 탄광에서, 중동의 열사(熱沙)에서, 밤새 불이 꺼지지 않은 산업전선에서 온 국민이 하나가 되어 노력하고 투쟁했기 때문이다. 이러한 저력은 '융합의 시대'라는 새로운 시대적 흐름에서도 힘을 발휘할 것으로 기대한다.

참고 문헌

강근복. (2000). 〈정책분석론〉 개정판. 대영문화사.

강석철. (2015). “자동차산업과 융합관점에서의 ICT 산업의 미래상”. 〈주간기술동향〉. 제1696호. 정보통신기술진흥센터.

경제산업성. (2003). “실용화로 직결된 경제활성화 프로젝트 창설(Focus21)”.

경제산업성. (2004). “신산업창조전략”.

경제산업성. (2005). “국제경쟁력 강화를 위한 경제산업성의 주요 대응”.

경제산업성. (2011). “IT융합에 의한 새로운 산업의 창출을 위해”.

경제산업성. (2012a). “IT융합산업의 창출을 위해 : 빅데이터 시대의 소비자와 사업자의 새로운 신뢰관계의 구축을 위해”.

경제산업성. (2012b). “일본정보경제사회의 기반정비: 융합신산업 창출을 위한 동향조사 사업”.

경제산업성. (2013a). “IT · 데이터 활용에 의한 신산업 창출”.

고순주. (1997). 〈환경정책 변동의 맥락과 특성에 관한 연구〉. 충남대학교 대학원 박사학위 논문.

관계부처합동. (2007). “국가융합기술 발전 기본방침”. 국가과학기술위원회.

관계부처합동. (2008). “국가융합기술 발전 기본계획(2009~2013)”. 국가과학기술위원회.

관계부처합동. (2009). “2009년도 시행계획”.

관계부처합동. (2010). “IT융합 확산전략”. 위기관리 대책회의.

관계부처합동. (2011). “2011년도 국가융합기술 발전 시행계획”.

관계부처합동. (2012a). “제1차 산업융합 발전 기본계획(2013~2017)”.

관계부처합동. (2012b). “IT융합 확산전략(2013~2017)”. 제5차 중장기전략위원회.

관계부처합동. (2012c). “2012년도 국가융합기술 발전 시행계획”.

관계부처합동. (2013a). “창조경제실현계획–창조경제 생태계 조성방안–”. 국무회의.

관계부처합동. (2013b). “2013년도 국가융합기술 발전 시행계획”. 국가과학기술심의회.

관계부처합동. (2013c), “창조비타민 프로젝트 추진계획”. 국무회의

관계부처합동. (2013d), "2013년도 산업융합 발전 실행계획 . 산업융합발전위원회.

관계부처합동. (2014a). "창조경제 실현을 위한 융합기술 발전전략”. 국가과학기술심의회.

관계부처합동. (2014b). “정보통신 진흥 및 융합 활성화 기본계획”. 정보통신전략위원회.

관계부처합동. (2014c). "경제혁신 및 국민행복 실현을 위한 창조비타민 프로젝트 발전전략". 창조경제위원회.

관계부처합동. (2014d), "2014년도 산업융합 발전 실행계획". 산업융합발전위원회.

관계부처합동. (2015a). "2015년도 융합기술 발전전략 시행계획". 국가과학기술심의회.

관계부처합동, (2015b). "2016년 정보통신 진흥 및 융합 활성화 실행계획".

관계부처합동, (2015c). "2015년도 산업융합 발전 실행계획".

교육과학기술부. (2010). "NBIC 국가융합기술지도". 국가과학기술심의회.

교육과학기술부 외. (2009). "나노융합산업 발전전략". 국가과학기술위원회.

교육부. (2011). "WCU사업단 현황 자료".

교육부. (2013). "「BK21 플러스 사업」 기본계획".

국가과학기술연구회. (2014). 〈출연(연) 융합연구 활성화를 위한 설명회〉.

국가산업융합지원센터. (2012). "중국의 '7대 신흥전략산업 육성전략' 신성장동력 분야에서 한중 치열한 경쟁". 〈글로벌 커뮤니티〉. 2012년 제4호. 국가 산업융합지원센터.

국가산업융합지원센터. (2014a). 〈산업융합품목통계 Issue Ⅰ〉.

국가산업융합지원센터. (2014b). 〈산업융합품목통계 Issue Ⅱ〉.

국가산업융합지원센터. (2015a). 〈산업융합품목통계 Issue Ⅲ〉.

국가산업융합지원센터. (2015b). 〈산업융합품목통계 Issue Ⅳ〉.

권만우. (2011). "인문사회를 기반으로 한 학제간 융합연구의 심사평가 방법론에 관한 연구". 〈정책연구-2010-001-문화융복합〉. 한국연구재단.

김덕현. (2014). 〈융합 비즈니스〉. 비즈프레스.

김도산 외. (2009). "융합(Convergence)의 개념". 〈녹색융합비즈니스〉 (차원용 저) : 421-423.

김방룡 외. (2009). "EU의 미래 ICT 전략 동향". 〈전자통신동향분석〉. 제24권 제 2호. 한국전자통신연구원.

김영석. (2007). "우리말 IT : Convergence : 어울림". 〈전파〉. Vol. 134. 한국전파진흥원.

김현구. (1989). "기술이전의 경로와 측정". 〈한국행정학보〉. 23(1): 407-422.

김홍영 외. (2015). 〈융합 R&D 추진현황 분석 및 활성화 방안〉. 한국과학기술기획평가원.

나경환. (2012). "신성장창조전략'을 통해 본 일본의 산업융합 지피지기 '일본'-글로벌 융합코리아 앞당긴다". 〈글로벌 커뮤니티〉. 2012년 제1권. 국가산업융합지원센터.

내각부. (2015). "과학기술 이노베이션 종합전략 2015 (개요)".

농림축산식품부. (2013). "농식품 ICT 융복합 확산대책".

농림축산식품부. (2015). "2015년 농식품부 업무계획".

대광경영자문차이나. (2013). "ICT산업분석".

대외경제정책연구원(KIEP) 북경사무소. (2013). "'12.5 국가 전략적 신흥산업 발전규획' 의 주요 내용". 〈북경사무소 브리핑〉. Vol.16 No.2.

디지털융합연구원. (2005). 〈디지털 컨버전스 전략〉(장석권 외 10인 저). 교보문고.

미래준비위원회. (2015). 〈미래이슈 분석 보고서〉. 미래창조과학부.

미래창조과학부. (2015). "과학기술 ICT 혁신을 통한 역동적 창조경제 실현". 2015년도 업무보고.

미래창조과학부 외. (2014). "창조경제 구현을 위한 미래부-산업부 나노융합확산 협력전략".

미래창조과학부 외. (2015), 〈2014 과학기술통계백서〉.

박기범 외. (2007). 〈융합연구의 형성과 발전 과정의 고찰을 통한 국내 연구 현황 분석〉. 과학기술정책연구원.

박대현. (2014). "산업 간 융합 관점에서 본 핀테크의 시사점". 〈INTERNET & SECURITY FOCUS〉. 2014년 November호. 한국인터넷진흥원.

박민아 외. (2015). 〈과학, 인문으로 탐구하다〉. 한국문학사.

박상욱. (2013). "융합은 얼마나: 이론상의 가능성과 실천상의 장벽에 관하여". 〈융합이란 무엇인가〉(박상욱 저). 사이언스 북스.

박정택. (1995). "정책기조의 정책학적 의의와 개념적 구조". 〈사회과학논문집〉. 14(2): 71-86. 대전대학교.

배현 외. (2010). "지능형 로봇기술 동향". 〈주간기술동향〉. 제1433호. 정보통신 산업진흥원.

산업융합발전위원회. (2014). "2014년도 산업융합발전 실행계획".

서동혁 외. (2007). "융합시대의 IT산업 발전비전과 전략", 연구보고서 제524호. 산업연구원.

서울대학교 공과대학. (2015). 〈축적의 시간〉. 지식노마드.

송위진 외. (2011). 〈사회문제 해결을 위한 과학기술-인문사회 융합방안〉. 과학기술정책연구원

신동희. (2014). 〈창조경제와 융합〉. 커뮤니케이션북스.

안승구 외. (2008), "미국의 융합기술 개발정책 추진동향". 〈과학기술정책〉. 2008년 9~10월호. 과학기술정책연구원.

엄융의. (2010). 〈우리나라 융합연구 패러다임의 정립에 관한 정책연구〉. 한국과학기술한림원.

에드워드 윌슨. (2005). 〈통섭〉. (최재천 외 역). 사이언스 북스.

윤은기. (2015). 〈협업으로 창조하라〉. 출판사 올림.

융합연구정책센터. (2013). 〈2013년도 융합기술수준 평가〉.
융합연구정책센터. (2014). 〈2014년도 융합기술수준 평가〉.
이공래. (2004). "혁신클러스터에서의 다분야 기술융합". 〈꿈이 있는 과학과의만남/과학담론〉.
이광호 외. (2013). 〈융합연구개발사업의 실태조사와 연구개발 특성분석〉. 과학기술정책연구원.
이광호 외. (2015). 〈사회 전반의 융합 활성화를 위한 융합정책 기획 연구〉. 미래 창조과학부.
이기원. (2003). "21세기 첨단IT 기업의 기술전략 방향". 서울공대 강연 슬라이 드: 8-9.
이명기 외. (2002). 〈IT융합기술개발 중장기 전략 수립을 위한 기획연구〉. 한국전자통신연구원.
이상문 외. (2011). 〈컨버저노믹스〉. 위즈덤하우스.
이상천. (2014). "융합연구, 새로운 길을 열다". 과학기술포럼 제203차 월례토론회 발표자료.
이인식. (2008). 〈지식의 대융합〉. 고즈윈.
이인식 외. (2010). 〈기술의 대융합〉, 고즈윈.
이정모. (2008). "미래 융합과학기술의 전개방향과 인지과학" 〈KAIST 바이오 및 뇌공학과 세미나 자료〉.
이주진. (2009). "융복합산업의 모델-항공우주산업". 〈제1회 융복합 컨퍼런스 자료집〉. 한국생산기술연구원.
이호성. (2009.10). 〈범부처 융합기술 발전 기본계획의 효율적 운영정책 개발 연구〉. 한국표준과학연구원.
정명애 외. (2010). 〈시장 고객 중심의 IT융합기술 미래 플래닝〉. 한국전자통신연구원.
정보통신기술진흥센터. (2013). "본격화 되는 중국의 7대 신성장산업 육성정책". 〈정책분석〉 제37호.
정보통신기술진흥센터. (2014). "ICT와 농업간 융합을 위한 중국의 R&D 정책추진동향". 〈해외 ICT R&D 정책동향〉. 2014년 5호.
정보통신산업진흥원. (2012). "주요국의 신성장동력 정책분석". 〈정책분석〉. 제27호.
정보통신산업진흥원. (2013). "EU Horizon 2020 정책분석". 〈정책분석〉. 제34호.
정보통신산업진흥원. (2014), "4대 기반기술분야 기술로드맵(빅데이터)".
정연구 외. (2015). "ICT융합기술기반의 지능형 로봇의 기술동향". 〈TTA Journal〉. Vol.158: 43-48. 한국정보통신기술협회.
정용찬. (2012). "빅데이터 혁명과 미디어 정책 이슈". 〈KISDI Premium Report〉. 12-02. 정보통신정책연구원.
정정길 외. (1997). 〈정책학원론〉. 대명출판사.

정정길 외. (2003). 〈정책학원론〉. 대명출판사.
정태형 외. (2002). 〈IT-NT 융합기술 기획보고서〉. 한국전자통신연구원.
조영준. (2010). “융합기술과 융합산업 발전방안”. 〈CEO REPORT〉. 제41호. 경기개발연구원.
주 유럽연합 대한민국 대사관. (2010). 〈EU 정책 브리핑(2차 개정판)〉.
지식경제부. (2011). 〈대한민국 산업 기술 비전 2020 : 융합신산업〉.
지식경제부. (2012). “나노융합 확산전략(나노 PLUS 2020)”.
차원용. (2009). “융합의 개념”. 〈녹색융합 비즈니스〉(김도산 외) : 421-433. 아스펙국제경영교육컨설팅.
통계청. (2015). “통계기반 정책평가 주간 심사현황('15.3.9~'15.3.15)”.
하대청. (2014). “융합기술의 두 기원에 관한 소고”, 〈생명윤리포럼〉. 제3권 제4호. 국가생명윤리정책연구원.
하원규 외. (2011). 〈Super IT Korea 2030:만물지능혁명국가〉. 전자신문사.
하태정 외. (2007). 〈NBIT 컨버전스 연구개발조직의 발전방안 연구〉 (정책연구 2007-04). 과학기술정책연구원.
하태정. (2006). “미래 기술 트랜드의 핵심 : 컨버전스”. 〈과학기술정책〉. 제16권 2호: 1-8. 과학기술정책연구원.
한국경영정보학회. (2013). 〈창조경제 실현을 위한 ICT융합정책 추진 방향 연구〉 (정책 2013-01).
한국과학기술기획평가원. (2008). “지식전달 분석을 통한 융합연구의 실증적 고찰”. 〈R&D Focus〉. 제8호.
한국과학기술기획평가원. (2009). 〈「글로벌 프론티어사업」 예비타당성조사 보고서〉.
한국과학기술기획평가원. (2014). 〈국가 융합기술 R&D 성과 분석〉.
한국과학기술기획평가원. (2015). 〈세계경제포럼의 세계경쟁력보고서 2014-2015 분석〉.
한국과학기술원. (2011). 〈융합과학기술 세계적 동향과 추진전략 연구〉. 국가과학기술위원회.
한국과학기술정보연구원(KISTI) 번역자료, “미국일본의 융합기술(Converging Technologies) 관련 정책 동향”(일본 NISTEP 동향 자료).
한국과학기술총연합회. (2007). “과학기술인 윤리강령 제정”.
한국산업기술진흥원. (2011). “Europe 2020 Strategy”.
한국산업기술진흥원. (2012). “Horizon 2020의 예산 및 주요 특징”.
한국정보통신기술협회. (2015). 〈정보통신용어사전〉.
한국정보화진흥원. (2014). “창조비타민 프로젝트”. 〈창조경제 브리프〉. 제3호.

허 범. (1988). "공공정책의 형성과 집행". 〈행정학개론〉(허범 외): 75-101. 대영문화사.
현대경제연구원. (2015). "한·중·일 독 과학기술 경쟁력 비교와 시사점". 〈경제주평〉. 15-2(통권 623호).
현창희. (2008). "IT 기반 융합정책 방향". 〈정보통신동향분석〉. 제23권 제2호. 한국전자통신연구원.
홍성욱. (2012). 〈융합이란 무엇인가〉. 사이언스 북스.
황병상. (2013). 〈환경과 성장〉. 이담북스.
IT전략본부. (2006). "IT신개혁전략-언제든지, 어디서든, 누구라도 IT의 혜택을 실감할 수 있는 사회의 실현-".

Bainbridge W. S. & M. C. Roco(eds.). (2005). *Managing Nano-Bio-Info-Cogno Innovations. Springer.*
Bond, James & Suzanne Smith(Ed.). (1997). "The Drivers of the Information Revolution – Cost, Computing Power, and Convergence". Note: 118. The World Bank Group(http://www.worldbank.org).
CRDS(Center for Research and Development Strategy-Japan Science and Technology Agency). (2013). "유럽의 새로운 연구개발·이노베이션 프로그 램 Horizon 2020의 개요".
Daniel, A,et al.. (2008). Converging Technologies and Their Impacts on the Social Sciences and Humanities. Final Report of the CONTECS Project.
Davis, Stan and Chris Meyer. (1998). Blur : *The Speed of Change in the Connected Economy. Addison-Weseley.*
Doern, G. B. & Wilson, V. S. (1974). "Conclusions and Observations," in G. Bruce Doern, G. B. & Wilson, V. S. (eds.). *Issues in Canadian Public Policy.* Toronto: Macmillan.
EC Research. (2004). Converging Technologies-Shaping the Future of European(Knowledge) Societies(CTEKS), EU.
EC. (2004). Converging Technology : Shaping the Future of European Societies.
European Commission. (2004). Converging Technology : Shaping the Future of European Societies.
Harari, Yuval Noah. (2015). *Sapiens : a brief history of humankind.* NY: Harper.
Kodama, F. (1991). *Analyzing Japanese High Technologies: The techno Paradigm Shift.* London: Pinter Publisher.

Lind, Jonas. (2004). *Convergence: History of Term Usage and Lessons for Firm Strategists.* Center for Information and Communications Research. Stockholm School of Economics.

Lind, Jonas. (2005). "Ubiquitous Convergence: Market Redefinitions Generated by Technological Change and the Industry Life Cycle". *Proceedings of DRUID Academy.* Winter 2005 Conference.

McKinsey Global Institute. (2013). Disruptive technologies: Advances that will transform life, business, and the global economy.

Nordmann A. (2004). "Converging Technologies-Shaping the Future of European Societies ." HLEG Report.

NSF. (2005). Managing Nano-Bio-Info-Cogno Innovations : Converging technologies in Society.

NSF. (2013). Converging of Knowledge, technology, and Society: Beyond Convergence of Nano-Onfo-Cognitive Technologies.

NSF · DOC. (2003). Converging Technologies for Improving Human Performance : Nanotechnology, Biotechnology, Information technology and Cognitive Science.

OECD. (2015). OECD Compendium of Productivity indicators 2015.

Pennings, Johannes & Puranam, Phanish. (2001). "Market Convergence and Firm Strategy: new directions for theory and research". ECIS Conference, *The Future of Innovation Studies.* Eindhoven. Netherlands.

Quinn, Stephen. (2005). *Convergent Journalism: The Fundamentals of Multimedia Reporting.* New York: Peter Lang.

Roco & Bainbridge. (2002). Converging Technologies for Improving Human Performance: Nanotechnology, Biotechnology, information technology and Cognitive Science. NSF.

Roco, M.C. et. al. (2013). *Converging knowledge, technology, and society: Beyond convergence of nano-bio-info-cognitive technologies.* Dordrecht, Heidelberg, New York, London: Springer.

Rosenberg, N. (1963). "Technological change in the machine tool industry, 1840-1910". *Journal of Economic History.* 23(4): 414-446.

Williams, Robin & Stewart, James. (2005). *Social Learning in Technological Innovation: Experimenting with Information and Communication*

Technologies. Edward Elgar.
World Economic Forum. (2014). The Global Competitiveness Report 2014-2015.

(재)나노융합2020사업단 (www.nanotech2020.org)
ZDNet Korea (www.zdnet.co.kr)
고려대학교 KU-KIST융합대학원 (http://kukistschool.korea.ac.kr)
과학기술연합대학원대학교 (www.ust.ac.kr)
국가과학기술심의회 (www.nstc.go.kr)
국가과학기술연구회 (www.nst.re.kr)
국가기록원 (www.archives.go.kr)
국가산업융합지원센터 (www.knicc.re.kr)
기술인문융합창작소 (www.atelierth.net)
나노융합산업협력기구 (www.nanoin.org)
나노인 (www.nanoin.org)
디지털타임즈 (www.dt.co.kr)
미래창조과학부 (www.msip.go.kr)
산업융합 촉진 옴부즈만 (www.oico.kr/intro/info_sys.php)
산업통상자원부 (www.motie.go.kr)
서울대학교 융합과학기술대학원 (gscst.snu.ac.kr)
연세대학교 미래융합연구소 ((icons.yonsei.ac.kr)
연세대학교 (yict.yonsei.ac.kr)
연합뉴스 (www.yonhapnews.co.kr)
위키피디아 (https://ko.wikipedia.org)
전자신문 (www.etnews.com)
정보통신산업진흥원 (www.nipa.kr)
포항공과대학교 (http://wwwhome.postech.ac.kr)
법제처 국가법령정보센터 (www.law.go.kr)
아시아경제 (www.asiae.co.kr)
중소기업청 대·중소기업협력재단 (https://www.cobiz.go.kr/)
한양대학교 (www.hanyang.ac.kr)

Korean Convergence Policy

- Converging Technologies and Industry Convergence -

Byung-sang Hwang · Soon-ju Koh · Jong-soo Park

The information age has been started from 1980s in accordance to the information revolution based on the appearance of computer and telecommunication. Since the 1990s, "The Era of Convergence" based on technical inter-technology convergence and internet commercialization has been rapidly emerged. Furthermore, convergence has become a significant topic and an alternative in many fields such as technology, product, service, industry, and management.

Since 2007, South Korean government has established and implemented the convergence policy which is related to converging technologies and industry convergence. However, even though establishment of the convergence policy is already 10 years, we could not get the chance to look back and improve this policy properly with comprehensive point of view. Regarding this concern, it can be argued that 10 years is enough time to evaluate what we gain successful outcomes and what we still have problems in terms of the convergence policy respectively. Given the both issues, we should prepare another 10 years, carefully analyzing on it.

We analyzed convergence policy with perspective on policy science. The analyzed period is 9 years (i.e., from 2007 to 2015). The subject of analysis is four government plans focused on converging technologies and three laws and seven government plans focused on industry convergence. In particular, we analyzed the convergence policy of South Korea, focusing on key components such as policy keynote, policy goal, and policy measures. In terms of policy measures, we mainly analyzed practical measures (i.e., executive organization, finance, inducement and persuasion) that equally applied to every policy rather than actual policy that is substantially depended on different types of policy. Based on it, we suggested improvement direction for policy keynote, policy goal, and policy measures respectively.

We summarized the development direction for the policy derived from our study as follows.

First of all, in terms of the policy keynote, it is in need of the change of integrated approach between the conversing technologies and industry convergence rather than using separate approach. Also, it is necessary for amending from 'Industry Convergence Promotion Act' to 'Converging Technologies and Industry Convergence Promotion Act'. Moreover, South Korean government should establish an integrated national plan (i.e., Basic Plan for Converging Technologies and Industry Convergence) associated with the improvement of converging technologies and promotion of industry convergence.

In terms of policy goal, it should establish policy goals by integrating converging technologies and industry convergence with integration of comprehensive plan related to converging technologies and industry convergence. It should establish a certain goal of policy to solve the significant problems occurred in our society. Also, it is in need of reasonable classification and consistent maintenance of the policy goal.

In terms of policy measures, we suggest the development directions as follows. Regarding the executive organization, Industry Convergence Development Committee, which the Prime Minister is the chairperson, should be expanded and reorganized as 'Converging Technologies and Industry Convergence Development Committee' to generalize the convergent policy and build up substantive unified policy foundation by strengthening the professional committees system.

In terms of the finance, government should increase portion of the finance investment to the ratio of total R&D investment in the field of converging technologies and industry convergence. Also, 'Total Convergence Human Resources Training Plan' should be established by unifying human resources training plans in the field of converging technologies and industry convergence sectors. Moreover, the foundation of desirable 'Convergence Human Resources Concept' is required. Additionally, in terms of the inducement, it is in need of continuing promotion in order to expand and diffuse the means of inducement to convergence.

Regarding the means of persuasion, unifying the means of persuasion between the policy domain (i.e., converging technologies and industry convergence) and the technology domains (e.g., BT, NT, and IT etc.) are necessary. Also balanced persuading activity among each technology and industry should be taken place.

At the same time, the change and improvement of the ecosystem surrounding the convergence is ultimately necessary. Since convergence cannot be achieved by several researchers or technologists, the improvement can be ensured by the mixture of communication and cooperation of every player such as academy, research institute, industry, and government, improving regal system and cultural environment. In addition, the convergence should be approached with long term vision and process.

Our country has traditional convergence symbolized as 'bibimbap'. According to the data of OECD in 2015, the Multifactor Productivity (MFP) of Korea contributed on Gross Domestic Product (GDP) from 1995 to 2013 is 2.92, and it is highest among the countries surveyed (e.g., 1.11 in US, 0.84 in UK, and 0.57 in Japan). Therefore, since there is high possibility that technical innovation will highly contribute to GDP growth, it can be positively expected that the value creation of convergence contributes on economic growth in South Korea.

'The Era of Convergence' will be fully bloomed in 21st Century we are living in. We hope that this book can be helpful not only to comprehensively understand the convergence policy but also to systematically establish government policy. Moreover, we hope that this book will contribute to make 'the Road to Convergence' which Korea should proceeds in the future.

찾아보기

ㅊ

ㅋ

ㅌ

ㅍ

ㅎ

A

B

C

E

F

그림

표

한국융합정책론

-융합기술과 산업융합-

인쇄	2016년 2월 5일 초판 1쇄
발행	2016년 2월 15일 초판 1쇄

글쓴이	황병상 외
펴낸이	정병국
펴낸곳	웅보출판사
주소	서울시 강서구 양천로 551-17 한화비즈메트로 1차 413호
대표전화	02) 326-1497
팩스	02) 326-1843
E-mail	book@woongbo.co.kr
홈페이지	www.woongbo.co.kr

값	24,000원
ISBN	978-89-8462-427-6 93340

▶ 잘못된 책이나 파본 등은 구입한 곳에서 교환해 드립니다.